文化与产业

Culture and Industries

中国产业
与文化变迁的
因应之道

黄桂田　主　编
王曙光　副主编

北京大学出版社
PEKING UNIVERSITY PRESS

图书在版编目（CIP）数据

文化与产业：中国产业与文化变迁的因应之道 / 黄桂田主编，王曙光副主编.
—北京：北京大学出版社，2017.8
　ISBN 978-7-301-28389-9

Ⅰ.①文… Ⅱ.①黄…②王… Ⅲ.①文化产业–研究–中国 Ⅳ.①G124

中国版本图书馆CIP数据核字(2017)第112380号

书　　名	文化与产业：中国产业与文化变迁的因应之道 WENHUA YU CHANYE
著作责任者	黄桂田 主编　王曙光 副主编
责任编辑	于铁红　周彬
标准书号	ISBN 978-7-301-28389-9
出版发行	北京大学出版社
地　　址	北京市海淀区成府路205号 100871
网　　址	http://www.pup.cn　新浪微博：@北京大学出版社 @培文图书
电子信箱	pkupw@qq.com
电　　话	邮购部 62752015　发行部 62750672　编辑部 62750883
印刷者	三河市国新印装有限公司
经销者	新华书店
	660毫米×960毫米　16开本　22.5印张　280千字 2017年8月第1版　2017年8月第1次印刷
定　　价	45.00元

未经许可，不得以任何方式复制或抄袭本书之部分或全部内容。
版权所有，侵权必究
举报电话：010-62752024　电子信箱：fd@pup.pku.edu.cn
图书如有印装质量问题，请与出版部联系，电话：010-62756370

序　言

近年来，由于制度创新和技术创新的迅猛推动，中国的产业形态一直处于急剧转型之中，中国的社会文化形态也发生了深刻的变迁。这种急剧的转型与变迁，对于整个国家的发展战略、文化认同以及经济社会结构都构成了极大的挑战。不论是产业界人士还是学术界人士，都必须深刻洞察中国产业转型和文化变迁带来的深远影响，并从微观和宏观层面寻找因应之道。

从微观层面而言，每一个产业都要以创新的姿态重构其运行机制与盈利模式，在技术创新和机制创新中找到新的增长点，推动产业的升级与转型；从宏观层面而言，整个国家需要以更自信的心态，深入挖掘深藏于中国历史与现实之中的文化认同与价值认同，以更高的文化自觉和海纳百川的精神气度，寻找适合于自己并极富竞争力和可持续性的发展模式。

2015年，由北京大学产业与文化研究所主办的《文化与产业》创刊，官方微信平台同步运行。《文化与产业》的宗旨，在于以学术的严谨态度关注中国文化与产业发展，以沉潜客观的心态观照中国文化与产业变迁，积极推动中国文化与产业的繁荣，致力于中国文化的伟大复兴。创刊以来，获得各界专家的广泛支持，微信平台发布的文章亦得到广大读者的积极评价。值创刊一周年之际，将部分文章结集出版，以回报作者与读者之厚爱，并就正于学界方家。

黄桂田
2016 年 5 月 4 日

目 录

序 言 / iii

一、发展战略与文化治理

王曙光·文化自觉与中国文化产业发展 / 003

林　坚·文化治理在国家治理体系中的地位和作用 / 023

戴锦华·中国的资本逻辑如何统御文化市场 / 058

黄建钢·"一路"：习近平"全面思维"在海洋上的运用 / 073

周建波·发挥文化软实力在"一带一路"建设中的作用 / 092

张亚光·"一带一路"的历史转换与现实思考 / 096

孙佳山·韩国发展文化产业的"举国体制"及其启示 / 102

二、新兴产业与传统产业转型

来有为·我国电子商务产业的发展特征、问题及对策 / 113

王曙光·互联网金融的哲学 / 140

马达飞·创意农业与美学经济 / 157

潘爱华·发展生物经济，"破解"三农难题 / 166

祝　帅　石晨旭·中国平面设计产业竞争力提升路径探析 / 176

三、影视艺术产业

张颐武·游戏改编电影：想象与世界的重构 / 193

孙佳山·中国电视剧的产业现状 / 199

祝　帅·中国书法产业定位的三个层面 / 210

赵卫防·香港电影产业模式对内地的启示 / 227

吴闻博·"资本为王"时代的综艺生态 / 243

洪淳澈·从韩国的综艺模式现状看电视行业的发展趋势 / 257

张慧瑜·从众筹看文艺生产方式新变化 / 265

孙佳山·综艺模式的嬗变前夜——广电和互联网的双重变奏 / 269

四、动漫游戏产业

中国网络游戏产业发展的现状与反思 / 283

沈　策·网络游戏公司的社会责任承担与法律监管的制度构成 / 294

林苗苗·网络游戏在媒体营销环节的他律与自律 / 302

孙佳山·网络游戏与"第九艺术"的源流和形态 / 311

赵贵胜·世界视野下的中国动画民族化 / 325

林　品·浅谈日本的媒介融合经验对中国动画产业的借鉴意义 / 333

祝　帅·新中国动画的本土化历程及其启示 / 340

一

发展战略与文化治理

文化自觉与中国文化产业发展

■ 王曙光 [1]

本文主要探讨四个问题：第一，文化观的内涵与特性；第二，文化自觉与文化自信；第三，文化产业的层次与定位；第四，中国文化产业发展的系统性政策支撑。

一、文化观的内涵与特性

讲到文化观的问题，中外学者对文化的界定很不一致，观点纷纭；但不管怎么样，文化对于人类的发展是极为重要的。1922年，英国著名的哲学家罗素曾经在《中国问题》这本书中讲过一句话："不管是中国还是世界，文化最重要。"应该说，一个民族、一个国家、一个社会，它的生命力实际上来源于它的文化，只要文化还在、文化不朽，只要国民对自己的文化有信心，这个民族就有希望。近代以来，中国的文化传统遇到了严峻的挑战，文化的冲突异常激烈，

---

[1] 王曙光，北京大学经济学院教授、北京大学产业与文化研究所常务副所长。

中国文化内在调适变得极为重要，此时中国的仁人志士对中国文化的发展和转型都十分重视。

很多学者对文化问题做出了深入的研究，我们挑选几位有代表性的人物。梁启超先生认为，"文化者，人类心能所能开积出来之有价值的共业"。"开积"就是开发和积累出来的，"共业"是共同的事业，或者人类共同思想的结晶。这个定义强调文化是"共业"，强调文化是人类共同的价值认知。胡适先生对文明和文化也有一个定义，他说"文明是一个民族应付他的环境的总成绩，文化是一种文明所形成的生活方式"。所谓文明，就是一个民族在应对发展过程当中所面临的环境和问题时所给出的共同答案，所选择的共同行为模式，而文化是一切文明的外在显现的生活方式。梁漱溟先生则给出一个非常非常宽泛的定义，他说"文化就是吾人生活所依靠之一切"。这就把文化放大到人类生活的方方面面，衣、食、住、行、思想、政治、社会、国际交流，等等，所有这些都形成我们的文化。钱穆先生的观点跟梁漱溟先生非常接近，他说"文化是指时空凝合的某一大群生物之各部门各方面的整一全体"。也就是说，文化是一个社群、一个族群生活的全部。

综合这些学者的观点来看，文化其实是包括知识、信仰、艺术、法律、道德、风俗、习惯等在内的一个复合的综合体。它是一个社群所遵循的共同的生活方式和行为模式，而且经过长时间的创造和积累，所凝结成的一整套的人类生活模式。这里面包括一些纯粹精神性的创造，比如说宗教、艺术和哲学。还有一些是行为化的精神创造，比如各种制度、礼仪、法律，包括各种行为规范。同时，文化也包括一些物化的、可以看得见的精神创造，比如说我们使用的各种工具,我们所创造的各种器物,人类所建造的各种建筑,等等,这些都形成一个文化的可视的载体。所以我们看到,文化实际上既包括那些无形的、纯粹精神的创造和行为化的精神创造,也包括一些我们能够看得见的、物化的精神创造,这些创造共同构成了人类的文化。

文化这个问题看起来好像非常抽象,非常难以把握,但实际上,在人类的生活当中,在国际交往当中,在一个国家的经济和社会发展过程当中,文化产生了巨大的作用,力量非常大。人文化成,关乎一个国家的发展,关乎一国的命运。

那么文化到底有哪些特性呢?我认为文化至少有这么四大特点:

第一,文化一定具有群体性。就如梁启超先生所讲到的,文化是"共业",它具有群体性,它是一个地域当中,一个国家当中,一个民族当中,所有人共同认同的一套价值观念、行为模式和生活方式,因此它具有群体性。它不是个别的,它是大家(或大多数人)共同认同的一套价值观和生存模式。

第二,文化具有适应性。所谓"化",就是适应,慢慢地适应,慢慢地创造,每个民族适应它的外在环境,适应它的内部结构,开发出来一套生存的模式,这就是文化。英国著名的历史学家汤因比讲到,所有民族的发展历史其实很简单,可以概括为"挑战 应对"模式。每个民族都受到内在、外在的挑战:内在指的是一个国家、一个社群内部的冲突和矛盾;外在挑战体现为自然环境、外来民族的挑战等。一个民族适应外在挑战,它要改变自身的行为方式,要在这个挑战当中获得生存的能力和竞争的能力,就必须具有适应性。每一种能够保存到现在的文化都有适应性,这说明它经历了长时期的适应、调试，不断地更新，自身不断地嬗变，成功地应对了内在和外在的各种挑战，从而形成了今天这样的文化。

第三，文化具有传承性。 文化是随着时间不断演变、不断传承的东西，每一个民族的文化都是薪火相传，后面的人继承前面人的文化特征、行为方式，每个人其实都活在这样一个文化的延续当中和传承当中。换句话说，每个人生下来就不可能生活在真空当中。你必须生活在某种既定的文化氛围和文化环境里面，这个环境是已经形成的，你想摆脱也摆脱不了。同时，文化又要不断地繁衍，不断地演化，不断地传承，能够使它生生不息，延续下去。

第四，文化具有选择性。 一个民族选择什么样的生活方式，选择什么样的文化，实际上跟它面临的外在和内在的冲突和挑战是分不开的。一个民族要生存下来，必然要选择一种对自己有利的文化，有利于它的生存，有利于它的繁衍。因此，一种文化生存到现在，说明这个族群，这个社群，是主动选择了这种文化，它觉得对其有利才选择这种文化。因此，某种文化存续到现在，一定有它存在的道理，这就是文化的选择性。当一个民族面临挑战的时候，它有可能面对不同的文化模式和行为模式，在多种文化模式当中，它会选择一种最有利于自己生存和发展的模式。

以上所说的文化的四个特性，对于我们理解文化的发展、演变都非常有帮助。同时我要特别强调，文化是一个国家、一个民族最大的竞争力所在。因为一个国家千百年来所有的物化和非物化的东西都凝结在文化上，这就形成一个国家对外的形象和竞争力。我们不要认为一个国家的军事实力、经济实力才是它的核心竞争力，实际上在这后面还有文化作为支撑。没有有力的文化作为根基，强大的军事实力也不能保障一个民族在竞争中获得成功。文化并不是虚的东西，它无外乎是这个民族千百年来物化和非物化的各种竞争力的融合，所以文化是一种软实力，而且这个软实力发出来的力量是非常强大的。

二、文化自觉与文化自信

中国的文化源远流长，但是在最近的一二百年以来，中国的文化受到了极大的冲击与挑战。在这种巨大的冲击和挑战面前，中国的文化出现了极大的危机，中国人对自身文化的看法也出现了极大的分裂。同时，由于中国积贫积弱，我们对于自身文化的信心也产生了动摇，受到了挑战。我认为现在我们对于中国的文化应该有一个重新的认知，要建立我们自己的文化自觉和文化自信。

中国文化从春秋以来经历了五个不同的阶段。

第一个阶段，我们称之为轴心时代。春秋战国时期，诸子百家争鸣，中国的文化达到了空前的繁盛。在诸子百家当中，儒、墨、道、法这几个主要的学术流派对于后来两千多年的中国思想史和中国文化史产生了深远的、不可替代的影响。两千多年前诸子百家争鸣的时代所造就的辉煌，中国文化在那个时候所形成的独立性、自主性、主体性，直到今天我们也仍然没有超越那样的高度。所以中国实际上在轴心时代已经形成极有特色、非常有体系、非常精深的一套文化，无论是在政治哲学、社会、伦理、经济各个方面都形成了中国独特的学术传统和文化传统。这套文化，放在整个世界的文化史中，都是极为独特而辉煌的。

第二个阶段，儒家思想文化主体地位逐步确立的时代。儒家作为一个主流文化的地位的逐渐确立是在战国后期到汉代。到了汉代，罢黜百家，独尊儒术，儒家的主体地位就确立了。这个主体地位的确立是不是仅仅由政府、由统治者主观上确立的呢？我认为不是。实际上儒家成为中国的主流文化经历了长时间的历史选择。我们刚才讲文化具有选择性，人类经过长时间的理性选择，才形成一种比较稳定的主流文化。儒家文化主体地位的确立到现在大概两千年左右，我们也必须承认，在儒家成为主体的、主流的思想文化之后，仍然有像道家这样的文化跟儒家文化并驾齐驱，同时并存。应该说儒道两家一明一暗，相辅相成，成为中国人民精神世界当中两个不可或缺的部分。

第三个阶段，文化的多元发展与转型时期。这个转型时期是从魏晋到宋明时代。在这个时代，中国引入了佛教，并使得佛教成为中国化的宗教形式，全面改造了佛教的精神和仪轨，使之成为中国文化的一个有机组成部分，这使得中国的文化逐渐多元化。佛教，包括后来发展出来的禅宗，对中国文化产生了巨大的影响，尤其是宋明以来，禅宗的文化应该说深刻影响了中国的思想、文化、艺术和物质生活。在这个阶段，中国的文化开始慢慢地出现多元化，开始出现转型。到了宋明两代，理学发展，出现了中国的文艺复兴，实际上就是建立了中国独特的儒家思想的一套形而上体系。这样，中国的文化既有儒家的主体地位，同时也大量吸收了外来的文化，形成一个内在非常多元化、非常具有适应性，也非常具有包容性调适性的独特文化体系。

第四个阶段，文化的危机与调适期。这个阶段是从清朝后期以来到20世纪末期。这个时期，中国在外来的西方文化的冲击之下，出现了深刻的文化危机，民族自信心受到严重挑战和动摇。在这样的时代，很多的学者和文化界人士都对中国文化做出了深刻反思，有些反思甚至出现了若干过激的言论，比如说全盘西化的主张。但是不管怎么样，这个时期对我国传统文化的批判和反思都是非常必要的；如果没有这些批判和反思，我认为就不会有中国文化的自觉，也不会有中国未来的文化转型。所以我想文化危机实际上是中国文化发生更新和提升的重要契机，它既是挑战，也是一个重要的机遇。没有这样的反思，没有西方与中国的文化的相互关照，我们就不会有文化的自觉，也不会有对自我文化的真正认知和认同。很多人到了国外才真正认识到中国文化的独特性，因为你有了一个清晰的参照物，有了一面镜子，你才能有更清晰的自我认知和文化身份感。

第五个阶段，从21世纪初期到现在我们所面临的文化自觉与文化复兴时期。这个时期中国由于经济的持续发展，改变了百年以来积贫积弱的情况，在这种情况下，我们对中国文化的看法也在逐渐发生微妙的变化，我们的文化自信也慢慢地开始确立，文化自觉也慢慢地开始苏醒。因此，我们认为，我们目前正在经历一个中国文化复兴的阶段。

不可否认，中国近代以来面临的主要问题就是文化与伦理的断裂。这个断裂主要有三次。第一次是"五四运动"时期对中国文化的批判性反思，这个阶段是中国现代化的启蒙阶段，有些批判性反思当然是非常有价值的，但有些反思应该说是有点过犹不及，把中国固有的文化贬得一无是处，民族文化的自信心丧失殆尽。"五四"精神的精髓是科学和理性，但是在对待我们自己的文化传统的问题上,却并不科学,并不理性,当时的很多思想是过激了,造成中国文化与伦理道德体系的严重断裂,至今遗患犹存。

第二次文化与伦理的断裂是发生在 20 世纪 50 年代至 70 年代。由于新中国建立初期大力创立一种新的文化和意识形态,而对于传统文化的尊重与传承方面注意不够,造成传统文化在那个特殊的年代受到了很大的冲击和破坏。

第三次文化与伦理的断裂是在 20 世纪 80 年代之后,由于中国实行改革开放,在商品经济大潮的冲击之下,在西方文化的冲击之下,导致我们的文化与伦理出现再一次断裂,从而出现了文化断层、社会失序、伦理混乱这样的情况。

我认为这种社会失序与伦理混乱的情况是中国在现代化过程中不可避免的。美国政治学家亨廷顿曾经说过一句话:"现代性孕育着稳定,而现代化过程则滋生着动乱,从传统到现代的过渡时期就是一个克服社会动荡和政治衰朽的阶段。"这种文化的断裂、动乱,实际上是一个国家现代化发展过程中绕不过去的阶段,这一点实际上在二十世纪三四十年代之后,比如说梁漱溟先生、费孝通先生等等他们都注意到了,中国在那个现代化的启动阶段,即出现了文化失调的情况。梁漱溟先生在《东西文化及其哲学》当中讲到,中国问题的根本在于文化的重建,就是要重新构造中国文化的主体地位。费孝通先生也提到,中国出现这么多的社会问题,根本原因起于文化的失调。

这就涉及中国人如何看待我们自己的文化,归结为四个字,就是"文化自觉"。这个自觉就是对自己文化的深刻反思、系统梳理和客观认知的过程。费孝通先生的一本书《反思·对话·文化自觉》中说:

"文化自觉是一个艰巨的过程,只有在认识自己的文化,理解所接触到的多种文化的基础上,才有条件在这个正在形成中的多元文化的世界里确立自己的位置,然后经过主体的适应,自主的适应,和其他文化一起取长补短,共同建立一个有共同认可的基本秩序和一套各种文化都能和平共处,各抒所长,联手发展的共处守则。"

1997年在北京大学社会文化人类学高级研讨班上,费孝通先生又讲到:"文化自觉只是指生活在一定文化中的人对其文化有自知之明,明白它的来历、形成过程、所具有的特色和它发展的趋向,不带任何文化回归的意思,不是要复旧,同时也不主张全盘西化或全盘他化。自知之明是为了加强对文化转型的自主能力,取得决定适应新环境、新时代文化选择的自主地位。"我觉得,所谓文化自觉,就是要回归主体性,我们要克服文化自卑,对自己的文化要有自知之明,这样的话,才能产生文化的自信,跟其他各民族文化共同发展、平等对话,如此,我们才能够在多元的世界文化发展过程当中有自己的文化地位。

在70岁生日的时候,费孝通先生又提出了四句话,这四句话非常精辟,也被广为引用,叫"各美其美,美人之美,美美与共,天下大同"。每个民族都有自己独特的、优秀的文化传统,因此每个民族都要珍惜、珍视自己的文化传统,这叫"各美其美"。"美人之美",即每个民族都要看到其他民族的长处,充分理解和欣赏其他民族的文化。"美美与共",就是每个不同的民族的优秀传统文化都会相互沟通,相互融汇,共同发展,和平共处。最终是第四句话,实现天下大同,在大同的世界中,每种文化都能展现自己的长处,都能够有自己的主体性,但同时跟其他文化也在深入地沟通和交流,从而形成一种天下大同的世界文化。因此，费孝通先生讲的这四句话的核心，就是要在多元的文化背景当中，对自己的文化有一种深刻的认知，要了解自己文化的价值。

2001年11月2号，联合国教科文组织大会第31届会议通过了《世界文化多样性宣言》，《宣言》第一条就讲到："文化在不同的时代和不同的地方具有各种不同的表现形式，这种多样性的表现是构成人类的各群体和各社会的特性所具有的独特性和多样化。文化多样性是交流、革新和创作的源泉，对人类来讲，就像生物多样性对维持生物平衡那样必不可少，从这个意义上来讲，文化多样性是人类的共同遗产，应当从当代人和子孙后代的利益考虑，予以承认和肯定。"联合国这样一个《宣言》，实际上承认了在世界文化当中，所有的文化遗产都是值得珍视的，因为每种文化遗产都代表着那个群体的独特的生存价值。而文化多样性是维持人类文化不断创造、不断发展的基本动力，未来的世界文化必须超越族群和宗教的偏见，从文明的冲突当中走出来，走向文化与文明间平等的对话、融汇、互补，这样才能形成真正的世界文化。

在这种多元化的世界文化格局当中，每种文化都有自己独特的地位，都不可或缺。我们要反省我们的文化。季羡林先生说"知足知不足，有为有不为，只有知不足的人才能为人类文化做出贡献"。季羡林先生所说的"21世纪是中国文化的世纪"，我觉得他并不是一种文化自大，而是在长期的文化自卑主义之后的精神自觉。东西方文化一定要由对抗转为对话、互动、反思、重建。我认为：有了文化自觉，一个民族才有文化自信；有了文化自信，才有文化的自尊；有了文化的自尊，才有文化的自强。我们看到中国现在经济崛起，物质财富不断地发展，但是文化的崛起距离我们的预期还有很大的距离，我认为现在应该反省，应该把物质财富的积累和自身文化的发展结合起来，才能打造一个文化复兴的中国。在这个过程当中，文化自觉就非常重要。

三、文化产业的层次与定位

我们现在到处都在讲发展文化产业，中央在十七大、十八大报告中都浓墨重彩地强调要发展文化产业，为什么要发展文化产业呢？有两个基本的理由。

第一个比较浅显的理由，文化产业是经济发展当中不可或缺的部分，是经济可持续增长的基本动力之一，所以文化产业对经济发展极为重要，它能助推经济发展，保持经济的可持续发展。比如说现在中国的影视产业、旅游产业、教育产业、出版产业，等等，这些产业对于促进经济发展有很大的作用，这是一个比较浅显、大家都能够理解的理由。

第二个理由更加重要。发展中国的文化产业，有利于促进中国对自身文化的自觉，同时也可以达到重建中国文化价值的目的，我认为这个目的比经济学意义上的增长更加重要。中国文化的核心价值需要重建，这是一种建立在现代性基础上的重建，不能单纯地复古，也不是单纯地复制西方，而是要批判性地继承中国传统的文化，使之得到创造性的发展，得到现代性的重构。在这个文化价值重建的过程当中，如果没有文化产业的发展是很难想象的。文化产业的发展与繁荣可以促使文化价值重构的过程更加活跃、更加具有可持续性、更加具有社会渗透力。我一直强调，文化产业不仅是一个经济学概念，它对于一个国家价值观的确立、伦理秩序的构造、国家和谐社会的构建都非常重要。张岱年先生曾经说过一句话："中国文化危机不仅意味着终极关怀的失落，同时也是一种价值符号的错位。"他说"文化的核心在于价值观，道德的理论基础也在于价值观"，实际上我们发展文化产业，其中最深层的一个道理，就是要重建中国的核心价值观。无论是影视、动漫、演艺、出版，还是旅游产业，等等，实际上都在传达中国的核心价值观，都在重塑中国的核心价值观。这是发展文化产业更高的一种定位。

1958年，牟宗三、徐复观、张君劢、唐君毅曾经发表了一个《为中国文化敬告世界人士宣言》。这篇《宣言》当中讲到，"今日之伦理失序和文化失调在于我们的传统价值观之丧失"，所以我觉得发展文化产业，当然一方面在于拉动经济，同时它对于我们的核心价值观确立也非常重要。当年冉有请教孔子怎么从政，孔子讲了三句话。他说第一要"庶之"，指的是人口要繁盛；冉有后来又问，"庶之"之后怎么办呢？孔子说"富之"，就是让他致富，让人口享受更多的物质财富；"富之"之后怎么办呢？孔子又讲要"教之"，"教"就是教化，就是文化的作用。今天，这个起到教化作用的文化发展更多地应该通过文化产业的发展来达到目的，使人民有更高的文化水平，有更高的伦理道德水平，有更强的文化自信和文化认同，使我们民族的核心价值观在这个过程中得到重塑与发展。

所以我想，我们发展文化产业要有一个比较高的定位，要强调我们的主体价值，强调与西方文化的互动和平等沟通，就像季羡林先生所讲的，文化不光要"拿来主义"，还要有"送去主义"，不光要汲取别人的长处，而且要勇于把自己的长处让对方知道，传播出去。中国文化当中，有非常非常多的资源可以挖掘，我们的文化源远流长，资源异常丰富，可以为振兴国家的文化产业提供巨大的后盾与源泉。我们的历史传统非常悠久，所应挖掘的历史资源和文化资源如同一个宝库一样，应该说是用之不尽、取之不竭，所以我们应该在这方面加强对传统文化资源的认知和挖掘工作，繁荣我们的文化产业。

这就取决于我们对自己的文化在多大程度上是自觉的。如果没有这种自觉，我们就没有主体性，就没有自我，而没有自我的文化就没有价值。我们不能只是复制西方的文化，而是要弘扬中华文化，要有主体的意识，否则我们的文化产业就失去了发展的根基。在一个市场上，没有特色的产品是卖不出去的，是没有价值的；同样，在文化产业的世界市场上，如果没有自己的文化特点，我们所制造的书籍、影视产品、动漫产品是没有任何价值的；你越有中国文化的特质，你就越有价值。因此，我们在发展文化产业的过程中一定要有一种主体的价值观，来体现中国的文化主体性，这样我们在世界文化产业的交流和市场竞争中才有独特的优势。

我认为文化产业可以分为这么三个层次来构造。

在最高的一个层次，文化产业要致力于全球文明的宏观沟通与对话，来解决文化的冲突问题。 帮助中国人走出去，了解西方的文化与价值观；帮助外国人走进来，了解中国的文化与价值观。这是一个最高层次的文化产业。比如说博鳌论坛、北京论坛，这些从经济学意义上来讲，都是文化产业。总之，我们要造就一个新的世界文化格局，造就一个新的、多元的文化。

中间这个层次的文化产业，我认为包括国家文化安全、文化输出与舆论管理。我们要在全球文化产业布局的角度来推广、宣传中国的文化，塑造中国的国家形象，保障中国的国家文化安全，促进中国文化的输出，在全球扩大中国文化的影响力，提升中国的话语权。比如现在的孔子学院，是把中国的文化向外推出去。我们那么多优秀的动漫产品、优秀的影视产品、优秀的书籍，都应该通过这种方式，通过市场的方式向西方推出。

第三个层次的文化产业是微观意义上的文化产业。比如艺术品、旅游、演艺、创意经济，等等，这些我认为都是广义的文化产业和文化创造，是在微观的层面上来打造中国文化产业的竞争实力。

四、文化产业的系统性政策支撑

十八大提出要积极发展文化事业，大力发展文化产业，激发全民族的文化创造活力，更加自觉、更加主动地推动文化的大发展、大繁荣。我认为这个提法为我国的文化产业发展提出了一个很高的要求，同时，也提供了政策的动力。

未来中国文化产业的发展要依靠系统性的政策框架来支撑，在这个政策框架中首要强调一点，就是国家在文化产业的发展过程中，一定要营造一种自由宽松的文化创意环境与思想环境，这是文化产业大发展、大繁荣的基础和源泉。从国家层面，我们要鼓励创新，鼓励创意，要给文化产业发展提供一个宽松的环境，我们不能钳制创新，不能压制各种创意、思想，这样才能让文化产业有一个极为宽松的外部的创新氛围，这是首要的条件，也是文化产业繁荣的保障。

从政策框架来讲，我们首先要鼓励各类公益类的文化产业与公益文化基金，鼓励非营利组织的文化产业创造。公益性文化事业实际上包含着带有公益性的社区文化活动，这里面既包括政府推动与组织的社区文化活动，也包括第三部门（非营利机构）的文化活动。要给公益性的文化事业创造条件，在资金、政策支持方面对公益性文化事业有所倾斜。大部分的文化事业都是公益性的，比如说博物馆事业、图书馆事业、教育事业、各类文化的推广，甚至包括一部分对外文化输出，都是公益性的文化事业，这些都需要政府有力的支持。

第二个方面，我们要充分利用财政和税收政策来鼓励文化产业的发展。要对文化产业的发展提供更多的财政补贴、贷款贴息，提供更多的税收优惠与减免，以国家力量来扶持文化产业的发展与文化的对外输出。实际上这几年以来，中国在税制方面，在财政的支持方面应该说都加大了对文化产业的支持力度，将来对于中国的创意产业、公益性的文化产业，像公益性演出、图书馆产业、博物馆产业，包括对于传统的非物质文化遗产的传承等等方面，在财政税收方面都应该加大支持力度。

第三个方面，加大对于文化产业的金融支持。对文化产业的金融支持包括信贷支持，也就是银行要加大对于文化产业的贷款支持力度；要建立文化产业的担保机制；要鼓励更多的创业资金投向文化产业；要鼓励更多的文化产业的企业在创业板上市，进行公开市场融资；要鼓励文化产权交易所的发展；鼓励私募股权投资基金和主权文化投资基金的发展，吸引更多的资金投资于文化产业。中国这几年文化产业发展十分迅猛，艺术品金融在各地也有很多创新，对这些创新我们一方面要加大支持力度，同时也要慢慢地规范，在交易流程方面加大规范力度。

最近我们看到媒体的报道，某些地方文化创意产业的发展遇到了一些问题。其实这是很多地区普遍存在的一个问题。很多文化创意产业一开始风风火火，后来慢慢地销声匿迹。问题出在什么地方呢？我认为是两条：第一条，我们的文化产业，在可持续方面、盈利能力方面、市场开拓方面还有很大的不足；第二条，我们不得不承认，政府在支持文化产业方面还缺乏顶层的机制设计，所以文化产业热闹一阵，发展的后劲不足，自我可持续可循环的动力不足。

第四个方面，我们要加大对于文化出口的扶持力度，要鼓励中国文化产业的产品更多地参与国际竞争。这几年，包括出版业、影视业，实际上在对外竞争方面都慢慢具备了实力，中国人是极其具有创造力的，中国的文化又是如此的丰富多彩，因此，我们的文化产品在国外理应得到市场的尊重和认可。政府在文化出口方面要加大力度，鼓励文化产业的出口，鼓励文化产业对外并购，在出口退税等政策支持方面要加大力度。

第五个方面，政府要加大对于文化产业园区的系统性支持。一个社区的文化产业园区，一个城市的文化产业核心区，往往包括了像博物馆、剧院、雕塑、艺术品、学术研究、旅游产业、文化娱乐消费品消费等一系列配套的产业，这些产业有些具有公益性，有些具有商业性，政府应该分门别类给予支持，使得中国的文化产业有一个系统的生物链、产业链，让这样一个园区形成非常好的文化生态，各个形态的文化艺术产业可以相互支持，协调发展。

五、文化产业化与产业文化化

这几年我一直强调两句话,一个叫"文化产业化",一个叫"产业文化化"。"文化产业化"是我们把各个文化产业都要扶持起来,使它形成一个产业,形成商业化的可持续的发展机制。很多好的文化,很多宝贵的传统技艺,因为没有产业化,没有可持续的商业机制,面临着绝迹的危险,所以要"文化产业化",要运用产业和商业手段使这种文化传统和技艺"活"起来。这是对文化传统的"活"保护,而不是"死"保护。什么叫"产业文化化"呢?就是把各个产业都要视作一个文化来进行发展,使得这种产业有背后的文化实力做支撑。比如说餐饮业、房地产、金融业、制造业和农业,实际上都跟中国的文化传统密不可分,要把传统文化的符号和理念融入每一个产业当中,实现每一个产业的文化化,使每一种产业都融入了浓郁的中华文化基因,从而具有了独特的市场竞争力。这比文化产业化更加重要。

一个国家文化产业的发展阶段与其综合国力(其中最主要的是经济影响力)的发展阶段密不可分。在一个国家综合国力尚处于非常薄弱的发展阶段的时候,国民和政府的关注点在于如何解决就业、温饱、经济增长速度等亟待解决的实际困难,在这样的初级发展阶段,国民的基本物质生活都难以保障,遑论文化产业发展?文化产业的繁荣必定是在经济发展到一定高度之后的必然结果,此时国民的文化消费开始迅猛增加,高层次的文化产品需求必然助推文化产业的兴起,促进文化的产业化与规模化。而与文化产业同时勃兴的,是国民对本民族文化的觉醒意识与自信心。一国文化产业越是发达繁荣，国民对于本国文化传统的挖掘与利用越是深入，而越是深入探究本民族的文化传统并使之产业化，国民对于本国的文化传统（包括可视的文化遗留和不可视的文化意识）越是珍惜和自豪。环顾全球，不论是文化产业超级发达的美国，还是文化产业已经崛起的日韩等国，无不体现出这种文化自信与文化产业发展相互助推的特征。在一个对自己本民族文化缺乏自信、缺乏理解的同情和热爱的国家，是不可能指望其文化产业达到大发展大繁荣的。

这些年，随着我国综合国力尤其是全球经济影响力的迅猛提升，文化产业的发展也进入了一个黄金时代，文化产业的机制创新层出不穷，文化产业在经济增长中的地位越来越突出。毋庸置疑，文化产业是经济增长的有机组成部分，在文化产业与经济增长的双向推动关系中，我们现在应该更加重视文化产业对经济增长的助推作用。一个地区或城市文化产业的繁荣，往往为这个地区或城市打造出非常具有吸引力的文化品牌，其创造的强劲消费需求（包括旅游消费、文化产品消费、房地产消费等）对于促进整个地区或城市的经济增长至关重要。从这个角度来说，文化产业是拉动经济增长的有效引擎。而且，更为重要的是，文化产业对于改善我国畸形的工业产业结构（高污染、高能耗、低附加值）意义重大，发展文化产业对于带动就业、促进区域经济可持续发展和产业结构转型都具有不可估量的价值。

不可否认，我国文化产业还处在一个比较初级的发展阶段，还有很多消极因素制约着我国文化产业的发展。首先，我们对本民族文化元素的理解、挖掘、珍视的程度还很不够，这导致我们坐守一座有着丰富文化资源的"金山"而四处乞讨。我们的动漫产业、影视产业、文化旅游业等等的发展繁荣程度，取决于我们在何种程度上理解和挖掘了我们的传统文化，如果我们对本民族的文化传统缺乏深刻的理解、系统的认知和发自内心的珍视，就很难在动漫产业、影视产业和文化旅游业中充分利用这些极有商业价值的文化元素。因为道理很简单，你不懂自己的文化，不知道它的商业价值在哪里，你也不懂如何开发这些价值。我们的动漫设计师、影视产业从业者、文化旅游从业者，可能在硬件和技术上完全可以和任何国家的同人相媲美，但是我们的缺陷主要在对本国文化的理解上，我们往往输在对本国文化的情感和态度上。我国台湾地区的农业产业和文创产业的密切结合，造就了高附加值的台湾农业产业和文化旅游业，其基础是对文化传统的深刻理解与同情。韩国的文化旅游业的快速发展与韩国人对自己文化的自信与热爱密不可分，每一个文化传统的符号都被珍惜、都被充分利用、都充分地实现了商业化。我们的动漫技术再好，也不一定能拍出《花木兰》。而在中国的文化宝库中，像花木兰这样有价值的文化元素何止千万？

其次，中国的文化产业发展还处在非常分散、碎片化的状态，缺乏文化产业的积聚效应、规模效应、协同效应，产业链的构建严重滞后。一个完整的文化产业生态建设，需要规范系统的法律体系支撑，需要政府明确的财政税收体系支撑，需要有效的融资机制支撑，同时也需要文化产业内部产业链的构建和协同发展。而以上这四个环节，我国目前还基本处于探索阶段，亟待完善。

最后，我们对于"产业文化化"还重视不够。事实上，存在着狭义和广义的文化产业。狭义的文化产业是指为社会公众提供文化产品的生产活动的集合，包括以文化为核心内容，为直接满足人们的精神需要而进行的创作、制造、传播、展示等文化产品生产活动，以及为实现文化产品生产所必需的辅助生产活动和作为文化产品实物载体的文化用品的生产活动等。但是我认为，广义的文化产业应该被视为所有产业的文化价值的提升手段。从这样的认知出发，文化产业就不是一个孤立的产业，而是一个可以与工业制造业、房地产业、农业产业、教育产业、旅游业等第一、二、三产业有机结合，从而为所有产业提供高附加值的泛产业形态。微观到一个工业制造品的创意设计，中观到一个农业产业园区的文化设计，宏观到一个城市的产业品牌和城市品牌的系统设计，都是将文化产业与所有其他产业发生有机整合，目的是要在所有产业上增加它的文化价值，增加它的产业附加值。奔驰不是一个简单的技术集合，而是凝结了德意志民族的精神文化元素；迪士尼也不仅是一个简单的娱乐产业，而是凝结了美利坚民族的精神文化元素。这些文化创意元素的巧妙利用和深度挖掘，提升了农业、工业制造业和其他第三产业的文化含量，甚至提升了一个地区和国家的文化品格和对外知名度。如果把思路扩展到"产业文化化"，我们就真正实现了文化产业与经济增长的高度融合，一个充满活力的文化产业生态系统就可以构建起来。

文化治理在国家治理体系中的地位和作用

■ 林 坚[1]

文化治理是国家治理体系的重要组成部分。探讨文化治理在国家治理体系中的地位和作用，为建设社会主义文化强国的目标提供理论支撑，具有重要的理论价值和现实意义。

一、文化治理解析

"文化治理"是"文化"和"治理"的结合，有着特定的含义。

（一）文化概念分析

文化是一个多重复合系统，具有复杂的层次结构，大体可以划分为狭义和广义两种。广义的文化指人类创造的一切物质产品和精

---

[1] 林坚，1964年9月出生，江西宜丰人。哲学博士。中国人民大学国家发展与战略研究院研究员、《中国人民大学学报》编审，兼北京自然辩证法研究会秘书长。主要研究领域为文化学、科技哲学、发展战略等。著有《文化学研究引论》《人文大师：奠基性研究与创新方法》《创新整合论——科技创新与文化创新的整合机制研究》《从书海到网路——科技传播的演进》《企业文化修炼》等。

神产品的总和。狭义的文化专指语言、文学、艺术及一切意识形态在内的精神产品。

文化是特定的人群或组织于一定的环境中，从生存与发展的需要出发，通过创新而发展起来的一套模式。这套模式中的社会成员群集互应，有着共同的心理习惯、思维定式、人生态度、工作方式等，以价值观念为核心，通过学习、认知等社会行为，使人们彼此沟通和融合，并承继和延续下去。文化是指人的生存、生活方式及其所追求的价值，表现于人们实际"所思、所言、所为"之中。

按不同的角度，对文化结构有不同的划分，主要有"二分法""三分法"和"四分法"。

"二分法"是把文化分为物质文化和精神文化、实体文化与观念文化、有形文化与无形文化、外显文化与内隐文化、意识上的文化与意识下的文化。还有科学文化和人文文化、理性文化与情感文化之分。也有人从文化功能的调适过程的角度把文化划分为文化事物与文化行为。

"三分法"是把文化分为物质文化、制度文化、精神文化；或物质文化、政治文化、观念文化；或物质文化、精神文化、行为文化。有人用三个层面来划分：文化的物质层、理论制度层、心理层。也有人称之为物的部分、心物结合的部分和心的部分。

"四分法"则把文化分为物质、制度、风俗习惯、思想与价值四个层面。有人把文化分为四大部类：物质文化、精神文化、制度文化与行为文化、信息文化。

文化就是人化，是"人的本质力量"的形成和显现，是人性形成和完善的过程。人们生活于一定的文化环境，对文化的探索永无止境。

（二）治理词义考察

"治理"一词含义多，适用范围广，既广泛运用于全球、国家、组织、人的控制、管理或自治，也用于江河湖泊、大气、土地等自然环境的整治、净化。现在多用于对公共事务的治理。

治理作为一个概念在中国政治运用中早已有之。治理在中文中最早可见于《荀子·君道》："明分职，序事业，材技官能，莫不治理，则公道达而私门塞矣，公义明而私事息矣。"指管理统治之意。后又有"理政的成绩""治理政务的道理"等含义。

伴随西学东渐，各类针对中国实践的治理研究也逐渐兴起。1949年以前，治理的使用频率不高，但含义和范围也不少。1949年至1966年间，治理的指称对象多局限于水利工程及其延伸领域。1970年前后，综合治理则类推到治理环境、治理污染；经过20世纪70年代中期儒法之争，治理环境污染的观念外推到社会污染治理，形成了儒家"人治"与法家"法治"相综合的综合治理法制观，提出了社会治安综合治理的方针。可见，以国家主导的治理一直都是中国政治实践历史的核心内容和重要特征。

20世纪，随着公司治理的研究取得积极进展，公共治理的研究也逐渐进入人们的视野。到20世纪90年代，"治理"一词作为"统治、管理"的对应事物受到国际组织、各国政府及学术界的广泛关注，特别是在合作治理、善治、网络治理等名义下开展的公共治理研究汇成了一股热潮。1992年，世界银行发表年度报告《治理与发展》。1996年，联合国开发署发表年度报告《人类可持续发展的治理、管理的发展和治理的分工》；OECD（经济合作与发展组织）发布《促进参与式发展和善治的项目评估》等。国外早期对公共治理的研究来自库伊曼（Jan Kooiman），他分析了政府与社会互动的新模式，提出了统治与治理的新方法[1]。学术界一般把这一判断看作公共治理研究的起点，认为这是对"新治理"的探索。詹姆斯·罗西瑙（James N. Rosenau）、罗斯（R. A. W. Rhodes）、格里·斯托克（Gerry Stoker）等指出，治理与统治有重大区别，治理意味着社会管理的主体未必是政府，政府管理行为必须符合法治、民主、责任、效率、有限、合作、协调等治理理念。[2]

公共治理被认为是对传统公共行政以及新公共管理的反思和超越。在公共治理的概念下所做出的社会管理新设计恰恰表明，由政府这个单一主体去担负公共性的实现功能是不足的，政府并不能保证公共性得到充分实现。所以，公共治理是把"公共性"的实现寄托于多元主体的行动中。就现实而言，公共治理的确顺应了全球化、后工业化时代社会管理发展的新趋势，所以，公共治理应当是社会治理创新的一个重要的理论参照系。[3]

"国家治理"一方面符合国际比较的话语体系，另外也恰恰展现中国政治实践中以国家为考量的标准和核心取向，当前，这种考量方式在其他发展中国家借鉴过程中和21世纪金融危机应对背景下逐

---

[1] Kooiman, J. *Modern Governance*: *New Government-Society Interactions*, London: Sage, 1993. p5.

[2] James N. Rosenau, The Governance in Twenty-First Century. Global *Governance*, 1995; R. A. W. Rhodes. "New Governance: The Management Without Government." *Political Research*, 1996（154）; Gerry Stoker, "The Governance as a Theory: The Five Arguments", *The International Social Science*, 1999（2）.

[3] 参见李慧凤：《公共治理视阈下的社会管理行为优化》，载《中国人民大学学报》，2014（2）。

步受到更多的认可。

从实践过程来看,现代国家治理的结构性要素需平衡包括:决策、执行系统的变革与秩序的关系,意识形态改造和延续性的关系,市场化与民主化互动关系,社会结构性转型与政治结构性调试间的关系,以及制度创新与效能之间的关系(徐湘林,2010)。

(三)文化治理的主要内容

文化与治理相连,包含两个方面,文化既是治理的对象,又是治理的手段和工具。文化治理从词义上来看,包含两个方面:一是对文化领域进行治理;二是以文化的方式进行治理,就是人文化、民主化、科学化的治理。

福柯1978年2月1日在法兰西学院演讲中提出"治理术"的概念,阐述"治理的艺术"(arts of Government),认为治理可以分为对自我、家庭、国家的治理三个层次[1]。治理不只是单纯地对人或物的管理,也涉及对人与物关系的治理;不仅是人治理物,而且是对治理过程、治理关系本身的治理。福柯治理思想的几个要点是:第一,治理艺术是多元、多层次、多向度的,它的对象、内在机理与目标取向都是具体、多样的,治理不是单向度的自上而下的压制。第二,治理技艺是动态、有机的,特别注重治理机制内在层次之间、治理对象之间的动态关联,以及治理对象自身的能动性,治理本身也是一个历史性的动态演进过程。第三,治理问题与一系列策略、机制、机构等微观技术的运作密切相关。

---

[1] M. Foucault. *Security, Territory, Population : Lectures at the Colle'ge, de France, 1977–1978*. Basingstoke and New York : Palgrave Macmillan, 2009.

托尼·本尼特 20 世纪 90 年代就开始关注文化中的"治理"问题，他说："如果文化被视作历史性生成的机构性嵌入（institutionally embedded）的治理关系的特定系列，它以广大人口的思想、行为转变为目标，而这种转变部分通过审美与智性文化的社会现实、技术与规则的扩展来实现，那么文化就能被更加令人信服地构想。""就这个术语指涉着下层社会的道德、风习、行为方式而言，它是对象或目标"，而就艺术、智性活动这样的狭义文化"对道德、习惯、行为符码等领域进行治理性干预和管理"而言，它又是治理的工具。[1]

中文语境中的"文化治理"最早出现在台湾地区。2002 年廖世璋在《国家治理下的文化政策：一个历史回顾》一文中的界定是："一个国家在政治、经济或社会的特定时空条件下，基于国家的某种发展需求而建立发展目标，并以该目标形成国家发展计划而对于当时的文化发展进行干预，以达成原先所设定的国家发展目标。"[2] 2003 年王志弘指出："文化治理概念的根本意涵，在于视其为文化政治场域，亦即透过再现、象征、表意作用而运作和争论的权力操作、资源分配，亦即认识世界与自我认识的制度性机制。"[3] 2010 年他把"文化治理"界定为："借由文化以遂行政治与经济（及各种社会生活面向）之调节与争议，以各种程序、技术、组织、知识、论

---

[1] T. Benntt. Putting Policy into Cultural Studies. in L. Grossberg et al. (eds.). *Cultural Studies*. New York and London：Routledge, 1992：26.

[2] 廖世璋：《国家治理下的文化政策：一个历史回顾》，载《建筑与规划学报》，2002（2）。

[3] 王志弘：《台北市文化治理的性质与转变，1967—2002》，载《台湾社会研究季刊》，2003（4）。

述和行动为操作机制而构成的场域",其中涉及"主体化或主体的反身性形构"。其含义主要是把文化作为治理工具。

文化治理在国家治理体系中,主要指对文化领域进行治理。文化治理包含文化管理、文化改革与发展等内容,应纳入社会系统工程的视野,整体观照,系统把握,全面推进。文化治理,强调以人为本、文化育人、人才兴文。

对国家治理和社会发展的作用来说,文化是最深层、影响最为深远、经久不衰的因素。政治、经济、社会的发展最后都要以文化为载体。生态文明也表现为文化。要坚持以人为本,积极培育和践行社会主义核心价值观,贯穿于经济建设、政治建设、文化建设、社会建设、生态文明建设的各环节和全过程。

要做到文化治理主体多元化、文化治理方式规范化、文化治理对象分类化、文化治理理念兼容化、文化治理机制系统化。

1. 文化治理主体多元化

指从政府的单一管理转向政府与社会力量共同治理。强调以人为本、文化育人,体现以

公民权利为本位的治理模式。充分发挥人民群众在文化建设中的主体作用,做到文化发展为了人民、文化发展依靠人民、文化发展成果由人民共享,维护全社会文化公平,实现文化正义,促进人的全面发展。

2. 文化治理方式规范化

指政府文化管理由行政命令转向依法管理。目前文化体制与人民群众日益增长的精神文化需求、全面建设小康社会的目标任务不相适应,与完善社会主义市场经济体制、进一步扩大对外开放的新

形势不相适应，与依法治国、加快社会主义法制建设的环境不相适应，与高新技术在文化领域迅猛发展和广泛应用的趋势不相适应，迫切需要改革。

深化文化体制改革，加快文化事业和文化产业发展，是加快社会主义现代化建设的内在要求，是提升我国综合国力的迫切需要，是实现经济、政治、文化、社会、生态协调发展，构建社会主义和谐社会，建设社会主义文化强国的重要内容。

要正确把握文化治理中的几个重大关系：

第一，文化事业与文化产业的关系。二者各具特性，又密切联系，要分类改革，共同发展。

第二，文化宏观管理体制和微观运行机制的关系。明确政府职能，把握方向，激发文化活力，这包括：一是把握好加强监管和繁荣市场的关系，更加注重依法管理，综合运用法律、经济、行政、科技等手段，提高管理效能，确保文化事业健康有序发展；二是把握好加强管理和营造良好创作环境的关系，进一步创新管理理念，强化服务意识，寓管理于服务之中，建立和完善有利于优秀人才健康成长和脱颖而出的体制机制，最大限度地调动广大文化工作者的积极性、主动性和创造性。

第三，文化产品的意识形态属性和产业属性、社会效益和经济效益的关系。始终把社会效益放在首位，努力实现社会效益与经济效益的有机统一。

第四，文化各部门和行业的关系。包括文化艺术、新闻出版、广播电视、科学技术、教育、旅游等，加强联系和整合。

第五，地区之间、城乡之间均衡发展的关系。切实加大对中西部地区和广大农村公共文化服务体系建设的支持力度，促进基本公共文化服务均等化。

第六，坚持对外开放和维护文化安全的关系。在不断扩大对外开放、努力吸收世界各国优秀文明成果的同时，切实维护国家文化安全，形成以民族文化为主体、积极吸收外来有益文化的对外开放格局。

第七，保护文化传统与倡导文化创新的关系。弘扬民族文化优秀传统，保护文化遗产，在继承的基础上创新。

第八，文化体制与经济体制、政治体制、社会体制的关系。强调整体配套、系统推进。在全社会营造鼓励文化创造的良好氛围，为广大群众成为社会主义文化建设者提供广阔舞台，让蕴藏于人民中的文化创造活力得到充分发挥。

3. 文化治理对象分类化

指对不同性质的文化企业或机构采用不同的治理方法。协调文化在各个领域、行业、地域、时间和空间、硬件和软件等方面的差异。

主流文化与大众文化的协调。在大力弘扬主流文化、精英文化的同时，正确引导大众文化、通俗文化的发展。构建统筹协调、责任明确、功能互补、覆盖广泛、富有效率的舆论引导格局，不断壮大主流舆论，提高舆论引导的及时性、权威性和公信力、影响力。

城乡文化的协调。完善城市社区文化设施，坚持家庭文化、社区文化和地方文化共同发展，促进家庭和睦、社区和谐、社会稳定。建设覆盖城乡的公共文化服务体系，更好地保障人民群众的基本文化权益。

科技文化与人文文化的互补。培育科学精神和人文精神，努力提高全民族的文化素质。

区分文化事业与文化产业。公益性文化事业是指为了国家的公共目标、实现社会公共需要，提供具有效用的不可分割性、消费的非竞争性、受益的非排他性的公共产品和公共服务。所谓效用的不可分割性，指具有整体的文化功能。消费的非竞争性，指消费上的共享性，即个人的消费不影响别人的同时消费。非排他性指公共物品的产权是属于社会的而不属于个人。公益性文化主要指思想道德、学术研究、文学艺术以及博物馆、图书馆等。公共文化服务体系是政府举办的、非营利的、普及文化知识、传播先进文化和保证公众基本文化需求的各种文化组织和文化服务。文化产业是文化事业中可以通过产业化方式运作的那一部分。文化产业具有文化和产业的二重特性。文化产业是一种关于文化产品和文化服务的经营活动，但又具有文化特征，肩负着传播知识、启迪思维、提升审美的功能。其产业特性即按照市场规则生产经营，文化产品和文化服务具有很强的产业属性。文化产业提供具有排他性和竞争性的文化产品和文化服务，通过为社会提供文化产品和文化服务取得收入并获得利润。

4. 文化治理理念兼容化

指在文化管理中坚持主流意识形态的指导地位，同时允许多种社会思想并存，促进文化多样化发展，实现多元文化的协调。在传承文化的基础上，创造新的文化。

中国文化与世界文化的互动。加强对外文化交流，构建人文交流机制，把政府交流和民间交流结合起来。积极吸收借鉴国外优秀文化成果，坚持以我为主、为我所用，确保国家的文化安全。实施文化走出去工程，完善支持文化产品和服务走出去的政策措施。

传统文化与现代文化的融合。要保护民族优秀文化遗产，拓展文化遗产传承利用途径。正确处理保护与利用、传承与发展的关系，促进文化遗产资源在与产业和市场的结合中实现传承和可持续发展。

注重文化的多样性与个性。坚持主旋律与多样化的统一，用主流文化引导多样化的社会思想和文化样态。

5. 文化治理机制系统化

文化治理是一个系统工程，是国家治理体系的一个子系统，治理机制必须清晰、系统。要运用系统工程的理论和方法，系统分析各项治理之间的相互联系和错综复杂的结构，提出优化治理、协调发展的途径。

在全球化背景下，文化与经济紧密关联，文化与政治交互作用，文化与科技互补，文化与教育互融，文化与生态互依，文化与社会互动，文化与人共生。为促进文化事业全面繁荣、文化产业健康发展，必须创新文化发展理念。不能限于文化领域谈文化改革发展，要与经济体制改革、政治体制改革、社会体制改革紧密结合起来，协调和配套，整体推进。

文化创新是建设创新型国家的重要方面，文化创新的目标是建设有利于社会整体创新的文化，提升文明境界。随着文化创意时代的来临，文化创意、创新成为社会经济发展的主要驱动要素，文化的发展是社会发展的主要内涵，文化的繁荣是发展的最高目标。文化创新包括文化观念创新、文化制度创新、文化知识创新，体现为文化内容和形式的创新，文化设施、工具和媒介的创新等方面。努力实现在管理体制上有新转变，在繁荣发展上有新思路，在实现途径上有新手段，在破解难题上有新举措，在运行机制上有新成效。

文化功能指文化系统内部各要素之间的相互关系，以及这些要素对该文化作为整体所发挥的作用和效能。文化的功能是由其自身特性和发展规律决定的。文化不仅是上层建筑，具有教育人民、引导社会的意识形态属性，同样也是生产力，具有商品的属性。

（1）文化体现民族凝聚力和创造力。文化是一个民族的集体记忆，是民族文化身份和独特个性的象征，是培育民族精神的土壤，是人们赖以栖息的精神家园。同时，它也给人们力量，启迪革新与创造，帮助人类社会应对众多挑战。

文化是一个国家和民族赖以存在的基础、发展的根基，更是一个民族凝聚力和创新力的不竭源泉。文化具有凝聚力，能够振奋精神、凝聚力量，把一个文化共同体内的成员凝聚在一起。文化具有创新功能，即超越现实局限性，创造出新的观念世界和理想世界。文化具有创新活力，引导社会向前发展。

（2）文化引领经济社会发展。一定的文化是一定历史条件下经济、政治的反映，又反过来给经济、政治以能动的影响。进步、科学的文化能够给社会发展提供精神动力，提高整个社会的文明程度，并能启迪思考，推动创新，引领社会进步。文化具有先导功能，即引领、导向社会发展。通过思想道德建设和科学文化建设，提高人的素质，为社会发展提供思想支柱、价值导向、精神动力、智力支持和方法指导。文化能够以无形的意识、无形的观念，深刻影响着有形的存在、有形的现实，深刻作用于人们的生活和社会发展之中。

文化也直接参与经济价值的创造，这是因为在市场经济条件下，文化产品本身就是商品，能够直接带来经济效益，拉动 GDP 增长。文化对经济发展的作用应引起重视，主要体现在：1）文化是经济发展的精神动力和智力支持；2）文化对经济的渗透无处不在，文化的积累越来越成为经济活动成功的必要条件；3）文化是推动经济快速发展的关键，对未来社会经济结构的发展方向、经济增长速度等都将发挥重要的作用。在市场经济条件下，文化的经济功能越来越突出。文化所创造的效益既有社会效益，也有经济效益。

（3）文化满足人民精神文化需求。 文化是人类文明的结晶，也是人类生存的一种形态。精神文化需求是人区别于动物的关键所在，是人的内在的、普遍的、基本的需求，是人生幸福快乐的重要标志。而文化如水，润物无声，能够启迪心灵、愉悦身心、陶冶情操、增进知识，从而满足人们的精神文化需求，丰富人们的精神世界，提升人的素养，最终实现人的全面发展。

文化具有教化功能，即通过文化环境改变人的思维方式、行为习惯、价值观念、审美趣味并使之社会化。每个人只有接受文化教育和文化熏陶，才可能提高修养，养成高尚的文化情操。和谐文化能够化解社会矛盾，维护社会稳定。

文化具有传播功能，即记录、储存、加工和传承社会信息，促进知识的生产，保持人类社会的记忆，延续历史。文化还有认知功能，即影响、制约人们的认识活动和认识结果。人类必须借用前人文化成果，以提高认知能力。

文化具有协调和规范功能，即调控社会实践和人与人之间的社会关系，文化提供价值和道德规范，引领社会思潮，提供辨别是非的标准，规范和约束社会主体的行为，使人类社会在一定秩序中发展。

（4）文化是综合国力的重要标志。 文化代表着一个国家和民族的文明程度、发展水平，既是综合国力的重要组成部分，也是综合国力的体现。

文化具有技术功能，文化是工具、标准、符号，它使人的交往成为可能。古人说："工欲善其事，必先利其器。"器就是工具。

政治、经济的发展最后都要通过文化为载体，政治的纷争、经济的竞争，最后无不表现为物质文化和精神文化成果。可以说，政治、经济现象都是当下性的、暂时性的，只有文化现象能够永远流传下去。从深层意义上来看，政治、经济现象也可以归结为文化现象。保留下来的世界文化遗产，包含了政治、经济的内容，但其最终表现形式还是文化。

综合来讲，文化是一种凝聚力、竞争力、影响力，文化的功能一是引领风尚、教育人民、服务社会、推动发展，二是满足人民过上美好生活的精神需求。

二、文化治理是国家治理体系的重要组成部分

国家治理体系包括经济、政治、文化、社会、生态治理各方面。文化治理是其中一个重要组成部分，与各个方面都密切相关。

（一）国家治理体系的结构和功能

国家治理体系是一个复杂系统，包括经济、政治、文化、社会、生态文明和党的建设等各领域体制机制、法律法规安排，也即一整套紧密相连、相互协调的国家制度。国家治理体系从主体结构看，

包括政党、政府、市场、社会、公民等；从内容结构看，包括经济、政治、文化、社会和生态文明五位一体的国家制度体系。国家治理能力则是运用国家制度管理社会各方面事务的能力，包括改革发展稳定、内政外交国防、治党治国治军等各个方面，涉及价值、主体、制度、技术等要素。

政党、政府、市场、社会、公众共同构成创造国家治理价值的角色结构，在它们之间构建社会组合机制，创新和优化国家治理的主体网络。只有在与经济—政治—社会—文化—生态环境的能量交换平衡中，国家治理体系才可能使其能力和效能趋向优化和增强。

国家治理体系现代化包含科学化、法治化、制度化和规范化等内涵。国家治理现代化在一定意义上说就是治理结构分化和功能再造的过程。实现有效治理，必须转变政府职能，深化行政体制改革，增强政府公信力和执行力，创新社会治理方式，增强社会发展活力，提高社会治理水平。国家治理体系的现代化，需要战略思维、统筹协调、整体推进、实践检验。

国家治理体系现代化是一项社会系统工程。社会系统工程的核心理念：总体设计、多方联动、系统集成。社会系统工程是运用系统工程组织管理整个社会建设与发展的理论和方法，研究社会的构成要素、结构、功能，强调系统整体性、协同性、动态性。社会系统工程探讨社会治理制度与规则设计的规律与方法，注重结构功能分析，涉及科学化、民主化、程序化和现代化等问题。

国家治理体系需要进行总体设计。总体设计部的工作方法就是系统方法。总体设计包括顶层设计、中层设计、基层设计。国家治理体系和治理能力是一个有机整体，相辅相成，是要把中国特色社会主义各方面的制度优势转化为治理国家的效能。国家治理体系现代化过程，必须是全面的系统的改革和改进，是各领域改革和改进的联动和集成，形成总体效应、取得总体效果。根据总体设计的战略部署，在进行国家治理的过程中，必须系统谋划、整体推进、综合施策。

现代化国家治理必须突出制度体系与体制机制创新。国家治理体系和治理能力是一个国家制度和制度执行能力的集中体现。中国的国家制度体系，是由根本政治制度、基本政治制度和基本经济制度，以及经济、政治、文化、社会、生态文明建设和党的建设等各领域的具体体制机制构成的。实现现代化的国家治理，必须形成系统完备、科学规范、运行有效的制度体系，使各方面制度更加成熟、更加定型。坚持系统治理、依法治理、综合治理、源头治理，推动制度体系和体制机制创新，注重科学性、战略性、长远性、系统性和有效性，推进治理能力的现代化。

治理现代化必然涉及国家与社会关系的调整。国家与社会的关系，涉及历史时间、地理空间、居民、人际关系、管理机构、社会组织、国际社会、全球社会等方面。在国家治理中，要坚持以人为本，积极培育和践行社会主义核心价值观，贯穿于经济建设、政治建设、文化建设、社会建设、生态文明建设的各环节和全过程。必须适应国家现代化总进程，提高国家机构履职能力，提高人民群众依法管理国家事务、经济社会文化事务、自身事务的能力，实现党、国家、社会各项事务治理制度化、规范化、程序化，提高运用中国特色社会主义制度有效治理国家的能力。

国家治理体系和社会治理体系是一个有机整体，有了好的国家治理体系，才可能完善社会治理体系；提高社会治理能力，才能充分发挥国家治理体系的效能。从发展战略的总体目标与总体协调的要求出发，对问题进行总体分析、总体论证、总体协调、总体规划，力求具有科学性、前瞻性、系统性、可操作性和有效性。

（二）文化与国家治理体系

文化是一种凝聚力、竞争力、影响力，文化的功能一是引领风尚、教育人民、服务社会、推动发展，二是满足人民过上美好生活的精神需求。文化在国家治理体系中不可或缺。

第一，文化传统是国家治理体系形成的要素。一个国家选择什么样的治理体系，是由这个国家的历史传承、传统、经济社会发展水平决定的。独特的文化传统、独特的历史命运、独特的基本国情，决定了我们必然要走具有中国特色的发展道路。

第二，文化开放是推进国家治理体系现代化的必由之路。海纳百川，兼容并蓄，多容并包，与其他文明交融互鉴，从不同文明中寻求智慧、汲取营养，善于学习，为我所用，把他人的好东西化成我们自己的东西，这是适应现代化潮流的必由之路。

第三，文化兴盛是国家治理体系现代化的标志。国家治理体系现代化必然体现为文化现代化，使中华民族最基本的文化基因与当代文化相适应，使传统文化与现代社会相协调，努力实现传统文化的创造性转化、创新性发展。

第四，文化软实力是国家治理体系的灵魂。国家治理体系最深层的是核心价值观。核心价值观是文化软实力的灵魂。培育和弘扬核心价值观，有效凝聚社会共识，是社会系统得以正常运转、社会秩序得以有效维护、国家治理得以朝着正确的方向前进的重要途径。

一个国家的核心价值观是国家治理的最大软实力。社会主义核心价值观是决定我国国家治理性质和方向的最深层次要素，是中国梦的精神支柱。国家治理文化软实力，从根本上说，取决于其核心价值观的生命力、凝聚力、感召力和生产力。

国家治理核心价值体系的重要构成部分是思想观念文化以及这种文化所内含的社会思想和意识形态。从思想观念层面讲，核心价值观支撑着国家治理体系的有效运转。核心价值观既是一种治理哲学，更是一种治理能力。现代国家治理能力的重要方面就是培育和巩固公民对国家的政治认同和对核心价值观的信仰，即通过核心价值体系建设实现社会思想意识整合，加强国家整合治理能力。

构建被社会和公民广泛接受的认同感和价值观，可以大大减少国家治理成本，提高国家治理效能。因为依靠暴力手段维持社会秩序的代价高昂。国家必须塑造公民的合法信仰和价值观，形成一套为大多数公民接受并内化于心、外化于行的核心价值体系。例如，传统文化中的"仁义礼智信"等宝贵资源就富有开发和创新价值。实施国家治理文化战略，要在推进国家治理现代化过程中创造和维护社会主义核心价值观的凝聚力和激励性，形成有利于培育和弘扬核心价值观的生产环境、生活情景和社会氛围。

进行社会主义文化建设，加强文化治理，要处理好以下几个关系：

1. 主导文化与多元文化的关系。文化具有差异性、多样性，包括内容的多样性、风格的多样性、形式的多样性、体裁的多样性。

要坚持主旋律与多样化的统一,用主流文化引导多样化的社会思想和文化样态。

2. 正确把握文化产品的意识形态属性和产业属性,正确处理社会效益和经济效益的关系。始终把社会效益放在首位,努力实现社会效益与经济效益的有机统一。

3. 文化冲突与文化融合的关系。在文化发展过程中,存在着"冲突—融合—再冲突—再融合"的现象,多元文化之间不可避免地会出现冲突、碰撞、摩擦,需要进行文化整合,包括价值整合、规范整合、结构整合。

4. 正确处理东部地区和中西部地区、城乡之间均衡发展的关系。切实加大对中西部地区和广大农村公共文化服务体系建设的支持力度,促进基本公共文化服务均等化。

5. 正确处理繁荣市场和加强监管的关系。更加注重依法管理,综合运用法律、经济、行政、科技等手段,提高管理效能,确保文化健康有序发展。

6. 正确处理坚持对外开放和维护文化安全的关系。在不断扩大对外开放、努力吸收世界各国优秀文明成果的同时,切实维护国家文化安全,形成以民族文化为主体、积极吸收外来有益文化的对外开放格局。

7. 正确处理加强管理和营造良好创作环境的关系。进一步创新管理理念,强化服务意识,寓管理于服务之中,建立和完善有利于优秀人才健康成长和脱颖而出的体制机制,最大限度地调动广大文化工作者的积极性、主动性和创造性。在全社会营造鼓励文化创造的良好氛围,为广大群众成为社会主义文化建设者提供广阔舞台,让蕴藏于人民之中的文化创造活力得到充分发挥。

8. 文化积累与文化创新的关系。文化积累就是旧有文化合理内核的沉积。文化创新可以是在文化积累基础上的发扬或延续，也可能是突变。

要坚持为人民服务、为社会主义服务的方向和百花齐放、百家争鸣的方针，弘扬主旋律，提倡多样化，大力发展先进文化，支持健康有益文化，努力改造落后文化，坚决抵制腐朽文化，促进全社会形成积极向上的共同精神追求。

（三）文化治理与其他方面的关系

一定的文化是一定社会的政治和经济的反映，又作用于一定社会的政治和经济。文化是一个民族的"精气神"，是一个国家的形象和"名片"。脱离了文化特征，一个民族和国家就失去了灵魂。文化是社会发展的产物，是人在社会化过程中的一种创造。在人类的生存和延续过程中，社会是整个文化的承担者或载体，是各种文化的生产和再生产以及各种文化功能相互整合的单位和代表者。在社会系统中，文化与经济、政治相互作用，不可偏废。满足人民群众日益增长的精神文化需求是国家文化治理的一个重要目标。

文化与政治、经济、社会、生态相对应，相互之间有着密切的关系。

1. 文化治理与政治治理的关系

文化与政治密切相关。政治本质上是借助于社会公共权力来规定和实现特定权利的一种社会关系，是一种人类文化现象。以前曾经强调文化从属于政治、为政治服务，这是不对的，文化治理具有相对独立性，对政治治理也产生作用。它们相互影响、相互作用。政治决策、政治制度、政治发展中都包含有文化的因素。

政治学和文化学同样关注政治组织、政治制度、社会管理、法律等问题，但文化学在研究的时间与空间范围上更为宽泛。从广义上讲，任何一个文化群体都有政治生活，存在一定的权力结构和关系。政治学和文化学都通用一些术语，如"国家""权力""权威""组织""制度"等，但侧重点有所不同。文化研究领域更为广泛，既包括"非国家"社会的政治制度、"非成文"的地方习惯法、基层政治组织、乡村公共权力，也包括全球化时代政治文化的变迁及其影响，等等。

2. 文化治理与经济治理的关系

文化与经济发展是相连的，一方面的变化会反过来影响另一方面。经济不仅是一个关于生产、分配和消费的体系，同时也是文化体系的一部分。文化生产、分配和消费本身就带有经济的性质。文化生产具有生产性服务业特征，把多业态的文化产业与制造业、信息业、建筑业、旅游业、包装业等产业联系在一起。通过创意设计，把文化元素或符号融入国民经济各行业，将提升物质产品和现代服务业的附加值和品牌价值。文化创意是文化和经济融合的"润滑剂"。

文化研究中的许多问题都涉及经济方面。文化学研究关注在某一个文化环境中由经济行为所体现出来的人际关系、社会组织制度、生活方式等方面的问题。

文化与经济互动，主要体现在以下方面：

第一，文化与经济是一种同生同构关系。经济与文化的产生几乎是同步的，人类发明和使用工具，就意味着文化的诞生。不同的生计，产生不同的文化规则和生活习俗。经济模式的差异体现了文化的不同。要解释经济模式出现差异性的原因，有时需要从文化方面着手。

第二，文化与经济发展水平的交错复杂性。文化与经济发展具有不平衡性。一般来说，文化适应经济的发展，经济发达的时代或地区，文化相对就发达一些，先进的生产力必然催化先进文化的产生；经济落后导致文化的滞后。但文化有时并不与经济同步，有些经济发展程度较高的国家和地区，其社会意识发展水平不一定很高；有些经济发展程度落后的国家和地区，由于历史文化传统的因素，一个民族、一个群体的文化自觉意识可以超越经济的平台，其文化发展水平有可能高于经济发达的国家和地区。文化又可以促进经济发展，先进文化推动生产力的发展，影响经济发展的特征和速度。

第三，全球化背景下的经济与文化一体化。文化与经济结合，既可以产生很大的经济效益，又可以产生很大的文化效益。一方面，文化经济化，文化需要经济扶持。在一定程度上，经济规定并制约着文化的性质和方向。另一方面，经济文化化。任何经济活动中都有文化的含量，需要文化的引导和驱动。

3. 文化治理与社会治理的关系

文化是人类社会的文化，社会是由人类文化构成的社会。对文化的认同是人的社会化的前提和基础，社会化使人学习和接受社会文化，获得了语言、思想、价值观念，适应社会发展。社会化就是文化延续和文化传递的过程，其实质是文化的内化，就是接受世代积累的文化遗产，保持社会文化的传递和社会生活的延续。文化对社会有导向和控制作用，它不仅指导和控制人们的心理、情绪，而且为人们提供价值观念、思想方式、行为规范，使人们按一定文化体系的导向去生活、行动，达到社会控制的目的。

文化一方面从社会体系中抽象出来，成为一个独立的系统，并且抽象出来的越多，它的系统属性越大、越有独立性，而不是附属于社会体系之内；另一方面，文化系统越发达、越进步，也就越能使人类社会脱离野蛮状态而进入文明状态，并且使人脱离血缘关系而成为社会关系中的人，即社会化的人，成为共享一种文化的群体。人类是按照一定的世代积累的文化体系演化的，文化是在各种社会群体的形成、发展及其不断整合的过程中进步的，二者相互依存、相互作用。

社会学研究社会关系、社会结构、社会功能、社会变迁，侧重研究社会组织与社会生活，力图把握社会事件的总体、社会的全貌。社会结构包含文化，社会学自然要研究文化现象。现代社会学倾向于研究现代社会的组织性以及团体性行为。社会学研究的"人"，不是作为个体的人，而是作为一个社会组织、群体或机构的成员，体现了一定的文化特质，社会成员是在共同的、由文化造就的结构化社会中被组织起来的。

文化学关注社会，考察社会现象背后的文化联系、文化结构、文化功能、文化变革，侧重研究人与文化的关系，以便把握人在价值体系中的地位，揭示文化系统的机制和发生、发展的规律。

文化与社会的关联可以归纳为以下方面：

第一，文化是社会的重要组成部分，是社会结构的重要参数。文化是社会中统一的、自我调节的有机体。文化为人类适应社会环境提供手段，为人类谋生和增进幸福提供条件。

第二，社会是指处于特定区域和时期、享有共同文化、按照一定的行为规范而结成的人类生活共同体。社会为人类创造文化提供舞台，为人类生存提供空间和保障。多样性的社会群体产生了多样的文化。不同的民族、社会群体有着自己的文化模式，使社会中的文化表现为多样化的形态和风貌。

第三，社会形态与文化模式相互影响。不同的社会形态具有不同的文化模式，而二者相互发生影响。人类社会以各种文化要素尤其是社会制度文化为核心纽带。社会因素与文化因素交织在一起，成为一个"社会—文化共同体"。社会形态特征与文化模式类型有着很强的关联性，在一定程度上是相对应的。

第四，社会化是文化传承的主要渠道，保证了文化在代际的习得和延续。文化是人的社会化所不可缺少的中介。

第五，社会变迁和文化变迁相互影响和制约。当社会发生变迁时，其中的文化也相应地变化。当文化向另一个阶段发生演进时，社会也做出一定调整。当出现重要文化思潮时，往往预示着社会将发生重大变革。人类文化因必须为社会系统的运转提供能量而生生不息。文化与社会进程交互作用。

第六，文化关注社会与大众。文化研究关注社会现象。公益性文化事业就是公共事业，有些部门既是公共部门又是文化部门，如图书馆、博物馆、展览馆等。语言、民俗、宗教等都是重要的文化现象。文化建设需要大众参与。大众文化，就是大多数社会成员的文化样式，涉及人们社会生活的各个领域。现代社会的传媒工具如电视、广播、报刊、网络等为大众文化传播提供了条件。大众在参与文化的过程中，也在创造和传播文化。

必须把发展文化放到社会发展的战略地位上来认识。现代化发展的最终目标就是文化的发展和人的发展。文化治理与社会治理在现实中是相互联系、相互作用的。

4. 文化治理与生态治理的关系

人类依存于一定的生态环境。文化与生态、人类生活紧密相连。

生态，亦即自然生态，指生物之间以及生物与环境之间的相互关系和存在状态。人类是自然生命系统的一部分，与其他生命形式相互依存，相互制约，不可分离。人与自然的关系制约着人与人、人与社会的关系。人类以文化的方式生存，文化不能反自然。文化与自然的辩证统一，就是人类生存的本质。

文化生态学又称"社会文化生态学派"。它重视文化现象中的环境因素，强调不同的自然环境形成不同的文化、文化与自然的一致性；认为人与人、人与环境的相互作用产生了文化，并导致文化的变化。

文化生态学就是用生态学的观点来审视人与自然、社会环境的关系，生态系统中生物界和非生物界环境因素的变迁取决于人类的文化因素，特别是开发利用自然资源的科学和技术装备水平，而生态环境的演变也对人类文化发展趋向产生了不可估量的影响。[1]文化生态学从人类生存的自然环境和社会环境中各因素的作用来研究文化的发生、发展和变革。文化地理学派、文化圈学派都研究了地理环境与文化发展的关系。

---

[1] 参见周浩然、李荣启：《文化国力论》，辽宁人民出版社，2000年版，207页。

人类文化生态论等强调人们的生态环境观、价值观等文化因素对生态环境的特殊作用，特别是观念对人自身行为的支配是环境变化的重要因素。生态环境系统的变化受到人们的文化与经济活动的深刻作用，它们之间紧密相连、共同制约、共同变化。

生态文明是基于改善和优化人与自然的关系，建设科学的生态运行机制和良好的生态环境支撑的物质、精神、制度方面积极成果的总和。生态文明的核心是人与自然和谐的价值观在经济社会发展中的落实及其成果的反映，倡导尊重自然、保护自然、合理利用自然，主动开展生态建设，实现生态良好、人与自然和谐。

文化治理与生态治理的结合，将推进生态文明的建设。

三、文化治理的实施

文化领域面临一些突出的问题，需要进行治理。通过文化治理，解放和发展文化生产力，把发展社会主义先进文化放到十分突出的地位，充分发挥文化启迪思想、陶冶情操、传授知识、鼓舞人心的作用，努力提高全民族思想道德素质和科学文化素质，促进人的全面发展，增强国家文化软实力，为坚持和发展中国特色社会主义提供强大的精神力量。

（一）文化领域存在的突出问题

当前，我国发展进入新常态，改革进入深水区和攻坚期，经济社会发展中存在着不平衡、不协调、不可持续等问题，面临着思想观念的障碍、体制机制的痼疾、利益固化的藩篱等。特别在文化领域存在着一些突出的问题，主要表现在以下方面：

第一，文化分裂，缺乏整体意识。没有把文化作为一个整体，而是各立山头、各自为阵，如新闻、出版、广播、电影电视、文化艺术、体育，等等，分属众多部门，分头管理或多头管理，缺乏有机互动、相互合作。文化部门相互排斥，"占山为王"，以部门利益为重，缺乏全局意识、大局意识、整体意识。

第二，定位不清，缺乏文化共识。对文化定位不准确、不清晰，处于一种模糊、尴尬的境地。长久以来，在传统文化和现代文化、本土文化与外来文化、科学文化与人文文化、主流文化与多元文化之间，处于犹疑、摇摆之中，缺乏在多元文化之上的普遍共识，得不到大众的普遍认同。

第三，出现某种"文化偏执"。所谓"文化偏执"，指片面地执著于某种文化情景的生活之中，在物质生活和精神生活方面偏重于物质和金钱，在市场经济大潮下偏重"向钱看"，多以金钱、地位来衡量人，精神生活弱化，社会精神趋向片面化和庸俗化，忘却生活世界的文化全面性。

第四，文化泛化。把文化过于泛化，甚至与经济、市场、政治、社会交往、文艺生活以及休闲娱乐等领域混为一谈，没有认识清楚文化的本质，没有划分文化的边界和范围。

第五，"文化过度"。没有认识到文化的"限度"，不尊重自然，盲目地"改造自然"、"控制自然"、"征服自然"，过度地开发和享用自然资源，对自然任意掠夺，奢侈消费，超过了自然资源的承载力，结果引起自然的报复，危及人类自身。

第六，存在文化混乱。表现为社会文化生活中的乱象，特别显现在媒体文化领域，各种新媒体、自媒体纷纷登场，其商业效应、社会效应和文化效应让人们始料不及，处于一种被动的应付状态，这些媒体"任性"、恣意妄为，没有秩序，得不到规制。

上述问题严重地影响文化的发展，对社会发展以及人类自身的发展都是消极的，需要进行治理。

（二）文化治理的重要意义

加强文化治理、建设社会主义文化强国，是我国建设中国特色社会主义、全面建成小康社会的必然选择，是中华民族自强、实现伟大复兴的必然选择，也是应对日趋激烈的综合国力竞争、制衡西方大国文化扩张的必然选择，对世界文化发展乃至人类和平与文明进步具有重大意义。

第一，有助于完善国家治理体系。中共十八届三中全会提出国家治理体系和战略框架——经济、政治、文化、社会、生态五位一体，建设富强民主文明和谐的现代化国家。文化治理是国家治理体系的一部分。全面建成小康社会，就是既要让人民过上殷实富足的物质生活，又要让人民享有健康丰富的文化生活。因此，必须加快推进文化发展繁荣，改善文化民生，更好地保障人民的基本文化权益，满足人民多样性的精神文化需求，让文化建设成果由人民共享，提高人民的幸福指数。

第二，有助于增强我国文化软实力。文化软实力，就是指与经济力、军事力、科技力相对应的通过文化载体和文化方式表现的影响和能力。它对内表现为民族的向心力和凝聚力，对外表现为国家的亲和力和影响力。近年来，许多国家都把加快文化发展、提高文化软实力作为增强综合国力和国家核心竞争力的重要战略选择。因此，要在日趋激烈的竞争中赢得主动，必须努力推动文化建设，把我国文化资源转化为强大的文化竞争力，切实提高国家文化软实力，维护国家文化安全。

第三，有助于实现中华民族伟大复兴中国梦。我们所追求的中华民族伟大复兴，包括经济的发展、政治的文明、社会的和谐、生态的美丽、文化的复兴，而且文化复兴及其所达到的高度和成就，较之经济和政治更具竞争力、生命力。因此，我们必须大力推动文化发展繁荣，不断增强文化自觉、文化自信和文化自强，弘扬中国精神，凝聚中国力量，建设面向现代化、面向世界、面向未来的社会主义先进文化，不断增强中华文化的核心竞争力。

（三）文化治理的目标

加强文化治理、建设社会主义文化强国，要实现以下几个目标：

第一，人民享有健康丰富的精神文化生活。文化建设的最终目的是要满足人民群众的精神文化需求，适应人民需要的文化产品更加丰富，精品力作不断涌现，促进人的全面发展。让人民享有健康丰富的精神文化生活，是全面建成小康社会的重要内容，是提升群众幸福指数的有效途径，也是社会主义文化强国的重要体现。

第二，社会主义核心价值体系深入人心。社会主义核心价值体系是兴国之魂，是社会主义先进文化的精髓，决定着中国特色社会主义的发展方向。加强社会主义核心价值体系建设，是建设社会主义文化强国的根本任务。提高掌握先进文化前进方向的控制力，提高驾驭意识形态复杂局面、引领社会思潮的能力。

第三，公民素质全面提升。良好思想道德风尚进一步弘扬，公民素质明显提高。人是社会的主体，人的全面自由发展，是中国特色社会主义事业取得最终胜利的根本保障，也是社会主义文化强国最终建成的必要条件。国民素质相对较高，是文化强国的一个基础性指标。

第四，文化事业、文化产业全面繁荣。文化事业发展顺利，覆盖全社会的公共文化服务体系基本建立，努力实现基本公共文化服务均等化；文化产业成为国民经济支柱性产业，整体实力和国际竞争力显著增强，公有制为主体、多种所有制共同发展的文化产业格局全面形成；文化管理体制和文化产品生产经营机制充满活力、富有效率。

第五，全社会文化自觉、文化自信增强。文化自觉和文化自信，是我们进行社会主义文化强国建设应有的精神状态和思想风貌。是否具备高度的文化自觉和文化自信，事关文化的传承、创新，事关文化的振兴、繁荣。培育高度的文化自觉、文化自信，是建设社会主义文化强国的思想基础和先决条件。

第六，中华文化创造力、竞争力显著提升，影响力不断扩大。文化是最需要创新的领域，创新是文化的本质特征。只有不断创新，文化才能迸发活力，充满创造力，形成竞争力。一个国家要对世界产生影响，不仅要靠政治、经济和军事力量，而且要靠文化力量。以民族文化为主体、吸收外来有益文化、推动中华文化走向世界的文化开放格局进一步完善；高素质文化人才队伍发展壮大，文化繁荣发展的人才保障更加有力。建设社会主义文化强国，就要不断提升中华文化的影响力。

按照实现全面建设小康社会奋斗目标新要求，要为实现这些目标共同努力，不断提高文化治理科学化水平，为把我国建设成为社会主义文化强国打下坚实基础。

在当代中国，进行社会主义文化建设，加强文化治理，就是以马克思主义为指导，以培育有理想、有道德、有文化、有纪律的社会主义公民为目标，发展面向现代化、面向世界、面向未来的民族的科学的大众的社会主义文化。这种文化，既渊源于中华民族数千年文明史，又吸纳世界上的一切优秀文明成果；既植根于中国社会主义现代化的实践，又具有宽广的世界眼光和现代特质；既包含了当代科学和文化的最新成就，又为广大人民群众所喜闻乐见。就是说，建设社会主义文化，具有鲜明的时代特征、民族特色、科学品格、大众导向、人文精神。建设社会主义文化，就是着眼于培育和弘扬民族精神，不断丰富人们的精神世界，不断增强人们的精神力量，为推进国家治理体系和治理能力现代化提供精神支撑和智力工具。

我们既不能依傍古人、因循守旧，简单地"复兴传统"；也不能模仿外国，照搬照抄，"全盘西化"；而只能以"我"为主，以自觉的文化态度、独立的自省精神和开放的创造精神，走自己的路，古为今用，洋为中用，在借鉴人类一切优秀文化成果的基础上，独立自主，创造具有"中国特色、中国气派、中国风格"的社会主义先进文化。

用科学发展观引领文化建设，核心是以人为本，根本要求是全面、协调、可持续，基本方法是统筹兼顾，目标是经济社会和人的全面发展。文化就是人化，必须发挥人民在社会主义文化建设中的主体作用。文化治理，是为了解放和发展文化生产力，满足人民群众不断增长的需求,不断巩固全党全国人民团结奋斗的共同思想基础,建设和谐文化,提高全民族的思想道德素质和科学文化素质,促进文化大发展大繁荣。用全面的观点看待文化治理,就要把我国的文化建设与世界联系起来,瞄准世界文化发展前沿,增强文化在综合国力竞争中的地位和作用,努力促进社会的全面进步和人的全面发展。文化治理,要与经济、政治、社会治理相协调,正确处理实际生活中的各种矛盾,营造一种良好的氛围。注重文化发展的可持续性,区分文化的不同层面和性质,弘扬优秀文化,抵制不良文化,引导先进文化的发展方向,确保文化建设的成果惠及全体人民。要从全局和战略高度,充分认识文化建设的重要地位和作用,切实把文化治理摆在全局工作的重要位置,纳入重要议事日程,纳入经济社会发展全局。

(四)推进文化治理现代化

推进文化治理现代化,就是要确立文化自觉、文化自信,实现文化的全面发展、协调发展、可持续发展,建设社会主义文化强国,建立健全文化建设的长效机制,切实搞好公益性文化事业,深化文化体制改革,发展经营性文化产业,促进社会主义文化大发展大繁荣。

文化治理的任务是:形成四个体系(覆盖全社会的公共文化服务体系,统一、开放、竞争、有序的现代文化市场体系,完善的文化创新体系,完善的文化法律法规体系);形成两个体制机制(科学有效的宏观文化治理体制,富有效率的文化生产和服务的微观运行机制);形成两个格局(以公有制为主体、多种所有制共同发展的文化产业格局,以民族文化为主体、吸收外来有益文化、推动中华文化走向世界的文化开放格局）。

突出体现在以下方面：

第一，充分开掘思想文化资源，实现创造性转化。中华文化源远流长，积淀着中华民族最深层的精神追求，为中华民族生生不息、发展壮大提供了丰厚滋养。要系统梳理传统文化资源，如习近平总书记所说，要让收藏在禁宫里的文物、陈列在大地上的遗产、书写在典籍里的文字都活起来，并融入当下社会生活之中。要对中国优秀传统文化进行深入的挖掘和阐发，实现创造性转化和创新性发展。着眼于培育和弘扬民族精神，不断丰富人们的精神世界，不断增强人们的精神力量，为中国特色社会主义事业提供思想指导、精神动力、智力支持、方法导向。

第二，实现文化管理体制机制创新。文化体制改革关键是确立"大文化"概念，建立大文化管理体制，完善文化政策与法规。借鉴国外文化体制的经验，弘扬中国传统文化的优良传统，创造适合时代的社会主义先进文化。目前制约文化发展的体制性因素主要有：政府与文化企事业单位的关系、文化政策及文化立法、文化宏观管理、文化事业与文化产业的界定、文化产业的集团化问题，等等。

应理顺文化体制中的三个基本关系：（1）党政关系。文化具有意识形态和产业形态双重属性。要避免党政不分、以党代政、多头管理的弊端，把党委和政府部门的职责明确下来，各司其职，各负其责。通过依法行政，建立国家的公共文化管理制度。（2）政府与文化行业部门的关系。政府主要是通过法律、行政、经济等手段，对文化事业和文化产业进行指导、规划、协调、服务、监督和管理。要克服政府部门权力化，划定政府部门之间的职能范围、管理权限。

（3）文化行政部门与基层单位的关系。要按照市场规则要求，解除基层单位对上级主管部门的依附关系，完善法人结构，实现基层单位的市场主体化。制定和完善扶持公益性文化事业、发展文化产业、激励文化创新等方面的政策。要转变政府职能，由"办文化"转向"管文化"，由管微观转向管宏观，由主要管理直属单位转向管理社会。深化文化管理体制改革，要以观念创新为先导，以调整优化政府行政管理结构为突破口，带动文化管理体制改革。

创新文化管理体制。建议实行大部制，组建文化委员会，统一管理文化事务。必须加强和改进文化领域宏观管理，加快转变政府职能，建立公共文化服务型政府，明确文化行政管理部门职责，理顺文化行政管理部门与所属文化企事业单位的关系，实行政企分开、政事分开。从粗放式管理向分类化、精细化管理转型。

深化文化事业单位改革，分类推进，突出公益属性、强化服务功能、增强发展活力，全面推进人事、收入分配和社会保障制度改革，明确服务规范，加强绩效评估考核。创新公共文化服务设施运行机制。

第三，完善文化政策和法规。制定和完善公共文化服务保障、文化产业振兴、文化市场管理等方面的法律法规，将文化建设的重大政策措施适时上升为法律法规，加强地方文化立法，提高文化建设法制化水平。

第四，建立健全现代文化市场体系。加强文化市场建设与管理，构建统一开放竞争有序的现代文化市场体系。加快发展各类文化产品和要素市场，打破条块分割、地区封锁、城乡分离的市场格局，促进文化产品和要素合理流动。核心是调整政府与市场的关系，重点是使市场在文化资源配置中起决定性作用。

第五，构建现代公共文化服务体系。发展文化事业，构建覆盖全社会的公共文化服务体系。保障公民的文化自由，维护文化权利公平，鼓励公民文化参与，提供基本公共文化服务等。核心是调整政府与社会的关系，重点是维护公民的文化权利。统筹文化建设、文化服务，进一步提高公共文化服务效能；统筹文化布局结构与规模速度，进一步提高文化产业质量和效益；统筹国内国外两个市场，进一步扩大文化发展的空间。扩大文化服务消费，提供个性化、分众化的文化产品和服务，培育新的文化消费增长点。动员各方面力量，引导社会对文化的投资，共同参与文化建设，解放和发展文化生产力。要统筹经济治理、政治治理、文化治理、社会治理、生态治理，把文化治理放在更加重要的位置。

［本文根据作者撰写的中国人民大学国家发展与战略研究院专题报告（SSE201502）压缩而成］

中国的资本逻辑如何统御文化市场

■ 戴锦华[1]

中国电影工业依然在创造奇迹，但同时令人绝望

记者：如何总结2015已经过去大半年的中国电影市场？

戴锦华：我们的中国电影奇迹在继续，产业的扩张、规模，票房的纪录在不断地刷新，可以用"史无前例"这四个字来形容中国电影市场的发展，电影史上从来没有这样的先例。但与此同时问题也就更加凸显，软件的发展大大落后于硬件的扩张。**没有足够有力的内容来填充巨大的电影工业和电影市场，尤其是上半年整个的电影市场几乎到了令人绝望的程度**。但是暑期当中的《大圣归来》和《捉妖记》还是给人一点希望吧，因为它们是所谓良心之作，它们在尝试达到一定的工业水准，同时也在尝试附载某些正面的价值表达，在这个意义上非常绝望的状态还是有一线光明吧。

---

[1] 戴锦华，北京大学中文系教授，北京大学电影与文化研究中心主任。

记者：有您印象特别深刻的电影吗？

戴锦华：如果从整体来看的话，今年中国电影的工业水准在提升，今年中国电影的年产量达到了700部，这700部还没有包含对数量非常巨大的独立电影的统计。但是今年缺少像《推拿》这种令人兴奋的院线电影。但是如果从包含了独立电影、很多小成本制作的整体电影市场来看还是有好电影的。

记者：艺术电影本来是小众属性，而导演可能还希望更多的观众走进影院去观看，如何来调和这个矛盾？

戴锦华：我基本上不同意你的描述。**用商业大片的观众群体的评价来衡量艺术电影是不公平的。**我觉得艺术电影毫无疑问是小众的，但是同时你要看到艺术电影也是小成本、小规模的。所以它对于观众和市场的要求和商业大片是完全不同的，它所要求的市场不是商业大片式的市场，它要求的票房也不是商业大片式的票房。比如说《捉妖记》，票房到了七八亿的时候还没收回成本，当然这也与它的一些特别因素，包括重拍因素有关。大的投资规模就要求那样大的市场。而所谓艺术电影要求的是一个很小的市场，现在讨论像王小帅《闯入者》所引发的矛盾，我觉得是人们在建立了一个悖谬的表述之后来指责王小帅，既然是艺术电影你为什么还要市场。**艺术电影也是工业和市场的产物，艺术电影当然要市场，但是它要的市场只是某一个分众市场**。《捉妖记》必须覆盖中国的电影市场才能收回成本。而像《闯入者》，它只需要找到它的观众，它的观众也能够找到它。

事实是在当前的中国电影市场中，连分一杯羹的份额也不给艺术电影，所以普遍出现的情况就是艺术电影排片在早上 10 点和晚上 10 点之后，甚至有些电影的排片档就是一天，叫作"国产电影一日游"。这样就造成艺术电影根本没有机会去遇合它的观众，热爱这些电影的观众也根本没有机会进入影院去看它们。**一个健康的电影市场应该是分层的、分众的，让不同趣味的观众都能在影院中找到他的影片。你根本没有给艺术电影市场机会，这个市场是不健康的。**

记者：艺术电影有自己的观众，也可以获得一定的票房，为什么院线在排片时会把它们排在一个"尴尬"的时段？

戴锦华：其实理解起来很简单。因为我们现在绝大多数院线同时属于大制片公司，这样就形成了天然的垄断。院线当然会推自己公司的电影，而不会推其他公司的电影，尤其是其他公司的电影又不可能创造巨额利润的时候。**我一直认为让资本逻辑来统御文化领域一定会造成很大的问题。**因为资本自身的逻辑就是追逐利润，追逐利润无可厚非，问题是资本的逻辑是追逐利润的最大化。

如果能够有恰当的方式让观众找到这些小众电影、艺术电影，艺术电影也能遇到它们的观众的话，艺术电影也是可以产生利润的，但一定不是巨额利润。**艺术电影是有利可图的，但是是无暴利可谋的。**而当整个电影市场的逻辑是谋暴利的时候，这些艺术电影当然就是"鸡肋"。一个健康的电影市场必须是分层的，**因为艺术电影始终在整个商业工业系统当中扮演的角色是试验室和发动机，没有艺术电影的大的商业电影的工业系统会很快自我枯竭**，即使站在主流商业电影的立场上，我也必须呼吁艺术电影，况且从我个人的趣味和我对电影的社会功能意义的理解上说，我当然更偏爱艺术电影。

中国电影制片人中心制下，导演无足轻重

记者：导演在电影制作中占据什么位置？

戴锦华：首先导演是艺术家吗？That is a question，导演作为电影真正的作者，导演对一部电影拥有署名权，是20世纪60年代特吕弗的《电影作者论》才开始被提出来的。**电影作者论整体地改变了电影创作界的状态，就开始出现了各种不同层次上的导演中心论。**

而在此之前，比如在好莱坞电影工业内部，导演是最可以被更替的一个角色，他是流水线式的工业系统上的一颗可能比较大的齿轮，他只不过是一个齿轮或者螺丝钉。曾经在好莱坞电影当中不可更替的两个角色是明星主演和电影美工师，因为电影造型的一致性是决定一部影片完整风格的基本标志。

很多好莱坞著名影片的导演被更换三次之多，就是不断地更换导演。所以只有在电影作者论的意义上，我们才能够去讨论导演作为艺术家在电影艺术中的作用。电影作者论对商业电影造成了巨大的冲击和改变，反过来逆推了新好莱坞的诞生，整体地改变了好莱坞电影工业。这样就出现了科波拉、斯皮尔伯格、卢卡斯、马丁·斯科塞斯等一批大导演，我们才第一次用导演来标示这些艺术家。**而今天随着中国电影工业扩张的最大 个改变就是制片人独大的局面开始确立，所以今天中国电影在很大程度上是制片人中心制，那么导演的角色、导演的主观意愿对影片就变得相当无足轻重了。**

记者：无足轻重？

戴锦华：对啊。 如果是制片人中心制的话，制片人的意愿就变

成了压倒性的意愿，导演只是制片人的意愿或者资本逻辑的执行人，所以它势必是迎合观众的，迎合市场的。但是我们也要区分为市场而制作、希望覆盖和赢得最大观众的电影和我们今天所说的烂片热卖其实不是一个概念。

"艺术电影一定是小众的"本身就是一个反历史的叙述

记者：好莱坞如何平衡商业电影和艺术电影？

戴锦华：好莱坞的量体非常大，年产影片非常多，我们熟悉的是好莱坞类型的电影，而且我们熟悉的是好莱坞电影当中的A级片，我们就不知道A级片是被大量的B级片托起来的。好莱坞电影工业的创造主题始终是情节剧，不是action、不是科幻、不是灾难片，而是大量的情节剧。

我们对美国电影工业的认识是非常片面的，研究电影史的朋友总会说好莱坞不等于美国电影。好莱坞体制是靠众多的分众影片支撑着，而好莱坞又坐落在美国电影的更大的基座上。**因为美国电影这个概念远远大于好莱坞，美国有个巨大的独立电影、实验电影、先锋电影的群体存在。**你可以说好莱坞工业一直在替美国电影提供后备军、提供创意、提供人才、提供影像实验，你也可以从另外一个角度上说，这使得美国电影文化成为一个有机整体。

记者：艺术电影在欧洲也是小众的吗？

戴锦华："二战"以后才出现了欧洲艺术电影这个概念，此前我们大概不会谈艺术电影和商业电影。但是即使在冷战时代，你再看库布里克的电影，比如说《2001太空漫游》《奇爱博士》《发条橙》，你认为它是艺术电影还是商业电影呢？它们都是在好莱坞主流工业机制当中制作的，但今天看起来它们依旧十足的艺术，你今天怎么能想象主流电影观众在影院里面忍受8分钟，甚至15分钟的黑幕，但这是《2001太空漫游》当中做的。所以我觉得艺术电影和商业电影的分层，甚至代表艺术电影的欧洲电影与以美国好莱坞为代表的商业电影这种对立格局，是在冷战的非常特殊的格局当中形成的。

而且欧洲艺术电影的传统大致地又和冷战时期形成的欧洲新左派的文化取向彼此重叠。随着冷战终结，这个结构已经不存在了。现在的情况是，好莱坞内部也陷于一种极度焦虑和紧张的状态，好莱坞的电影人在说现在只剩下超级英雄系列片了，其他影片都难以为继。而同时欧洲的艺术电影也损失了他们的观众，这是一个变化过程。**所以当前我们说艺术电影一定是小众的，本身也是一个反历史的叙述，因为在整个五六十年代的时候，我们熟悉的安东尼奥尼、伯格曼、费里尼、塔可夫斯基，他们的影片都是在500人以上的大影院放映的，而且经常一票难求。**

到了70年代的时候，全球票房前50名当中还有一半以上是艺术电影。所以我们只能说变化的是社会是趣味，而不是艺术电影天然地反观众，天然地小众，它曾经形成了一个跟好莱坞完全平行的大众脉络。

冷战以后最大的变化是我们不再相信可以改变

记者：是不是因为观众的审美趣味发生了变化？

戴锦华：其实我的理解有一点偏向社会文化或者社会政治方面。我认为这个问题不能从审美趣味上得到解释。**大概 20 世纪六七十年代的时候，人们整体相信社会的不合理状态是可以改变而且能够改变的。所以人们会去批判、去变革、去想象，所谓 alternative，拥有另类的可能和另类的出路这种力量。**所以我觉得艺术电影的美学先锋性、艺术先锋性是迎合了当时社会的态度，所以它会被广泛地接受。

而冷战终结以后，最大的变化是我们知道这个世界是不合理的，甚至是更不合理的，但是我们不再相信我们能够改变，因为当我们不认为它能够改变的时候，我们甚至就干脆告诉自己说，它就不应该被改变，其实现在这种状态是别无选择的。所以在这种状态之下，所有先锋的、挑衅的、冒犯的、批判的东西也就整体地被拒绝。

于是人们只要求娱乐，只要求抚慰，只要求值回票价，电影就完全变成了单一的消费品。我大概是从这个角度去理解整个世界电影格局，或者我们可以说世界电影工业的整体堕落和中国电影现在所面临着一个我称之为"架之中空"和非电影的状态。

记者：为什么八九十年代相对自由的环境下成长起来的一代人，没有成为我们的塔可夫斯基、我们的伯格曼、我们的费里尼呢？

戴锦华：这个问题既是一个非常真实的问题，也是一个伪问题。为什么说它是伪问题呢？**从 20 世纪 80 年代到今天，中国电影看上去是连续的，但是你仔细想一想，这段历史完全断裂成几段**。第五代电影人横空出世的时候，面对的是非常有趣的情境，当时是中国社会转折的节点，是两种体制、两个时代遭遇的时刻。第五代一边是在原有的社会主义工业的制片体系内部，但另一方面，当时是整个中国的思想文化最为松动，旧有的东西崩解了，而新的东西还没有真正地形成。那是一个真正开放的年代，无论是现实还是想象，我们似乎都拥有无限的可能性，你不需要面对市场，严格意义上电影市场根本没有形成。因为统购统销的计划经济范围之内的电影是作为团结教育人民、打击消灭敌人的武器，而不是作为市场意义上的商品，所以他们完全可以不必考虑市场，而投资全部来自政府和国家。但与此同时，导演中心论开始影响到中国，作者电影的渴望开始在中国内部燃烧，这些年轻人有可能充分地掌握他们自己的影片，在那样一个特定的历史年代创造了第五代电影最早的辉煌。

之后经过80年代的终结，90年代的转型，一段时间之内第五代电影人游移在一个非常独特的、我称之为后冷战的结构之中。他们大部分的影片都是国际投资的，同时借助中国电影工业的基础制作了一些并不打算在国内市场发行的影片，在制片计划当中就不是以中国市场为目标对象，而是以欧洲电影市场或者欧美的小众市场为对象。接下来以2003年《英雄》作为一个转折点，它是中国电影工业起飞的标志，它带动了中国电影的制片规模和工业水准。最早引进了《狮子王》，和《狮子王》同时引进的还有国外的电影营销模式，电影营销代替了我们原来的宣发概念。

中国电影是在非常奇特的资本主导形态之下再度形成的电影样态，各个部分之间没有任何真正意义上的连续性，工业规模、社会文化、导演在制片体制当中的位置、电影的自我想象、电影的社会诉求没有任何连续性。所以他们自身所发生的变化并不能够从他们本人或者中国电影内部的逻辑当中得到解释。

还有一点,当第五代的主要创作人员得到了如此多的国际奖项,得到了极高的声誉之后,为什么现在开始热衷于拍摄一些大大低于自己制片水准的商业电影?这个问题只有他们本人才能回答。**因为我也很好奇,我也想问他们,你们缺什么?你们想要什么?你们为什么要这样去做?最后到底是诱惑、是屈服,还是背叛?这个只有他们自己能够回答。**

一个叫赢家通吃,一个叫多少算够

记者:因为有些人已经做得很出名,不缺钱,可能就没有必要卷入整个市场。

戴锦华:今天的逻辑主导一切以后,我真的觉得就是两句话:**一个叫赢家通吃,一个叫多少算够**。你说不缺钱,但在他的感知当中,他可能觉得缺死钱了,多少也不够。其实我大概也是从这个意义上去解释《道士下山》,否则陈凯歌用得着嘛。

记者:是不是与我们断裂的历史有关系?

戴锦华:对。我们整个历史从 20 世纪 80 年代以来,威胁诱惑那么大,在现代资本主义历史当中都非常少见。要不然就是说 to be or not to be,你不转,不转你就死。要不然就是诱惑太大,我转一转就坐收名利,我不转就可能贫困潦倒。

记者:可能还与个人本身的追求有关系,像塔可夫斯基一生拍摄 8 部电影。

戴锦华：但除了最后一部电影之外，塔可夫斯基的其他电影都是在莫斯科电影制片厂拍摄的，他其实是在苏维埃社会主义工业体制的保障下创作的。

其实我们真的在想象大师的时候，除了不是在大制片厂工业系统中的作者电影之外，同时还要考虑另外的一组大师。希区柯克、库布里克终其一生都是在好莱坞的流水线式的生产机构当中创作的，但他们还是形成了鲜明的个人主题、个性风格，希区柯克创造了惊悚片这个类型，在他之前我们只有恐怖片，而没有惊悚片。而库布里克每一部影片题材、类型、主题、风格都不一样，可是他的每一部作品时间越久我们越受震动。我觉得那是一个产生电影大师的时代，而且很讽刺的是当时是文学界宣布文学已死，作者已死的时代，而电影开始出现作者论。所以我觉得整体上和西方文化与西方文明的错位，以及整个的 60 年代所形成的被称之为欧洲文化自我仇恨时期有关，那是历史撞击的产物。

所以今天唯一还可以被西方人视为大师的导演也是屈指可数，比如说和塔可夫斯基非常相像的基耶斯洛夫斯基，同样来自前东欧社会主义制片体制。另外一个就是伊朗的阿巴斯·基阿鲁斯达米。今天欧洲自身也难再产生那样的新浪潮迭起、大师辈出的时代。那么具体到中国的电影人来说，回答这些问题恐怕就非常复杂。**其中有历史的原因，我们一直在我们的每一个人的生命经验当中压缩西方几百年的历史。如此的巨变，像刚才我所说的当历史社会的结构整体出现大的断裂的时候，恐怕个人的生命经验很难自我延续。所以人大概还是同一个人，名字还是同一个名字，而他内在的一些东西已经被改变了。**

时间是一个人类自我奴役的标志

记者：时间是客观的，人类感知时间更多的是通过时钟来确定，给时间命名，但时间本身可能并不是一维的。时间又是主观的，某个时间点拥有特别的意义，例如1984，1949，这还会牵涉到能指和所指的问题。您如何来理解把握时间？

戴锦华：首先时间不是自然的，时间是现代发明，钟表就切割了我们的生命，八小时工作制、朝九晚五、公共假期这些都是现代社会的产物，是前所未有的一个人类自我奴役的标志。因为在现代社会之前，人们对时间的理解不是这样的。**另外，时间是我们今天所有知识的基础，就是福柯所说的"知识型"，知识型是建筑在一种时间观之上，而这种时间观就是人类短促的从生到死的过程。**所以今天我们谈论时间，我们谈论的是人生不满百，我们谈论的是一个从生到死的过程，我们谈论时间是在谈论向死而生。

如果我们对照宇宙时间，人类时间相当微小。可是今天我们是以人类时间作为所有知识能够建立起来的一个基本尺度和标准。所以我觉得人类时间对我来说是一个反思对象。最近我一直强调，作为一个批判知识分子，你在批判资本主义的同时如果不批判现代主义，你的批判本身是没有太大价值的。因为现代主义是资本主义的一个价值支撑，但它又是一个大于资本主义的概念范畴。**所以当你反思现代主义的时候，你同时就要回到你全部的知识自身。这个时候你不仅要讨论经验，因为经验本身已经被编码，你同时还要讨论难以被编码的体验。**这是我的基本时间观。

记者：您今年开设"科幻电影"课程，科幻对您的时间观有什么影响？

戴锦华：我最近为什么去讨论科幻？为什么重新试图碰一碰新技术革命？因为大概近二三十年来，人文社会科学之中出现了一个相对新的领域叫作**后人类主义**。

后人类主义的产生脉络非常之多，我们只说跟时间相关的这一部分。**后人类主义包含了对赛博格（英文 cyborg 音译，指机器化生物）的想象，一方面是基因工程、生物学革命，另一方面是数码转型，赛博格是这两大文明连接点的突破，恐怕其最大的意义在于再一次打开了人类战胜死亡的期待。**

死亡是不可战胜的，所谓战胜死亡就是延长生命和创造不死。所以一旦某些人以某种方式使人类的有效生命大大地被延长以后，我们就会发现我们今天所有的知识都必须被重新改变。**因为关于人的定义是各不相同的，只有一点是永不改变的，就是死亡反身对于人类的定义，死亡反身定义了人。**所以我觉得在这个意义上，现代时间观正在被挑战。历史重新归来其实是向我们清晰地勾勒出"现在"。

记者：您曾经提到"历史不是关于过去的，历史是关于未来的"。大家比较熟悉的是克罗齐的"一切历史都是当代史"，您的观点跟"一切历史都是当代史"有什么联系吗？

戴锦华：克罗齐的"一切历史都是当代史"和本雅明的"历史是胜利者的清单"是我的两种比较基础性的历史观。我之所以会说历史是关于未来的，不是关于过去的，也正是建立在"一切历史都是当代史"的基础上。

我之所以说历史是关于未来的，因为任何一个历史讲述只有在未来的愿景，未来的可能性和未来的纵深的意义之上，我们才可能去体认曾经有过的历史。我有一个很有趣的生命经验。我接受基础教育的时候，历史是农民起义的历史，不是唐宋元明清的历史，是马克思所谓的"一切人类历史都是阶级斗争的历史"统御下篡写出来的一部新历史。

　　当我读大学的时候，历史恢复为正常的历史，但是当历史恢复为正常历史的时候，我们也在丧失我们的历史。80年代关于中国历史的描述就是历史循环的超稳定结构，相对于始终在进步的线性发展的未来文明，历史循环是没有进步的。那个时候，我们对于历史的想象是鲁迅式的"我翻开历史一查，这历史没有年代，歪歪斜斜的每页上都写着'仁义道德'这几个字。我横竖睡不着，仔细看了半夜，才从字缝里看出字来，满本都写着两个字是'吃人'！"（《狂人日记》）它是一个被空间化的铁屋子式的想象，生命创造力和思想都被囚禁在一个"万古长如夜"的历史想象空间当中。但很有意思的是，包括政府的清史工程，美国中国学对中国的反身影响，我们突然开始再次体认到中国的历史绵延中的纵深感，体认到这个所谓漫长的中国封建历史内部巨大的差异性。这种经验本身让我体认到历史是关于未来的。

　　中国建立完全新的历史，是我们设置了一个从低级到高级，从阶级社会到非阶级社会进步的马克思主义历史观。而后我们重新建立了一个现代主义的历史观，中国突然就变成了一个没有未来纵深的国家，因此我们的历史纵深也就完全丧失了。但是一旦中国崛起，中国开始加入到整个全球经济的大格局当中的时候，我们就再度赢回我们的历史,甚至还发现了我们历史的独特性。记得1980年代的时候我们热衷于讲中国算什么文明古国,我们无法和其他文明古国相提并论,因为在人家已经辉煌璀璨的时候,我们还处在一种完全无名的混沌之中。而今天我们发现原来我们的历史是连续的,而玛雅历史中断了,埃及人消失了,只有我们这样一个完全非西方逻格斯中心主义的,非语音中心主义的,而是以象形文字为基础建立起来的共同体一直在延续,战争、灾难、王朝更迭都没能改变我们的历史。所以在这个意义上,我觉得历史重新归来其实是向我们清晰地勾勒出"现在",当然它不仅指中国现在的国际位置、中国的经济发展势头,它同时勾勒出在现代文化当中,中国的自我期许、自我描述和自我定位。

现在我们面对的是大失败之后的世界现实

记者:您曾经提到"如何让历史在场?怎样去选择历史在场?"历史在场与否是可以主动选择的吗?

戴锦华:我所谓的让历史在场的表述主要针对的是冷战终结、世纪之交,世界性的文化状况和文化症候。现在后冷战也成为过去的时候,我觉得在世界范围内,历史纵深感消失。**历史纵深感的消失有一个非常具体的形而下的政治意图——抹除20世纪,把历史重新接续到19世纪,把现实的政治、文化、结构、逻辑重新接续到19世纪。**因为20世纪是极端、革命、战争、灾难、变革的年代。从今天反观20世纪可以很清楚地看到那个年代是历史的例外,它创造了前所未有的逻辑、潮流、生命形态和价值观念。**我会用大失败**

来形容20世纪，大失败可以是指国际工人主义运动的失败，社会主义阵营的失败。我同意德国电影导演施隆多夫（1939—　）的说法，这是全人类的失败。因为20世纪另类的实践本身是对人类200多年来的乌托邦梦想的实践。所以它是整个人类去寻找另外一种可能性遭到挫败的结果。

现在我们面对的是大失败之后的世界现实。在大失败之后，我们需要忘掉那个梦想的年代，审判是第一步，最好把它抹掉，我们才能够重新接受这场伟大的社会实践之前的全部的社会逻辑。所以这是一个非常具体的历史性的实施，我们历史性地面对历史纵深的消失，所以我说在这个时候召唤历史在场，准确地说是**召唤20世纪的历史重新成为我们今天历史的有机的组成部分，成为对今天现实有效的阐释**。我大概是在这样一个意义上去谈历史的在场。

从另外一个角度，这个问题变成了一个在世界范围之内，尤其是在中国非常重要的问题，**我们面临着一个由生物学革命和数码转型带来的现代文明的临界状态**。它正在整体地改变着人类社会乃至于人对自身的理解与想象，线性时间的碎裂、历史的碎片化和空间化就像穿越剧式的典型症候，历史像是平行存在的空间，我们只需要借助某一个缺口就可以进入任何的历史空间当中。所以我觉得在面临这样一个整体性的文明临界的变化的时候，一种历史意识就以不同寻常的重要性开始凸显出来，这是我在另外一个意义上呼唤历史在场。也许我站在了极端保守的一边，但是我**至少觉得我们必须完成这样一个债务清理和遗产继承的工作，才能够迎接文明临界的到来，才能尝试去面对一种可能完全不同的世界状态**。

"一路"：习近平"全面思维"在海洋上的运用

■ 黄建钢[1]

与"一带"即"丝绸之路经济带"一起，"21世纪海上丝绸之路"即"一路"已经迅速上升为中国在21世纪的一项重要的国家战略。它充分地体现了作为中国共产党总书记和中国国家主席的习近平的海洋观点、海洋观念和海洋思想，是我国"坚持陆海统筹"思维的一项具体措施，是"坚持走依海富国、以海强国、人海和谐、合作共赢的发展道路"的一个具体平台，是"通过和平、发展、合作、共赢方式，扎实推进海洋强国建设"的一条具体路径。[2]习近平的把"海陆统筹"和"经略海洋"联系起来考虑的思路经历了如下五个发展阶段：一是2013年7月30日在中共中央政治局第八次集体学习上的讲话，二是在2013年10月3日上午在印度尼西亚国会上发表的重要演讲，三是2014年6月27日在第五次全国边海防工作会议

---

[1] 黄建钢，浙江海洋学院公共管理学教授，浙江海洋学院党委副书记，北京大学法学博士，浙江舟山群岛新区研究中心主任。

[2] 习近平在中共中央政治局第八次集体学习时强调，进一步关心海洋、认识海洋、经略海洋，推动海洋强国建设不断取得新成就。[新华社]

上的讲话,四是2014年11月22日在楠迪同斐济总理姆拜尼马拉马、密克罗尼西亚联邦总统莫里、萨摩亚总理图伊拉埃帕、巴布亚新几内亚总理奥尼尔、瓦努阿图总理纳图曼、库克群岛总理普纳、汤加首相图伊瓦卡诺、纽埃总理塔拉吉等太平洋岛国领导人举行集体会晤上的讲话,五是2015年4月22日在纪念万隆60周年的亚非领导人会议上的讲话。从这些系列讲话中都可以清晰地看到、感悟并概括出习近平的"全面的思维方式"和"全面经略海洋"的核心思想。它也是习近平"四个全面"战略布局深化和细化的一个状态。从"全面经略海洋"的角度来看"一路"的战略作用,又发现了习近平的一个由如下10个子思想构成的"全面化的'一路'思想"。

1. "全面之路"思想

习近平在会见澳大利亚总督时曾经讲过这样两个观点:一是要"建设全面战略伙伴关系",二是要建立一个"全方位、立体化的合作格局"。习近平在2015年6月5日召开的中央全面深化改革领导小组第十三次会议上强调,要树立一个改革全局观。[1] 其中,"全面""全方位"和"全局"属于"面性思维",而"立体化"则属于"体性思维"。从思维方式看,"面性思维"是"体性思维"的基础,"体性思维"是对"面性思维"的发展。但"面性思维"却是对"线性思维"的一种跨越甚至超越。人们一般很容易被局限在一个"线性思维"甚至"点性思维"里不能自拔。"线性思维"基本上是一个逻辑思维。从"面性思维"看"一路",它就不仅是一条经济之路,还

---

[1] 习近平总书记在中央全面深化改革领导小组第十三次会议(2015-6-5)上的重要讲话。

是一条具有国际政治影响和效应之路；它不仅是一张经济牌，还是一张战略牌。"全面之路"并不意味只是一条狭窄和狭隘的"线路"，而是一条宽阔和宽广的"面路"。对"一路"的不同理解，背后支撑的是不同的思维方式和思想观念。海平面本身就是一个"面"。相对于宽阔和宽广的"面性思维"来说，"线性思维"会显得很狭窄和很狭隘。面路要求有一个平面和平坦的平台。由此看"一路"，它就是一个国际政治的新平台。

与传统的"海丝之路"是一条狭线和窄线之路不同，"一路"不仅是一条宽阔的平面和平坦之路，一条"建设全面战略伙伴关系"[1]之路，更是一条即将发挥"全面"作用和效应之路。"全面"是对"局部"和"局面"的超越。对"局部""局面"和"局势"的问题，一定要用"全面思维"才能得以彻底解决。这也是一种"全方位、立体化的合作格局"[2]之态。从中可以看出，习近平崇尚的是一种"尊重、信任、平等、友好、合作、互利、共赢"[3]的全面海洋观。这是在"坚持走依海富国、以海强国、人海和谐、合作共赢的发展道路"[4]基础上的发展。其基础是一种"面性思维"，是对"线性思维"和"点性思维"的包括和发展。在"一路"上，"线"是航线，"点"是港口，而"面"是指海域。地球上的海域分为三个层次：一是海域，二是洋域，三是球域。它的"面"里藏"线"，而"线"又由"点"

---

[1] 习近平会见澳大利亚总督科斯格罗夫时指出。(新华网)
[2] 习近平会见澳大利亚总督科斯格罗夫时指出。(新华网)
[3] 习近平：《真诚的朋友，发展的伙伴》，《今晚报》和太阳在线网 2014 年 9 月 14 日。人民网 2014 年 9 月 15 日。
[4] 习近平在中共中央政治局第八次集体学习时强调进一步关心海洋、认识海洋、经略海洋，推动海洋强国建设不断取得新成就。(新华网)

组成，再由"港口点"去带动一个"国家面"的发展，由此形成的"一路"是一条新路的状态。但要达到这个新路态，就必须开发沿路各国特别是各个亚非拉国家的各种资源，就必须推动一种"团结、友谊、合作的万隆精神"[1]。

2."全球之路"思想

从习近平2013年10月3日上午在印尼国会上发表重要演讲、2014年3月23日在荷兰《新鹿特丹商业报》发表署名文章和2014年11月中下旬出访南太80余场外交活动中可以明确看出他的这个全球思想。从印尼到大西洋北部到南太平洋可以看出，"一路"是一个具有全球性的国家战略，这将跳出传统的布局。传统的海上丝绸之路是包括非洲的，但现在对"一路"的一般性理解却不包括非洲。从习近平在纪念万隆60周年的亚非领导人会议上讲话中看出，"一路"不仅要包括非洲，还要包括拉丁美洲和南太平洋，还应该包括通过白令海峡的左走右行。其中，左走涉及俄罗斯，右行涉及加拿大。其实，这个"全球之路"也是经过两千余年历史演变到21世纪才最终形成的。它的全球思想原则上至今还只是一个梦想及其构想。海上丝绸之路至今已经走过"东洋之路""南洋之路""西洋之路""大西洋之路"的阶段，目前正在行走"太平洋之路"。之后才会出现一个"全球之路"。它也是一个具有全球效应之路。

与传统的"海丝之路"是一条"历史之路"和"局部之路"不同，"一路"将是一条可以覆盖全球之路和触及全球角落之路。这也是一

---

[1] 习近平：《弘扬万隆精神 推进合作共赢——在亚非领导人会议上的讲话》。2015年4月23日。

条立体之路。其中包含有 n 个平面之路。可以设想出，还有一条随着北冰洋冰层的融化而形成的经过白令海峡左走右行的航路，一条由海路、陆路、空路与商贸路、文化路、公共路、保障路复合而成的立体之路。不仅要开辟新的航路，而且还要创新制度和体制，更需要创新一个结伴的方式。

3."发展之路"思想

对于"发展"，习近平讲过如下两个重要观点：一是"世界上没有放之四海而皆准的发展模式，也没有一成不变的发展道路"。这意味着，我们一定要走出一条具有自己特色的发展道路。我们应该创新属于自己的发展之路。所以，"21世纪海上丝绸之路"的"21世纪"是一个时代概念。到21世纪后才发展起来的国家至今还没有突显和成形出来。现在有的成功和成熟的发展模式都是属于20世纪的；"海上"是需要重新界定为可以大力促进发展的一个路径。通过海上得以发展是人类17—19世纪之间的事情。进入20世纪后，海上发展逐渐降到了一个次要位置。发展的主要途径放在了空中。利用空中的飞机发展，既有优势——速度快，但也有劣势——载量小而费用高。所以，"一路"不是对过去海上之路的简单重复，而是要创新一条新路。"丝绸之路"本身内含有明确的"产品之路""浙江产品之路"和"中国产品之路"。因为"绸"是浙江的"丝"，是丝中佳品。这需要打造能够影响世界的中国产品。二是"一路"是一条"全面发展""开放发展""合作发展""共赢发展"的集合之路。其中，"全面发展"针对的是"局部""局面"和"局势"的发展。而"共赢发展"针对的是一种占领性、利益性和掠夺性的发展。至今比较成熟的发展都是一种占领性、利益性和掠夺性的发展。但这种发展模式已经严重不适应已经到了 2015 年的 21 世纪的发展基本态势。

与传统的"海丝之路"是一条发财之路不同,"一路"是一条发展之路。它不仅包含国家经济发展,而且还包含人类的全面发展。其实,无论是中国还是世界都需要一种"全面发展"的态势和形势。但"世界上没有放之四海而皆准的发展模式,也没有一成不变的发展道路"[1]。当前的形势又要求"一路"必须是一条"开放发展"之路,一条"合作发展"之路,一条"共赢发展"之路。[2] 其合作态势一般有五个层次:一是争议的合作,二是和气的合作,三是平等的合作,四是互利的合作,五是共赢的合作。"中国愿在平等互利的基础上",达到"合作共赢"。但"发展"是对"拓展"的发展。"拓展"是对"发展"的拓展。[3] "中国要发展,世界都要发展"。一方的发展都在为另一方的发展提供机会、能源和市场。习近平的"争取和平国际环境发展自己,又以自身发展维护和促进世界和平"[4]的设想对国际社会很有感召力。

4. "和平之路"思想

习近平竭力主张中国要走一条"和平崛起"之路。其中,"和平崛起"不等于"和平发展"。"发展"往往是一个横向的和平行的概念,

---

[1] 习近平:《中国愿同东盟国家共建 21 世纪"海上丝绸之路"》。(新华网)

[2] 习近平在 2013 年 1 月 28 日中共中央政治局第三次集体学习时强调,"坚持开放的发展、合作的发展、共赢的发展"。

[3] 习近平:《中国愿同东盟国家共建 21 世纪"海上丝绸之路"》。(新华网)

[4] 习近平在 2013 年 1 月 28 日中共中央政治局第三次集体学习上的讲话。

只有"崛起"才是一个纵向的和立体的概念。纵向和立体的"崛起"才会对上一个平面有所触动甚至还会有所突破。为此，习近平尤其提到了"天时不如地利，地利不如人和"的概念和理念。它很重要，主要是揭示了一个重要原理：就是在"一路"的拓展中，一定要注意一个"人和"的问题。过去经常是用武力打天下的。武力经常是"占了地方，但伤了人心，甚至是失了人心"。现在要求必须以"人和"为先导去打开局面和僵局。这是一个非常重要和关键的思路和思想。"当前世界需要发展，发展需要和平。中国人民同各国人民一样，既要争取和平的国际环境发展自己，又要通过自身的发展维护和促进世界和平"。所以，"和平"是"一路"一个重要的内涵。但怎么才能达到和平，还是一个需要进一步思考和摸索的重要话题。以和平来发展和平，一般是难以真正达到和平的。从汉字看，武力的"武"本身就是一个"戈止"的意思。真正做到和平，一要靠军事硬实力，二要靠制度软实力。但主要还是要靠制度的软实力，只有符合21世纪是一个海洋世纪的和平制度，才是世界保持长治久安的基本保障。"和平制度"是"和谐之路"的基础，而它的基础又是"和平"。"和平"的"包容性"是"兼容""特长"的基础和前提。但"和平之路"本身并不是"和谐之路"。"和谐"是更高一个层次的共处状态。从"和平之路"到"和谐之路"还有一个质的飞跃过程。

所以，"一路"一定是一条"和平崛起"之路。人类历史上至今凡是可以称得上"崛起"的路都是充满冲突乃至战争的路。而中国要走的这条和平之路，必须是集和而不同、和贵、和气、和谐、和顺、和平等等的内核和内涵于一身。在"中国要发展，世界都要发展"之间寻找到一条"和平发展"之路，是一个智慧必须跨越的难点。

中国的古话"天时不如地利，地利不如人和"是构建"一路"的基本理念、价值判断和基础秩序。"当前世界需要发展，发展需要和平。中国人民同各国人民一样，既要争取和平的国际环境发展自己，又要通过自身的发展维护和促进世界和平"[1]。要坚持"主权属我、搁置争议、共同开发"的方针，推进互利友好合作，寻求和扩大共同利益的汇合点"[2]。为此，"要加强多边协调"[3]，"要摒弃冷战思维、零和博弈的旧观念，倡导共同、综合、合作、可持续安全的新理念，坚持通过对话协商和平解决分歧争端"[4]。习近平在2013年1月28日中央政治局第三次集体学习时强调，"走和平发展道路，是我们党根据时代发展潮流和我国根本利益作出的战略抉择"。2013年3月23日习近平在莫斯科说："中国发展壮大，带给世界的是更多机遇而不是什么威胁。……实现中国梦，不仅造福中国人民，而且造福各国人民。"

5."机遇之路"思想

习近平2014年9月2日在接见罗马尼亚总理时指出，中国"欢迎世界各国搭乘中国发展的快车"。要知道，现在世界上从发展的

---

[1] 习近平：《打开欧洲之门 携手共创繁荣》。荷兰《新鹿特丹商业报》2014年3月23日，《人民日报》2014年3月25日02版。

[2] 习近平在中共中央政治局第八次集体学习时强调，进一步关心海洋、认识海洋、经略海洋，推动海洋强国建设不断取得新成就。[新华社]

[3] 习近平：《真诚的朋友，发展的伙伴》。2014年9月14日马尔代夫《今晚报》和太阳在线网。

[4] 习近平：《弘扬万隆精神 推进合作共赢——在亚非领导人会议上的讲话》。2015年4月23日。

角度可以分为三部分：一是发达国家——发达国家其实已经不发展了。它只是在发展基础上的平稳和快速地运行。它们也可以说是已经发展过的国家。二是相对还在等待发展的国家——它们或者是非洲国家，或者是拉美国家，或者是南太平洋岛国，虽然过去已经有所发展，但相对发达的西方国家来说它还有很大的发展空间，甚至还可以把它们归属在还没有发展的范围内。三是发展国家——现在还在发展的国家已经不多，还有较大发展劲头和潜力的国家更是少见。而中国的势头还很强劲，并且正在急速地跨上一个新的台阶和平台。习近平的潜台词是，敌对势力不要对中国的发展加以遏制、限制、制止和制裁。用"蝴蝶效应"的理论来看世界，遏制、限制、制止和制裁一个国家的发展，也就遏制、限制、制止和制裁自身的发展。因为人类在21世纪几乎都处在了一个"你中有我，我中有你"的运行机理中。所以，在全球化态势中，中国的发展也势必将为世界的发展创造和带来机会和机遇。中国的发展是世界发展的驱动力。中国的发展将带动世界的发展。由此看"一路"，它也是一条中国产品输出之路。它反过来又要求，必须把中国打造成一个产品出国口。中国现在已经完全有财力和能力来打造更多和更好的中国制造的产品甚至精品，如同当初的高档品和奢侈品的"丝绸"一样。这时如果贸易过多了，就会反过来影响中国打造产品质量和档次的决心。贸易极容易让人的心态浮躁起来。"丝绸之路"主要是向外输送中国的产品，而不是主要引进外国的商品。

中国经济增长是世界经济增长的重要动力。世界对发展的需求又是中国发展的驱动力[1]。为中国和世界搭建发展平台有四条路径：路径之一是"21世纪的海洋世纪"。路径之二是中国发展需要转型升级。路径之三是国际经济发展需要新路。路径之四是全球需要"生态发展"。其中，海洋能源就一种生态能源。而现有能源，无论是木能源、煤能源、水能源，还是油能源、气能源、矿石能源，都属于非生态能源甚至是污染型能源。现在，全球距离一个海洋能源的态势还有距离。当前还是以遍及全球的海上能源之路为主。运载能源的船只要大。只有大的能源船只，才能使全球的能源得到均匀地使用，其能源成本才有可能降至最低。

6. "包容之路"思想

习近平讲过：应该"发挥各自优势，实现多元共生、包容共进，共同造福"。他认为，要构建一个"命运共同体，符合求和平、谋发展、促合作、图共赢的时代潮流"。要"尊重多样性"。其实，"包容"是中国传统文化的精髓，是"和文化"的内涵。佛教文化特别是"观音文化"是一种包容性很大和很强的文化。"和文化"是包含和气、和谐、和平、和而不同等等思想和理念的。怎样才能把"一路"打造成一条"和之路"和"包容之路"，佛教文化和观音文化将起重要的作用。它将利用"和文化"和"包容文化"来打动人心，突破心理防线，达到情感融合。"包容"主要是一种能力，是一种整体能力。其能力越大，所包容的东西就越多。"一路"所包容的东西越多，其兼容的特长就会越多，其发展就会越快。在中国，最具包容力的文

---

[1] 习近平：携手追寻中澳发展梦想 并肩实现地区繁荣稳定——在澳大利亚联邦议会的演讲（2014年11月17日堪培拉，澳大利亚议会大厦）。

化是佛教文化中的观音文化。

与传统的"海丝之路"是一条权力之路不同,"一路"是一条权益和权利之路。由此形成了这将是一条开放和包容之路的路态。"海纳百川,有容乃大"。……其中,"应发挥各自优势,实现多元共生、包容共进,共同造福"。要构建一个"命运共同体,符合求和平、谋发展、促合作、图共赢的时代潮流"。为此,"尊重……多样性"[1]会显得十分关键和重要。因为,"求和平、谋发展、促合作、图共赢"既是"时代潮流"[2],又是"天下之利",更是"亚洲和世界各国人民共同"的"益"[3]。包容之路是一条"心与心才能贴得更近"[4]之路。它将把世界上所有的人都联系和连接起来,不仅要包容不同的民族及其文化,而且还要包容不同的极点。但对不同的极点,要有不同的包容方法和包容力度。

7. "伙伴之路"思想

习近平通过"欧盟是中国第一大贸易伙伴,中国是欧盟第二大贸易伙伴"的表达来表明自己的"一路""伙伴思想"。他继而还提出一个"海洋合作伙伴关系"的概念。自1993年起截止到2015年12月11日,中国已同世界上67个国家、5个地区组织建立了72对不同形式的伙伴关系。王毅外长在2015年3月8日记者招待会上明确表示,中国将进一步走出一条"结伴但不结盟"的新路。但在

---

[1] 习近平:《中国愿同东盟国家共建21世纪"海上丝绸之路"》。(新华网)
[2] 同上。
[3] 同上。
[4] 同上。

现实世界里,"结盟"还有很大的市场。各种"盟约国家"还在发挥越来越大的作用,如阿盟、东盟、非盟,等等。在当前世界中,"结盟"还有很大的作用力和影响力。但"结伴"则是对21世纪海洋世纪的崭新国际关系的构建。其中,中国和西方之间对"伙伴"的理解既有共性又有个性。其中,如何让"结伴体"去冲击"结盟体",制度设计是一个关键要素和机理。"伙伴关系"是一种比较注重与强调平等、合作和共赢的关系。它是友好的、友情的、无猜的、好玩的和基础的。

"一路"是一条"结伴不结盟"之路。但在现代国际上,"结盟"是一个潮流和一种常态。"结伴"是一个新标准。"伙伴",在英语中,是"company"。习近平从"荷兰是中国在欧洲重要的合作伙伴"出发形成了"欧洲伙伴"概念[1]。特别是在马尔代夫的《今晚报》和太阳在线网同时发表的署名文章中明确提出了"发展的伙伴"的概念。其实,伙伴关系不仅是一种合作关系,还是一种共赢关系。"欧盟是中国第一大贸易伙伴,中国是欧盟第二大贸易伙伴,双方互为最重要的两大市场,合作潜力巨大,合作前景广阔。"[2] 伙伴关系是合作的前提,合作是伙伴关系的标志。要建立一种新型的"海洋合作伙伴关系"[3]。习近平的"建立相互尊重、共同发展的战略伙伴关系"是对"共同而有区别的责任"[4](Common but Differentiated

---

[1] 习近平:《打开欧洲之门 携手共创繁荣》。荷兰《新鹿特丹商业报》2014年3月23日。《人民日报》2014年03月25日02版。

[2] 同上。

[3] 习近平:《中国愿同东盟国家共建21世纪"海上丝绸之路"》。(新华网)

[4] 这是1992年联合国环境与发展大会所确定的国际环境合作原则。

Responsibilities）的发展。

"一路"还是一条"新公共之路"。这既是一条政府之间的沟通之路，又是一条公共之间的交往之路。它既需要政府提倡、规划和推动，也需要民间关注、投资和投入。尤其对中国来说，更需要它的"公共外交性"来打开外交的新局面，以突破由甚嚣尘上的"中国发展威胁论"构成的"围追堵截"中国发展的态势。其中，就可以从"伙伴"的英语单词"company"的内涵中略知，其词根是"com"，就是一个"公共"的意思。"com"是"commune"（公社）和"common"（共同）的前缀词。没有公共性，就没有"伙伴"的效果和效益。海洋就具有最浓厚和最大量的公共性。不仅航路是公共的，海水是公共的，而且雨水和空气也是公共的。海洋的公共性遍及地球上每一个人。但遍及每个人的方式和程度是不同的。

8."创新之路"思想

关于在"一路"建设中究竟需要创新什么，习近平说过两个要点：一是对"国际结伴新原则"的创新。虽然在 20 世纪就有"反结盟运动"，但国际上能够达成共识的"结伴新原则"还没有最终成形。从"结盟"到"结伴"依然需要创新。要用"一路"来完善和推广"结伴原则"。二是特别注重海洋科技创新。习近平指出，"要依靠科技进步和创新，努力突破制约海洋经济发展和海洋生态保护的科技瓶颈"。要"……控制陆源污染物入海排放，建立海洋生态补偿和生态损害赔偿制度，开展海洋修复工程，推进海洋自然保护区建设"。"21 世纪海上丝绸之路"依靠的主要是船。随着海上行船数量和密度的加大，船对海洋生态的污染也会加大。尤其是原油泄漏对海域和海洋生态的污染程度也会越来越严重。同时，开发和利用海洋资源更需要海洋科技创新，特别需要对海洋生态修复科学和技术的创新。海洋是人类最后一块生态防线，保障了海洋生态，就等于保障了人类在这个星球上的居住权、话语权和决定权。

与传统的"海丝之路"是一条继承之路不同，"一路"是一条急需创新之路。不仅需要拓展新的航路和市场，而且还要创新制度及其理念。62年前周恩来总理提出的"和平共处"五项原则，60年前万隆会议发表的《关于促进世界和平与合作的宣言》中提出的十项国际关系原则，都属于理念创新。现在需要创新一种崭新的"国际结伴"新理念、新原则和新制度。"国际结伴新原则"将导致"国际新秩序状态"。"一路"将带来国际秩序的新变化和形成一种国际新秩序。理念创新处于一切创新之首。关键是要"科技创新"。习近平指出，要"着力推动海洋科技向创新引领型转变"。要创新和"采取措施，全力遏制海洋生态环境不断恶化趋势，让我国海洋生态环境有一个明显改观，让人民群众吃上绿色、安全、放心的海产品，享受到碧海蓝天、洁净沙滩"。"要依靠科技进步和创新，努力突破制约海洋经济发展和海洋生态保护的科技瓶颈。"[1] "要从源头上有效控制陆源污染物入海排放，加快建立海洋生态补偿和生态损害赔偿制度，开展海洋修复工程，推进海洋自然保护区建设。"[2]

---

[1] 习近平在中共中央政治局第八次集体学习时强调，进一步关心海洋、认识海洋、经略海洋，推动海洋强国建设不断取得新成就。[新华社]

[2] 同上。

9."制度之路"思想

要保障"一路"的顺利推进，要落实习近平关于海洋科技创新的思想，制度的建设很关键。习近平说，要在"维护联合国宪章宗旨和原则"的基础上，创新一个"多极化世界"的秩序，对一些海洋"分歧和争议"，"要始终坚持以和平方式，通过平等对话和友好协商妥善处理"。近代的海洋事业发展都有制度的保障。海洋制度或者海洋理念在近代已经发生如下变化：最早是格劳秀斯的"海洋自由论"，后来有马汉的"海洋强权论"。其中，把马汉的海洋理论翻译为"海权论"其实是一个错误。应该把它翻译为"海洋强权论"。因为"power"本身就有一个"强权"的意思。但自进入20世纪后半叶，特别是进入21世纪后，"海洋强权论"已经过时和落后。因为自1945年联合国成立起，海洋制度就进入了一个"海洋联合论"阶段。到1982年随着"联合国海洋法公约"的出台，海洋制度又到了一个"海洋公约论"状态。进入21世纪后，要建设的是一个"海洋伙伴论"的海洋制度。

与传统的"海丝之路"主要是一条物质之路不同，"一路"主要是一条非物质的"制度"之路。自"制度经济学"问世以来，"制度"已经成为一个"现代"的重要标志。"现代"制度的背后是"现代"的理论。"现代"不等于"现在"。现代海洋理论发展至今已经经历了"海洋自由论""海洋强权论""海洋联合论""海洋公约论"等四个阶段。现在即将进入一个"海洋伙伴论"的阶段。"结伴"的核心在于"合作"，"伙伴"的前提是平等。海洋的制度创新是"一路的保障"。和平发展只有在制度保障和监督下才能得以真正实现。

现在需要重构的与其说是一条"发展之路",不如说是一条"秩序之路"。它不是简单的对现有秩序的利用,而是要创新和重构一个使整个世界焕然一新、重发活力并可持续发展几十年甚至上百年的"新秩序"。

对海洋制度的创新,要源自对"海洋三权"内涵的重新界定和理解。"海洋三权"貌似一个舶来品,似乎是一种三个分体理念的简单组合舶来品。其中,"海洋三权"(Pris)是海洋制度的核心。应该把"海洋权力"翻译为"sea power",把"海洋权利"翻译为"sea interest",把"海洋权益"译为"sea right"。习近平非常重视海洋三权的问题。细分之后,可以形成如下探讨:一是海洋权力(SP)的问题。它实际是由"海洋硬力 + 海洋软力"。"power"不仅是一个力量概念,还是一个强力概念。它的发展经历了两个阶段:制海权阶段和话语权阶段。二者之间有关系,但不是一回事。近代是制海权,现代是话语权。制海权来自军事力,话语权来自经济力。"一路"的构建不仅要依靠科技和防御实力,还要依靠制度力和文化力。二是海洋权利(SI)的问题。它实际是制度在海洋上运用的结果并用制度来获取的机理。权利既是平等的又是虚拟的。只是机会上是均等的,但实际上并不均等。制度只能保障机会均等,但不能保障实际均等。权利(interest)针对都是有限的东西。别人多占一点,就意味自己会少拥有一点。对"一路"所产生的利益和利润的不均等性,要用制度来保护和保障。投入先的、投入多的和投入长的,就会获利更多。三是海洋权益(SR)。它是用"公共海洋"来保障的。要把海洋看作一个人类的"公共池塘"。其公共性还包含阳光、海风、海水、洋流,等等。不会因为人多而减少或损害,如阳光、月光、空气，等等。保护好海洋生态，是人类最大的权益（right）之一，是应该人人有责的。海洋公共性不仅是对海中人和海边人的，而且也是对中原人和高原人的。由此来推导，保护海洋生态和推动海洋生态文明，是人类共同的目标。

10."战略之路"思想

最后让我们来回顾一下习近平在2013年1月28日中共中央政治局第二次集体学习时鲜明提出的一个"战略定力"的概念。就在这个会上，他还明确指出："我国……拥有广泛的海洋战略利益。"由此看，习近平的"一路思想"体现了他的战略思维、战略思想、战略布局和战略措施。习近平的海洋思想体现了他的国家战略思想。他的海洋强国理论是一个"走依海富国、以海强国、人海和谐、合作共赢"进而来发展国家的理论。战略是一种集高度、宽度、长度、厚度、跨度、程度于一身的思维和思想及其做法、方法和办法。战略需要一种积极的投入，而不是一种功利和利益及其收获和收益。

"一路"是一条贯穿整个21世纪的人类之路，也是一种战略布局，而且还是一种国际性的战略布局。所谓战略，实指一种不局限眼前、放眼长远的布局。学习习近平在2013年1月28日的中共中央政治局第三次集体学习时的讲话，我们必须做一些具有战略意义的工作。要把"提高海洋资源开发能力"[1]放在战略层面给予考虑。"要维护国家海洋权益，着力推动海洋维权向统筹兼顾型转

---

[1] 习近平在中共中央政治局第八次集体学习时强调，进一步关心海洋、认识海洋、经略海洋，推动海洋强国建设不断取得新成就。[新华社]

变。"[1]"要统筹维稳和维权两个大局,坚持维护国家主权、安全、发展利益相统一,维护海洋权益和提升综合国力相匹配。"[2] 为此,要走出一条"依海富国、以海强国、人海和谐、合作共赢"的发展之路[3]。其基础是一条海洋科技之路,"让海洋经济成为新的增长点"[4]。其中的"海洋科学和技术战略"应该即时启动。要由"海洋开发型"向"循环利用型"[5] 发展。"要保护海洋生态环境……要下决心……全力遏制海洋生态环境不断恶化趋势,让人民群众吃上绿色、安全、放心的海产品,享受到碧海蓝天、洁净沙滩。……坚持开发和保护并重、污染防治和生态修复并举,科学合理开发利用海洋资源,维护海洋自然再生产能力。"但要做到这些,则必须现在起步。而这是一种只有投入、还没有很大眼前利益、更没有功利的战略。

对"一路"的认识,要放在对习近平海洋思想的整体研究中加以提高和提升。研究习近平海洋思想要放在研究习近平治国理政思想中展开和深入。"海洋"在 21 世纪已经发生质变——从一个国家之间的边缘和边界状态进入了一个国与国之间的中间与核心状态。71% 的海洋状态导致人们的思维必须转向海洋。习近平海洋思想将开启中国人的海洋思维。随着海洋地位的不断提高,需要把习以为常的很多概念都转变过来——把"陆海统筹"改为"海陆统筹",把"一带一路"改为"一路一带",把"江海联运"改为"海江联运",

---

[1] 习近平在中共中央政治局第八次集体学习时强调,进一步关心海洋、认识海洋、经略海洋,推动海洋强国建设不断取得新成就。[新华社]

[2] 同上。

[3] 同上。

[4] 同上。

[5] 同上。

等等。如果这些概念变化了，带来的将是人们认识、开发和利用海洋及其"一路"的方向、方面和方法。学习习近平的海洋讲话并感悟他的海洋思想，对改变人们对海洋的思维方式和转型中国的发展方式都极有好处和益处。习近平关于海洋的讲话还要讲，对"全面经略海洋"的思想还将继续阐述和完善，我们的学习也将继续。

发挥文化软实力在"一带一路"建设中的作用

■ 周建波[1]

"新丝绸之路经济带"和"21世纪海上丝绸之路"旨在借用古代"丝绸之路"的历史符号,在和平发展的旗帜下,主动地发展与沿线国家的经济合作伙伴关系,共同打造政治互信、经济融合、文化包容的利益共同体、命运共同体和责任共同体。此概念提出一年半以来,国家成立了"一带一路"建设工作领导小组,在政府和民间都引发了热烈的探讨,不断有专家学者为之建言。除了相应的机制构建和硬件建设,文化软实力的重要性也上升到相当的高度。

"新丝绸之路经济带"和"21世纪海上丝绸之路"的名字本身,就体现了文化软实力的作用。"一路一带"直接继承了"丝绸之路"的遗产,利用古代丝绸之路沿线国家共同努力所创造出的灿烂历史,作为促成当今合作的重要情感纽带。

丝绸之路起始于中国,形成于公元前2世纪与公元1世纪之间,直至16世纪依然在使用;作为连接古代亚非欧最为重要的商业贸易

---

[1] 周建波,北京大学经济学院教授、博士生导师,研究领域:中国经济思想史、中国管理思想史。

路线，丝绸之路是东西方经济、政治、文化交流的主要通道。陆上与海上丝绸之路不仅仅是中国国力强大的象征，也给沿路各国带来了长久的繁荣和富庶。以"一带一路"作为新时期中国积极发展对外关系的标志性理念，体现了中国旨在与各国和平共处，共同繁荣的美好愿望，具有相当的感召力。

"一带一路"不是一个实体和机制，而是合作发展的理念和倡议，是依靠中国与有关国家既有的双多边机制，借助既有的、行之有效的区域合作平台。丝绸之路经济带战略涵盖东南亚经济整合、涵盖东北亚经济整合，并最终融合在一起通向欧洲，形成欧亚大陆经济整合的大趋势。"21世纪海上丝绸之路"经济带战略从海上联通欧亚非三个大陆，它和"丝绸之路经济带"战略形成一个海上、陆地的闭环。不难看出，这一区域在族群、文化、社会制度上都有着显著差距，并且包含了中东、南亚等热点集中，各方势力角逐的地区。尽管这一提议是在中国综合国力已经得到显著提高的背景下提出的，但在当前错综复杂的政治、经济关系下，考虑美国和其他区域大国可能的干预，如何减少"一带一路"在构建过程中的阻力，并且以相对低廉的成本团结区域内各国成为国家必须首先考虑的问题。而这一问题的解决与中国文化软实力的发挥密切相关。

软实力是文化和意识形态吸引力体现出来的力量，是世界各国制定文化战略和国家战略的一个重要参照系。一般认为软实力包括文化、价值观、影响力、道德准则、文化感召力等方面，与国家的GDP、硬件设施等硬实力相区分。任何一个国家的软实力都可以从历史和现实两个维度寻找力量，对于中国而言，儒家思想包含的仁义礼智、见利思义与现代的社会主义核心价值观都是中国文化软实力不可或缺的部分。考虑到"一带一路"所涉及国家多样的政治体制和文化背景，强调互惠和谐的传统儒家文化在团结大多数国家、减轻意识形态差异对于国家合作的干扰等方面具有突出的优势。

儒家思想中对和谐的强调通过"见利思义"和"中庸尚和"两个方面表达。"见利思义"是儒家思想处理人际关系的准则，换言之，就是合作的原则。它要求在人和人的合作中，要心中有他人，做到利人利己，而不能光想自己不想他人、损人利己。

"见利思义"，通过仁、义、礼、智、信等不同的方面来实现。"仁"被孔子视为最高的道德准则，是儒家对于理想的人与人之间关系的设想，体现在家庭关系上是孝道，而体现在国与国之间的关系上则是大国保护小国，邻国互帮互助；"义"指公正合宜的道理或举动，不管是国际间还是人际间都强调不能恃强凌弱，要符合道义的要求；克己复礼，用"礼"来节制人们行为，防止过分追求一方的经济利益而对他人正当权益造成损伤，同时用"礼"来调节已经出现了的矛盾；而实现自身利益与他人利益、个体利益与整体利益的统一，并且处理好可能的危机与矛盾，则需要"智"的作用，用智慧的方式实现利人利己或者至少利己不损人；"信"是指人们按照礼的规定互守信用，借以调整国家之间、个体之间的矛盾，儒家把"信"作为立国、治国的根本，意为诚实，讲信用，不虚伪。五个方面不可或缺，其核心目的都是正确处理个人与他人的利益关系。在现代社会，国家利益超过意识形态成为国际关系的最主要决定因素，只有让相关国家充分相信"一带一路"的建设能够确确实实为他们带来实际的利益，并且中国作为负责任、守信用的大国，不会背离最初的初衷，才可能让各国积极参与到合作中来。另一方面，只有始终秉持着"见利思义"的信念,才能在建设和发展"一带一路"的过程中不因为过分追求单方面经济利益而损害其他参与方的权益,尽可能降低潜在的摩擦与风险。

"中庸尚和"则是儒家处理不同观点不同利益诉求的态度,换言之,是处理合作中矛盾冲突的原则。在社会群体的合作中,不管如何努力试图协调参与各方的主张,不一致总是普遍存在的。儒家倡导"尚中贵和"的理念,《中庸》有言:"执其两端,用其中于民。"所谓"中"指适中、中正;所谓"和"指和谐、调和。"中"与"和"协调起来,方可达到"致中和,天地位焉",这也就是生活中常说的"求大同存小异"。具体而言,一方面要求在处理问题时把握分寸,恰到好处,不走极端的路线,亦即充分考虑各方的利益诉求,做到知己知彼;另一方面求同存异,对于不一致的意见积极参考。既考虑各方的共同利益、根本利益,也充分顾及少数者的利益,从别的方面加以补偿。

"见利思义"与"中庸尚和"作为处理国际关系的准则,在增强凝聚力、缓和紧张局面、处理尖锐矛盾等方面有着重要的作用,即使放在当今也有着无可比拟的文化感召力。建设"一带一路"的过程中可能会有诸多潜在的问题,硬件的解决与基本实力的准备是一方面,而软实力的展示与号召则是另一方面。如果使用恰当,软实力可以对硬实力起到巨大的几何级数效应,达到事半功倍的效果。坚持"利人利己"的互利共赢理念,以"中正和谐"的方法化解可能的分歧,不仅对于"一带一路"的建设,更对长期内我国价值观正面国际形象的确立和传播有着重要意义,是实现中华民族伟大复兴的有力推手。

"一带一路"的历史转换与现实思考

■ 张亚光[1]

在2014年中央经济工作会议上提出的国家三大战略中,"一带一路"的概念既是最新的,也是历史最为久远的。其余两大战略,京津冀一体化的提法早在1982年即以"首都经济圈"的名义出现过,长江经济带的战略构想也出现于20世纪80年代。虽然陆地丝绸之路和海上丝绸之路两个概念在学术界已多有论述,但将陆海丝绸之路结合为"一带一路"赋予新的时代意义并上升到国家战略层面,这在数千年的丝路历史上还是第一次。

"一带一路"的战略正式提出之后,在国内外引起了广泛的关注,社会各界也开始着手从不同角度予以讨论。海外媒体大多持肯定和期待的态度,同时也出现了少数不和谐的声音,比如有新加坡学者暗指"一带一路"是中国传统贡纳体系思想的延续,是"中华文明中央论"的新版本,等等。对于这些披着"学术外衣"的错误认识和观点,我们有必要回到"一带一路"的历史去予以考察并作出澄清。

---

[1] 张亚光,北京大学经济学院副教授,研究领域为中国经济思想史、中国经济史。

事实上,"丝绸之路"这个最具东方色彩的词汇并不是中国人命名的。尽管这条曾经真实存在过的商业贸易通道至迟在公元前2世纪就开始出现,然而直到两千年后的19世纪70年代,德国地理学家李希霍芬(Ferdinand von Richthofen)才正式称之为"丝绸之路"并得到中外学术界的认可。可是假如这条道路对于我们如此重要,为什么在历代史书中没有明确为这条贸易通道命名呢?古代文献在提及这些地区时,或者冠之以"西域",或者以具体的山川、城镇或行军路线标注,从未综合成"丝绸之路"这样的概念。

这个看起来有些无厘头的问题,实际上内含深刻的历史逻辑。一方面,与中国古代的"天下"观念有关,费正清等人谓之为"中国中心主义",与之相连的是延续近千年的贡纳体系。另一方面则揭示了丝绸之路背后的经济模式和东西方文明的交融与分野。

中国古代的"天下"观念来自《诗经》的"溥天之下,莫非王土"。冯友兰先生认为古代中国人心中的"天下",意思就是今天的"世界",只不过当时人们对世界的了解还没有超出中国的范围。正因如此,西方学者强调中国传统的天下观实质上是"中国中心主义"的——帝国中央为本位,四方为蛮夷。在这种观念之下,中国的历代政府不认为与西方的贸易是平等的关系。费正清将以中国为中心的对外关系分为三个大圈:第一个是汉字圈,由几个最邻近而文化相同的属国组成,如朝鲜和越南;第二个是内亚圈,由亚洲内陆游牧或半游牧民族等属国和从属部落构成;第三个是外圈,由关山阻绝和远隔重洋的外夷组成,最典型的例子是欧洲。所有这些中国以外的国家和民族,在理论上都应该向"中央之国"的天子朝贡,这就是中国古代特有的贡纳体系。然而,这个传统的贡纳体系与近代西方的殖民制度有着极大的区别，其实施效果对于历代中央政府而言也没有想象中的那么美好。

从汉代的历史来看，丝绸之路作为一条流动的贸易通道，最初可能是由纯粹的商业利益驱动的。然而如果我们将丝绸之路作为一个相对固定的区域（比如俗称的"西域"）来对待，其形成和发展与汉代的对外关系政策及政治诉求有更直接的关系。众人熟知的张骞出使西域显然并不是为了拓展贸易和为汉代政府谋求经济利益而成行的，甚至与谋求经济利益恰恰相反。余英时指出：为了将匈奴纳入汉代的贡纳体系并维系下去以保障西北边疆的安定，中央政府付出了巨额的经济代价，这些经济代价既包括直接的货币转移，也包括被西域各国奉为珍宝的丝绸。也就是说，所谓的"丝绸之路"的正式开辟并不是为了汉代政府更方便地出口丝绸，而是为了达到边疆稳定、宣扬汉威的政治目的，丝绸只不过是达到这一目的的其中一项手段或重要工具而已。在这个意义上说，"丝绸之路"的兴起和发展有两层历史逻辑，一层是民间商旅对经济利益的追逐，这主要来自西方对中国丝绸的巨大需求；另一层是国家层面出于对外关系考虑的政治利益的诉求，在这个层面上，很难用纯经济学的成本——收益标准去衡量。但无论如何解读，它既非经济侵略，更非政治侵略。

唐宋之后，陆上丝绸之路依旧活跃，海上丝绸之路变得日趋重要。两宋时期军力孱弱，难以突破西北游牧民族的屏障，加之经济重心南移，自海路向西方出口丝绸的通道开始繁荣。蒙古帝国凭借强大的军事力量打通了欧亚大陆的交通障碍，极大地降低了丝绸之路的交易成本，促成了陆上丝绸之路最后的辉煌。随后中亚各国很快陷入了战乱,阻碍了这条贸易通道的顺利运转。我们特别应当注意:中国历史上疆域最辽阔的元代并没有真正继承传统中原政权的朝贡贸易体系,而是发展出了一套基于蒙古军事征服和占领的对外经济交往制度。到了15世纪,西方进入了他们的扩张时代,新航路不断开辟。丝绸仍然是中西贸易的主要对象,但是海上贸易往来成为了历史的主角,"一带"的地位和重要性彻底让位于"一路"。从此,中国在农业文明时代的独尊地位逐渐衰落,从海洋文明中驶来的西方各国陆续变成了世界的霸主。西方人一如既往地痴迷于中国的丝绸,然而态度再也不那么谦恭了。

考察"一带一路"的历史转换,对今天的中国有重要的启示意义。首先,对于那些受经济利益驱动的民间商旅而言,丝绸之路的兴起和延续,是当时交易成本最小化的选择。尽管商旅在陆路面临众多艰险——来自自然的风暴、强盗的掠夺、沿途国家的盘剥,等等,但是陆上丝绸之路之所以能够延续千年,根本原因还是在于没有一种效率更高、代价更小的交易方式出现。这种交易方式是由交通工具的发明、交通技术的进步、贸易内容的变化、政府对外关系的调整等众多因素紧密联系在一起的。在某种程度上说,正是由于传统丝绸之路充满了阻碍和不确定性,使得西方人对东方以丝绸为代表的消费品的需求得不到满足,才推动了航海技术的进步。这提醒我们,今天的"一带一路"建设,特别是陆地的"一带"建设,要想取得良好的效果,必须降低"一带"沿线的交易成本,其中最重要的是降低来自政治和社会不安定的风险。两千多年过去了,这条传统的陆上丝绸之路风云变幻,宗教力量和国际局势的发展早已不是汉唐时期的人们所能想象和应对的。在这个意义上说,丝绸之路的畅通，首先是政治安定。尽管中央的用意是以经济发展带动社会进步以及民族团结。但是历史经验告诉我们，国际局势不稳定，会妨碍甚至堵塞丝绸之路。社会安定这个上层建筑不仅仅是由经济基础决定，还和其他的上层建筑有密切关系，比如政府管理能力、公共服务能力等。"一带一路"的发展既要为区域安定之"因"，也是区域安定之"果"。不处理好这个关系，盲目以经济手段去推动"一带一路"的建设和发展是不乐观的。

其次，历史上陆地丝绸之路的繁荣和成功，还有一个重要的原因是由于我们予多取少，算的不是单纯的经济账，中央政府宁愿拿出巨额的财政补贴，以维系西域边疆的政治社会安宁。历史告诉我们，所谓的"贡纳体系"并没有给传统中国带来像近代西方殖民制度那样的巨额财富和廉价劳动力，反而是中央政府在不断投入并谨慎地维系这个体系的稳定。除此之外，历史上西方人对中国丝绸的兴趣远远大于中国人对香料玻璃的兴趣。换言之，这是由外力拉动形成的一条贸易通道，而非中国主动向外输出。在这条通道沿途不同的族群国家会自动调整这条路上的关系，为了各自利益的最大化达到某种均衡。现在我们将"一带一路"上升为国家战略，有一定的内力外推之意。从贸易对象的角度来看，古代丝绸之路的动因是西方人需要我们以丝绸为代表的核心优势产品，而今天"一带一路"的战略则是我们更需要沿线国家与地区的石油天然气等战略资源，两者的地位也发生了转换。所以"一带一路"通道沿途的国家和地区绝没有古代时期那样足够的积极性和动力来配合中国。我们所要付出的代价会比古代更高。

最后，在有限的财政约束下，三大战略相互之间可能会存在先后次序的问题。即便是"一带一路"本身，也有"一带"与"一路"孰先孰后的矛盾。一百多年前，清政府内部发生过海防与疆防之争，也足为我们所镜鉴。当然，今天中国的国力远非积贫积弱的晚清可比，但西北与东南的不安定因素依旧突出。无论侧重于西北西南地区的"一带"还是偏重于东南地区的"一路"，我们不能简单地期望"一带一路"发展之后所有问题能够自然消解。更何况国际上对"一带一路"持有疑惑甚至敌对态度的不乏其人。也正是由于上述原因，三大战略中难度最大的就是"一带一路"，再加上基础薄弱、贫困片区、边疆安定、国际关系等问题，都是京津冀和长三角完全不会遇到的困难。然而要实现中国梦，必须取得均衡发展。中国未来经济要想平稳增长，离不开稳定的国际局势和安定的国内社会环境，这两点都与西北、西南边疆以及南海区域有着极为密切的关系。"一带一路"面临的挑战是最多的，而假如这一战略处理得当、发展有力，未来给中国带来的红利也是最大的。

历史上的丝绸之路对中西方文明的发展都具有重大的意义。中国通过丝绸之路吸纳了西方文明的先进因素，变得更加多元和包容。西方世界的兴衰和近代资本主义国家的崛起也与丝绸之路有密切关系。奥斯曼土耳其帝国的扩张很重要的原因在于控制了陆路丝绸贸易，获得了充足的财政来源。而荷兰、英国在商业制度上的变革也是直接来自于东印度公司经营海上丝绸之路的现实需要。"一带一路"在历史上就不是哪一个国家单边获益，今天也同样会惠及多方，取得共同发展和繁荣。

韩国发展文化产业的"举国体制"及其启示

■ 孙佳山[1]

"韩流",诞生于20世纪末,是东亚乃至世界范围内,跨文化传播、交流中一个十分独特的现象。1999年末,我国汉语词典中正式添加了"韩流"这个专用词汇。在我国,"韩流"以电视剧、电影、流行音乐、网络游戏、综艺节目为主要构成,也包括饮食、美容、服饰、旅游等辅助要素。近年来,随着《继承者们》《来自星星的你》等韩剧的热播,继2005年《大长今》之后,在我国再次掀起了新一波的"韩流"热潮。尤其是在近期,中共十八届四中全会审议通过的《中共中央关于全面推进依法治国若干重大问题的决定》指出,制定《文化产业促进法》,把行之有效的文化经济政策法定化、健全化,实现社会效益和经济效益的有机统一。因此,从根源上梳理和辨析"韩流"发生、传播的原因和特点,不仅对于理解和认清"韩流"具有重要意义,同时对于我国当前的文化产业发展,对于提升文化软实力、加强文化输出,也具有重要的参考和借鉴价值。

---

[1] 孙佳山,中国艺术研究院马克思主义文艺理论研究所研究员。

"韩流"的起源，最早可以追溯到1998年，当时刚上任的韩国总统金大中提出，在21世纪，韩国的立国之本将是高新技术和文化产业。然而，理解"韩流"一定不能忽略一个重要的前提，就是韩国自身的本土文化语境：韩国实际上是在20世纪90年代初才回归到正常社会，金泳三在20世纪90年代初才拉开了民选政府的序幕。不幸的是，刚刚摆脱军阀独裁仅仅几年，历史债务尚未彻底清理完毕的韩国，就在1997年、1998年，遭遇到了亚洲金融危机的严重打击，先后有9家银行、3个财团倒闭，韩国在当时受到的打击比日本还要大。所以在1997年、1998年，即韩国提出"文化立国"的时代背景，是当时的韩国民选政府正面临着非常大的尴尬和窘迫，也正是基于这个原因，在"韩流"诞生伊始，就有着"举国体制"的底色。不了解这个背景，就不会明白，为什么"韩流"在韩国有那么重要的地位，以及韩国政府为什么会那么重视文化产业。

因此，金大中上任之后，在亚洲金融危机的语境下，在提出将高新科技和文化产业作为立国之本之后，1998年，韩国也正式提出了"文化立国"的战略口号，将文化产业作为21世纪发展韩国国家经济的战略性支柱产业来培育。进入新世纪以来，韩国文化产业也确实实现了爆发式的成长。据韩国文化体育观光部统计，2000年，韩国的文化产业出口只有5亿美元；但到了2004年，文化产业就已经成为仅次于汽车制造的第二大出口创汇产业；在2010年，则达到了32亿美元。2008年至2011年间，韩国文化产业出口规模更是以年均22.5%的速度飞速增长。2012年出口额达到了46.12亿美元，同比增长7.2%，创历史新高，贸易顺差达29.38亿美元。其中，游戏行业多年来一直是"韩流"的主要盈利源头，2012年，占文产业出口总额的 57.2%。而在 2013 年，韩国的文化产业出口总额达到了 50 亿美元，合人民币 310 亿左右，文化产业已占韩国 GDP 的 15%，达到了史无前例的高比例。同样是在 2013 年，朴槿惠当政伊始就提出了"创造经济"的执政理念，而这个"创造经济"即为：风靡全球的"韩流"文化和信息技术，这和金大中的思路其实如出一辙。国家政策层面的连续和稳定，也就是成系统的"举国体制"，也是"韩流"成功的根本原因。朴槿惠的文化产业包括广播、游戏、动漫、卡通、网络、影视、歌曲唱片等，并将这些领域作为韩国经济的增长点。朴槿惠上任后也始终强力推动"创造经济"，这也意味着韩国经济更进一步地从制造业向文化产业转型。2013 年韩国文化体育观光部和未来创造科学部，还联合发表了《韩国文化产业对外输出促进方案》，旨在大力推动韩国文化产业在全球范围内的出口和传播，力争到 2020 年，将文化产业出口额提高到 224 亿美元，将韩国文化产业出口从 2010 年的全球第 9 位提高到 2020 年的第 5 位，并以此使韩国成为世界第五大文化强国。

在我国，从 2004 年到 2010 年，全国文化产业的年平均增长速度超过 23%，2010 年全国文化产业总值突破了 1.1 万亿元，占国内生产总值的比重为 2.78%，北京、上海、广东、湖南和云南等省市，文化产业总值在地区生产总值占比超过了 5%，已成为当地的支柱性产业。2011 年，中共十七届六中全会审议通过的《中共中央关于深化文化体制改革，推动社会主义文化大发展大繁荣若干重大问题的决定》中，更是已明确要推动文化产业成为国民经济的支柱性产业。那么何谓支柱性产业？国家发改委政策研究室曾提出九条考察指标：产业增加值在国民生产总值中所占比重达 5% 左右；出口创汇稳定增长，国际市场占有份额上升；就业人员占全国就业人员总数的比重有所提高，同时在紧密相关的产业部门就业人员大量增加；行业关联度高，影响力及感应度系数均大于 1；较高的产业集中度和骨干企业的市场占有率，集约化、社会化的大生产方式，配套协作的企业组织网络；与国际同行业相比，技术比较成熟；需求收入弹性高于 1，在 1.5 左右；经济效益好，附加价值率一般在 25% ~ 40%；具有高于国民经济总增长率的、持续的、较高的部门增长率。因此，显然，与"支柱性产业"相匹配的，就不仅仅是全少要达到 5% 的同期 GDP 占比，而是一个多层次、多维度、立体的指标体系。这也为我们理解和领会十八届四中全会决议，制定《文化产业促进法》，完善文化法律体系的初衷和缘起，提供了有力的参照。早在 2010 年，文化部就在不断推动和加快文化产业相关立法的宏观进程，并着手起草《文化产业促进法》，但从总体上看，我国文化产业领域的法制体系建设仍然不够完善，文化立法比较薄弱，文化产业发展缺乏强有力的法制保障，文化产业政策仍需进一步增强具体的针对性和实际的可操作性。

因此，作为亚洲国家，文化特征又相对接近的"韩流"，其发展路径就成为我国建设社会主义文化强国的道路上最为实际的一个借鉴对象。韩国从 1998 年开始，就陆续推出了一系列相关的法律、法规。1999 年韩国政府第一次制定了有关文化产业的综合性法规《文化产业振兴基本法》，对文化产业进行了较为清晰的界定，并提出了振兴文化产业的基本方针政策，首次规范了文化产业的具体行业门类，奠定了文化产业发展的法制基础。随后，韩国政府又陆续对《影像振兴基本法》《著作权法》《电影振兴法》《演出法》《广播法》《唱片录像带暨游戏制品法》等进行了修改和修订,为文化产业发展提供了较为全面的政策依据和更为明确的宏观发展方向。同时,韩国政府也推出了《国民政府的新文化政策》《文化产业发展五年计划》《文化产业发展推进计划》《21世纪文化产业的设想》等一系列纲领性文件。正是有韩国政府长期构建的、完善的法律、法规体系,作为"韩流"的"举国体制"的基本架构,为"韩流"的生产和传播,提供了有力的司法和制度保障。这种长期耕耘的收获自然也非常可观,由韩国进出口银行海外经济研究所发表的《韩流出口影响分析与金融支援方案》,通过对2001年至2011年十年间"韩流"对92个国家的文化商品和消费品出口情况调查,指出:2011年,"韩流"创造的附加值已经达到了56.17亿美元,"韩流"的无形资产总值达到了947.9亿美元,已经接近了三星总值的一半;每100万美元的出口,就会带动14~15个人就业,而传统制造业却只能带动7~8个人就业;若将出口带动效果以美元折算,韩国文化产业出口每增加100美元,就能使韩国商品出口增加412美元,被称为"四倍效应";具体到细分领域,手机等信息技术产品会增加395美元、服装增加35美元、加工食品增加31美元;多达51.9%的韩国企业的销售额,都受到"韩流"在世界范围内走红所带来的有利影响。

从1998年到现在的十多年时间里,韩国政府在各个层面,都在有计划、有步骤、有措施地精心构造着支撑"韩流"在全球范围大肆流行的坚硬的"举国体制"。这种"举国体制"并不是粗线条地勾勒大致的发展思路,而是翔实、细致地描绘"韩流"的现实图景。2001年就已成立的韩国文化振兴院,联合海外相关部门在与文化出口相关的市场、法律、人力资源和海外创业等方面,为企业提供对口服务。文化体育观光部和未来创造科学部，则一直在对世界不同国家和地区的市场情况，进行分析、规划，制定适合不同目标区域市场的发展战略。韩国政府更是通过搭建各类多样化的平台，为韩国文化企业走出去，梳理出丰富、多维的分销、传播渠道。为了实现"韩流"在2017年达到100亿美元、2020年达到224亿美元的发展目标，韩国政府下属各部委间成立名为"海外出口协议会"的机构，共同对海外市场信息进行调查和分享。对于亚洲地区等临近区域，韩国政府重点推动在电影、网游、动漫等领域的联合制作；对于美国和欧洲等成熟市场，则强化商业模式的拓展和细分领域的分工合作；而对南美、中东、非洲等新兴市场，则作为下一步将重点开拓的区域。目前，韩国文化部门的财政预算占国内生产总值的比重为1.39%，远低于亚太经合组织1.9%的平均值，因此朴槿惠在竞选时就承诺，到执政的最后一年2017年，要把文化财政预算占比提高到2%左右，并要将销售额超过1亿美元的文化企业从2010年的16个增至2020年的100个。

与此同时，"韩流"的这种非常有特色的"举国体制"，也不是一成不变、按部就班的固定运行，而是十分关注文化产业领域最新的发展趋势，特别是对于新媒体，有着特别的重视。2004年韩国的文化体育观光部，将原来的文化产业局一分为二，成立了文化产业局和文化媒体局，在机构设置上，将文化媒体的作用放置在一个和文化产业同等重要的位置。"韩流"能够在十余年里始终流行的一个重要原因，就是抓住了新媒体的三个历史机遇期。我们今天讨论新媒体，主要指移动互联网时代的新媒体，但新媒体在20世纪60年代被提出以来，这个概念本身其实有一个层级累积的发展过程。

对于"韩流"而言，第一个机遇期，就是在20世纪八九十年代，卫星通讯技术的民用化、商用化，导致卫星电视的民用化、商用化，包括中国在内的亚太地区，开始迅速普及卫星电视，中国在21世纪之前，实现了所有省级卫视的全部"上星"。最初的"韩流"就是凭借广播电视的"上星"，这种当时的新媒体实现了广泛推广。"韩流"的第二个新媒体机遇期，是伴随互联网的普及，以2005年《大长今》为高峰。当时处于互联网发展的初级阶段，"韩流"就是在第二波新媒体机遇期中完成了基本的完型。"韩流"的第三个新媒体机遇期，就是今天的移动互联网时代，流媒体视频网站的广泛涌现是第三个历史节点。"韩流"的跨越式发展，恰恰是踩到了这三波新媒体发展的战略机遇期，才使得"举国体制"的理念和政策能够落地、落实。尤其是在以移动互联网为代表的，"韩流"的第三个新媒体机遇期中，韩国政府很有远见地在2011年，通过在华的韩国文化振兴院和我国流媒体视频网站PPTV达成了战略合作协议。流媒体视频网站PPTV计划从2012年开始，推出由韩剧、韩星、韩乐及韩粉4大版块构成的韩流综合平台，第一时间独家提供MBC、KBS的全部新剧，同时与SBS展开深度合作，实现韩国影视剧的大面积覆盖，而且该平台还计划容纳几乎所有优质的韩国音乐资源。此次合作是韩剧、韩国综艺节目等有史以来最正式，也是规模最大的网络推广项目。虽然流媒体视频网站PPTV在我国现已不愠不火，但新一波移动互联网流媒体视频网站的大规模涌现，不妨碍这样的结论：就是韩国在新媒体问题上，始终是非常自觉的，在每一个发展周期都给他们带来丰厚回报的新媒体领域，他们都是提前布局。这也能解释为什么《继承者们》和《来自星星的你》能迅速在2013年以来，在我国迅速热播。正是新媒体为"韩流"疏通了极具纵深性的传播渠道，这也为我们考察和参照"韩流"现象的"举国体制"，提供了一个非常有价值的维度，特别是在我国已经明确提出推动传统媒体和新兴媒体融合发展的语境下，更是有着重要的、特殊的比较研究意义。

在当今世界体系结构中，发展文化产业，提高文化软实力，是各个国家都无法回避的发展范式和发展路径。"韩流"作为好莱坞之外屈指可数的国家性文化潮流和文化经验，对其根源的探索和剖析，对于已经明确提出建设社会主义文化强国的我国，就有着特别重要的现实意义；尤其是对于中国文化走出去这项工作而言，"韩流"是一个绕不开的、无法回避的问题和现象。"韩流"，并不是没有其自身的问题，但只有彻底滤清"韩流"的起源和其发展过程中的详细线索，特别是其背后的"举国体制"，才能够真正为我国文化产业的发展提供切实可行的、有意义的借鉴和参考。在这一点上，非常遗憾，我们仅仅处于探索的最初阶段。

新兴产业与传统产业转型

我国电子商务产业的发展特征、问题及对策

■ 来有为 [1]

一、我国电子商务行业的发展现状和发展特征

（一）我国电子商务交易额持续快速增长

近年来，我国电子商务交易额持续快速增长，产生了良好的经济和社会效应。根据工信部公布的数据，2013年我国电子商务交易规模约为10万亿元，同比增长25%；另据艾瑞咨询测算，2013年我国网络零售市场交易规模达到1.85万亿元，已经超过美国成为全球第一大网络零售市场。电子商务成为提振内需的重要途径，也成为我国新的经济增长点。

我国电子商务高速增长的原因主要有下述一些方面：

一是企业用户和消费者对于互联网和网上购物的接受程度逐步提高，传统企业大规模进入电商行业，在线销售类活动不断增加，电子商务应用得到拓展和深化。除了从传统市场销售渠道转移到电

---

[1] 来有为，国务院发展研究中心办公厅副主任、研究员，经济学博士。

子商务的消费需求之外，还开拓了新的市场空间。2013年，麦肯锡国际研究院调查测算的结果是：中国约61%的网购消费取代了线下零售，约39%的网购消费则是如果没有网络零售就不会产生的新增消费。按此比例推算，2013年我国通过网络购物新增消费额约7200亿元，发展电子商务对于扩大消费的作用非常明显。

二是我国网络购物用户规模持续快速增长，为规模效应和网络效应的发挥奠定了基础。2012年年底，我国网络购物用户规模为2.42亿人，2013年年底达到3.02亿人，同比增长24.7%。

三是我国电子商务行业积极开展技术创新、商业模式创新、产品和服务内容创新，移动电商、社交电商、微信电商成为电子商务发展的新兴重要领域。中国电子商务研究中心预计2015年我国移动电商市场交易额将超过3000亿元，年均增长70%以上。

四是我国电子商务的发展环境不断优化。"十二五"以来，我国电子商务相关的法律法规、政策、基础设施、技术标准等环境和条件逐步得到改善。随着国家监管体系的日益健全、政策支持力度的不断加大、基础设施的进一步完善、电商企业及消费者的日趋成熟，我国电子商务将迎来更好的发展环境。

（二）我国电子商务服务业逐步发展壮大

电子商务服务业包括三类：一是电子商务交易服务业，代表性的电商企业和电商平台有阿里巴巴、京东商城、亚马逊中国、QQ网购、苏宁易购、当当网、易迅网、慧聪网、环球资源、敦煌网等；二是电子商务支撑服务业，包括第三方支付、物流配送、数据运营等；三是电子商务衍生服务业，包括互联网金融、电子商务代运营、网络模特等。在支撑电子商务快速发展的同时，电子商务服务业自身也逐步发展壮大，2013 年的营业收入超过了 5000 亿元。目前，我国电子商务服务商已经形成一个体量庞大的新兴群体。电子商务服务业所发挥的作用大大超出了商业本身，是信息化、网络化、市场化、国际化条件下一个重要的资源配置途径。

1. 电子商务交易服务

近年来，我国企业间电子商务（简称 B2B）与企业对个人零售电子商务（简称 B2C）加速整合，并由信息平台向交易平台转变。个人对个人网络零售业务（简称 C2C）在网络零售购物中的比重高达 70% 以上，占主导地位，但 C2C 的比重呈下降趋势，B2C 的市场份额缓慢上升。我国电子商务交易服务日趋走向平台化、规模化、集聚化，淘宝网、天猫商城等综合性、平台式大型电商企业在市场竞争中越来越显露出优势。京东商城、当当网、1 号店、亚马逊等 B2C 商城逐渐向平台演变，允许第三方企业入驻开店。垂直电商企业普遍存在品牌认知度低、品牌美誉度不足的缺陷，一些垂直电商企业近几年陷入了发展困境。

（1）阿里巴巴集团

阿里巴巴集团是世界最大的在线和移动电商公司。阿里巴巴集团运营电子商务市场交易平台为第三方服务，自身不直接在平台上售卖商品，也没有存库。目前，阿里巴巴集团在电子商务领域的平台服务主要有三种形式：B2B、C2C 和 B2C。阿里巴巴集团旗下的淘宝网（www.taobao.com）是中国最受欢迎的 C2C 交易平台之一，2012 年拥有近 5 亿的注册用户数，每天有超过 6000 万的固定访客。2012 年，淘宝开放平台上聚集的第三方服务商达到 49 万家，依托淘宝平台的衍生服务营收规模约为152亿元。随着淘宝网规模的扩大和用户数量的增加，淘宝也从单一的C2C网络集市发展成为包括C2C、团购、分销、拍卖等多种电子商务模式在内的综合性零售商圈。天猫商城（www.tmall.com）由淘宝网于2008年4月创立，2011年6月脱离淘宝网自行运营，是国内领先的平台式B2C购物网站，注册商户约为7万家。以月活跃用户数计算，阿里巴巴集团旗下的聚划算是中国最受欢迎的团购网站。2013年，淘宝网、天猫商城、聚划算这三大平台的全年商品交易总额为15420亿人民币，来自2.31亿活跃买家和800万活跃卖家。此外，阿里巴巴集团还运营全球批发平台Alibaba.com、中国批发市场1688.com和全球零售平台速卖通并提供云计算服务。阿里巴巴交易平台上产生的收入主要来自为商户提供的网络营销服务、交易佣金、在线服务费。2010、2011、2012和2013财政年度，阿里巴巴集团的营业收入分别为66.7亿元、119.03亿元、200.25亿元和345.17亿元；2010财政年度，阿里巴巴集团净亏损5.03亿元；2011、2012和2013财政年度，阿里巴巴集团的净利润分别为16.08亿元、46.65亿元和86.49亿元。

（2）京东商城

京东商城早期主营计算机、通讯和消费电子产品等3C产品的网络零售，后来逐步转型成为综合型网络零售商，在线销售13大类商品，是中国最大的自营式电商企业，同时还为第三方卖家提供在线销售平台和物流等一系列增值服务。2012年，京东商城平台的交易额为600亿元，其中手机销售额达到百亿元。2013年，京东商城平台的交易额突破了1000亿元。

（3）广东、浙江、福建等省市的第三方电子商务平台

近年来，依托产业集群的优势，广东、浙江、福建等省市形成了一批具有竞争力的第三方电子商务平台。广东在钢铁、石化、粮食、电子等行业涌现出一些年交易额超过100亿元的电子商务平台，如欧浦钢网、圣托网等。浙江一批专业电子商务平台在促进区域经济发展中发挥着越来越重要的作用，具有代表性的有全球纺织网、中国电子电器网、义乌全球网、金蚕网、中国化工网、嘉兴国际毛衫网等。依托晋江、莆田的制鞋业集群和泉州的纺织服装业集群，福建的环球鞋网和石狮服装城已发展成为在全球颇具影响力的电子商务平台。

2. 电子商务物流配送服务

（1）电子商务助推快递行业持续快速发展

电子商务过程包含着信息流、资金流和物流，而物流作为电子商务最为特殊和必不可少的一个环节，其发展水平也直接制约着电子商务行业"最后一公里"的服务水平，与电子商务行业可谓相生相息。电子商务的发展给快递业带来大量的业务，促进了快递业的高速发展。根据国家邮政局公布的数据，目前快递行业50%以上的营业收入来自电子商务；70%以上的网络购物需要通过快递完成。2007年至2012年，我国快递行业业务订单量年均增长37.3%，快递业务收入年均增长24.2%。2012年，我国规模以上快递业务收入达到1055.3亿元，同比增长39.2%，步入了千亿时代。2013年，我国快递业继续保持快速增长态势，全国规模以上快递服务企业业务量累计完成91.9亿件，同比增长61.6%；业务收入累计完成1441.7亿元，同比增长36.6%。2013年，我国东、中、西部地区快递业务收入的比重分别为 83.2%、9.2% 和 7.6%，业务量比重分别为 81.3%、10.8% 和 7.9%。

（2）多种物流配送模式并存

我国电子商务企业采用的物流配送模式主要有自营模式、半自营模式、第三方物流模式、第四方物流模式。电子商务企业根据自身交易规模、发展阶段、资金流等因素，选取不同的物流模式。

当前，由于我国物流行业的整体发展仍处在一个较低的水平，社会物流总费用占 GDP 费用长期在 18% 左右，是欧美国家的两倍，物流费用过高，已经成为电子商务与传统零售共同融合发展的瓶颈。由于不满意第三方物流的服务水平，电子商务企业纷纷自建物流，期望通过直接控制物流环节来提高服务能力、降低服务成本、提升网购消费者体验。京东商城、苏宁易购、国美商城、凡客诚品等大型电商企业采用了自营模式。京东商城积极投资建设物流配送网络和仓储设施。截至 2014 年 2 月底，京东商城已建立 7 个物流中心，在全国 34 个城市建立了 82 个仓库，拥有超过 2 万人的专业配送队伍。目前，京东商城自营的配送业务量已占总业务量的 80%。

易讯网、卓越网等电商企业采用半自营模式。半自营模式介于电商物流自营和外包之间，通常是选择核心地区自建物流配送体系，将非核心地区的物流配送业务外包给当地的落地配或第三方，既保证了核心地区的物流竞争力，又规避了物流投资带来的巨大资金压力和投资风险。绝大多数中小电商企业采用第三方物流模式，依靠"四通一达"（申通、圆通、中通、百世汇通、韵达）等快递企业提供物流配送服务。第四方物流模式主要是指淘宝网采取的"推荐物流"，卖方可以在 C2C 平台上选择淘宝网推荐的快递公司。

（3）快递企业通过直营和加盟两种方式拓展网点

我国电商快递企业网点拓展方式主要包括直营和加盟两种。目前，中国邮政、宅急送、顺丰等快递企业采用直营方式。这些快递企业服务运价较高，市场定位于商务和高附加值业务，在我国电商快递业务量中占据的市场份额不超过20%。以"四通一达"为代表的多数快递企业通过加盟的方式拓展网点，积极在覆盖区域招募加盟分公司，以较低的成本扩大了网络覆盖面，提高了市场占有率。不过，这些快递企业的加盟网点存在着管理混乱、服务质量低、客户投诉率高等方面的问题，急需加以解决。

3. 第三方支付服务

第三方支付公司可以归为两大类：一类是以银联商务、快钱、汇付天下、易宝支付等为代表的独立于电子商务网站的第三方支付公司，为用户提供支付产品和支付系统解决方案，不具备担保功能；另一类是以支付宝、财付通、易付宝为代表的依托于电子商务网站并提供担保功能的第三方支付公司。通过第三方支付平台，买方选购商品后，使用第三方平台提供的账户支付货款，由第三方通知卖家货款到达、进行发货；买方检验物品后，就可以通知付款给卖家，第三方再将款项转至卖家账户。目前，第三方支付已从最初的互联网支付发展成为线上线下进一步融合、应用场景更为丰富的综合支付工具，大多数电子商务企业采用第三方支付企业而非商业银行提供的支付结算服务。中国电子商务研究中心的监测数据显示，2013年我国第三方支付机构各类支付业务的总体交易规模达到17.9万亿元，同比增长43.2%。

崛起的第三方支付企业逐步进入传统金融机构的市场。随着第三方支付平台走向支付流程的前端，并逐步涉及基金、保险（放心保）等个人理财等金融业务，银行的中间业务正在被其不断蚕食。大量的电子商务企业转而采用第三方支付企业所提供的支付结算服务，网关接口被第三方支付企业所占据。而这一现象在网络购物市场中体现得尤为明显，直连银行所占比例不到30%。

4. 电子商务代运营服务

受专业人才缺乏、投入大、运营成本高、经验不足等因素的制约，很多企业的电子商务业务（包括在淘宝、天猫商城、QQ网购等电商平台上开设官方网上商城和旗舰店，开展店铺装修、商品拍摄、客服运营等）外包给电商服务企业，形成了电子商务代运营服务业。兴长信达、杭州熙浪等几家企业能够提供全流程的电子商务代运营服务，上海商派、五洲在线、同创未来等企业在代运营的细分市场上发展成为领军企业。我国电子商务代运营服务业发展潜力巨大，市场规模将会从目前的百亿元数量级逐步向千亿元数量级跨越。

5. 余额宝

余额宝是由阿里巴巴公司在2013年6月推出的一种互联网金融业态，是由第三方支付平台支付宝为个人用户打造的一项余额增值服务。通过余额宝，用户不仅能够得到较高的收益，还能随时消费支付和转出，无任何手续费。用户在支付宝网站内就可以直接购买基金等理财产品，获得相对较高的收益，同时余额宝内的资金还能随时用于网上购物、支付宝转账等支付功能。转入余额宝的资金在第二个工作日由基金公司进行份额确认，对已确认的份额会开始计算收益。

余额宝成立的前提是阿里巴巴之前推出的支付宝业务。阿里巴巴于2004年创立支付宝，支付宝2013年的年交易额已经接近2万亿元，注册用户达到8亿，占据了国内第三方支付的半壁江山。除淘宝和阿里巴巴外，支持使用支付宝交易服务的商家已经超过50万家，其业态涵盖B2C、网游、航空旅游酒店、教育缴费、公共事业缴费、传统行业（物流、保险等）、海外商户等领域。

本质上，余额宝可以看作支付宝与货币基金的组合，支付宝用户相当于购买了一款货币基金，使其不但能获得货币基金投资收益，同时余额宝内的资金还能随时用于网上购物、支付宝转账等支付功能。因此，余额宝具有高流动性和较高收益的特点。值得注意的是，余额宝同样面临信用风险、收益风险和流动性风险。

二、我国电子商务行业的发展趋势

我国电子商务发展空间大，今后仍将保持快速增长态势，在促进发展方式转变、扩大内需、增加就业等方面将发挥越来越重要的作用。我国电子商务三个方面的重要发展趋势值得我们高度关注。

（一）电子商务的应用领域不断拓展和深化

2013年以来，在全国零售业增速放缓的形势下，包括网络零售在内的电子商务保持了快速增长的态势，电子商务的应用领域不断拓展和深化。随着国家监管体系的日益健全、政策支持力度的不断加大、电商企业及消费者的日趋成熟，我国电子商务将迎来更好的发展环境。预计中国电子商务将继续保持较高的增长速度，2014年至2020年的年均复合增长率将保持在20%以上。

（二）产业融合成为电子商务发展新方向

随着电子商务迅猛发展，越来越多的传统产业涉足电子商务。例如，农业应用电子商务探索农产品信息追溯；制造业开展供应链信息化提升；线上营销、线下成交或线下体验、线上购买的商业模式更是推动了传统商业与电子商务的融合发展。随着一批龙头电子商务平台企业做大做强做长，电子商务深度融合商流、物流、资金流和人流，有效地把商业渠道、物流渠道以及信息渠道进行捆绑，电子商务服务业能否健康有序发展成为决定电子商务成败的关键所在。

近年来涌现出的 O2O 模式（OnlineToOffline，线上网店与线下消费融合）已在餐饮、娱乐、百货等传统行业得到广泛应用。O2O 模式是一个"闭环"，电商可以全程跟踪用户的每一笔交易和满意程度，即时分析数据，快速调整营销策略。也就是说，互联网渠道不是和线下隔离的销售渠道，而是一个可以和线下无缝链接并能促进线下发展的渠道。今后线上与线下将实现进一步融合，各个产业通过电子商务实现有形市场与无形市场的有效对接，企业逐步实现线上、线下复合业态经营。微信在 2013 年 9 月正式启动面向实体零售业态的 O2O 项目，天虹商场成为全国范围内第一家与微信达成战略合作的百货企业。苏宁云商的推出代表着传统零售商的蜕变，从实体向线上线下转型，全面转变为互联网零售企业，未来线上主要功能是引流、下单和支付，线下门店将主要承载服务和体验功能。中国电子商务研究中心监测数据显示，2012 年我国 O2O 市场规模已达到 1005 亿元，2013 年突破了 2000 亿元。

此外还有 M2C 模式，即从工厂直达消费者的电子商务创新模式的应用；C2B模式（消费者对企业），即从消费者开始进行产品的设计制造，将商品的主导权交给消费者，实现个性化定制和消费者主权。今后，这些营销应用模式将进入快速推广阶段。越来越多的传统行业将试水电子商务，包括服装鞋帽、纺织化纤、数码家电、农林畜牧、食品、建材、五金、机械等领域。传统商业企业有着良好的信誉及售后服务，线下渠道管理经验成熟，将线上线下相结合，可以完善传统零售连锁企业的渠道整合，弥补渠道布局与区域覆盖空白，适应新形势下市场竞争的要求。

（三）移动电子商务等新兴业态的发展将提速

我国电子商务行业积极开展技术创新、商业模式创新、产品和服务内容创新，移动电商、跨境电商、社交电商、微信电商成为电子商务发展的新兴重要领域，将进入加快发展期。

我国移动互联网用户规模迅速扩大，为移动电子商务的发展奠定了庞大的用户基础，移动购物逐渐成为网民购物的首选方式之一。根据《中国互联网络发展状况统计报告》，截至2014年6月底，我国有6.32亿网民，其中，手机网民规模达到5.27亿，占83.4%。手机使用率首次超越传统个人电脑使用率，成为第一大上网终端设备。2014年6月，我国手机购物用户规模达到2.05亿，同比增长42%，是网购市场整体用户规模增长速度的4.3倍，手机购物的使用比例提升至38.9%。移动电子商务市场交易额占互联网交易总额的比重快速提升。《中国网络零售市场数据监测报告》显示，2014年上半年，我国移动电子商务市场交易规模达到2542亿元，同比增长378%，移动电子商务市场交易额占我国网络市场交易总额的比重已达到 1/4。预计我国 2014 年移动电子商务市场交易规模将超过 6000 亿元。淘宝网数据显示，2013 年"双 11"活动中，淘宝网移动客户端共成交 3590 万笔交易，成交额为 53.5 亿元，是 2012 年"双 11"活动移动客户端成交额的 5.6 倍。

近年来，我国传统电子商务交易平台企业纷纷向移动电子商务转型。淘宝网、京东商城等企业推出了手机客户端和手机网站，不断优化用户体验。大量中小企业推出了自身的移动 APP 客户端，有效提高了营销精准度和促销力度。移动电子商务市场的产业集中度正在快速提高。根据《中国互联网络发展状况统计报告》，2013 年我国手机在线支付快速增长，用户规模达到 1.25 亿，使用率提升至 25.1%。艾瑞咨询的统计数据显示，2013 年手机淘宝占移动网购的市场份额为 76.1%，京东商城的市场份额为 5.2%，腾讯的市场份额为 1.5%，三家企业占比总和为 82.8%，领跑移动网购市场。2014 年第二季度，手机淘宝占移动网购的市场份额为 84.2%，手机京东和手机唯品会的市场份额分别为 5.3% 和 2%，三家企业的市场份额之和高达 91.5%。

移动电子商务不仅仅是电子商务从有线互联网向移动互联网的延伸，它更大大丰富了电子商务应用，今后将深刻改变消费方式和支付模式，并有效渗透到各行各业，促进相关产业的转型升级。发展移动电子商务将成为提振我国内需和培育新兴业态的重要途径。

三、当前我国发展电子商务急需解决的问题

我国电子商务在发展过程中遇到了一些障碍性因素和急需解决

的问题，主要体现在下述方面：

（一）行业管理体制有待理顺

电子商务跨行业、跨领域发展，商业模式不断创新，许多业务在政策未明确的范围内发展，发展改革委、公安部、财政部、商务部、工业和信息化部、文化部、人民银行、银监会、工商总局等部门均有相应的管理职能，但部级协调机制缺失，多头管理和监管真空并存。目前的行业管理体制还无法适应电子商务的发展特点，难以及时应对和有效解决电子商务发展过程中出现的各种问题。

（二）商业规则和法律法规不完善

近年来，国务院和有关部委出台了一系列关于电子认证、网络购物、网上交易、支付服务等的政策、规章和标准规范，优化了电子商务的发展环境。不过，由于电子商务是新兴业态，目前适应电子商务发展的商业规则尚不完善，具有权威性、综合性的电子商务法律法规还是空白，部分规章和标准缺乏可操作性，难以有效规范电子商务交易行为。

（三）网络交易纠纷明显增多

近年来，与电子商务相关的网上售假和网下制假、网络欺诈、网络传销、侵犯知识产权、不正当竞争、泄露用户信息、虚假宣传、虚假促销等行为明显增多。"中国电子商务投诉与维权公共服务平台"2013年接到全国各地用户的电子商务投诉近97350起，同比增长4.0%。其中，网络购物投诉占52.38%，团购投诉占27.53%，移动电商投诉占 10.09%，物流快递投诉占 2.24%。网络交易具有虚拟性、开放性、跨地域性的特点，处理网络交易纠纷的难度大、成本高。

（四）大多数电商交易企业的可持续发展能力不强

阿里巴巴、京东商城、QQ 网购等电商交易企业在促进我国电子商务发展方面发挥着重要作用。近年来，价格战是电商交易企业快速扩张的主要手段。持续的价格战使大多数电商交易企业处于资金紧张的状态，盈利能力普遍不强。比如，京东商城 2010、2011 和 2012 年的净亏损分别为 4.12 亿元、12.84 亿元和 17.29 亿元，2013 年京东商城的交易额突破了 1000 亿元，但只实现了微利。长期经营亏损或微利，不仅削弱了电商交易企业自身的可持续发展能力和创新能力，而且削弱了电商平台对产业链的整合和带动作用。

（五）物流配送效率低下

我国物流业发展基础较差，物流配送效率低下，是制约电子商务发展的重要瓶颈，主要表现在：一是快递行业的服务能力不能满足电子商务的需求。我国快递企业的数量超过 1 万家，但市场集中度低，现有加盟制经营模式导致快递服务质量普遍不高；二是仓储设施少，且现代化程度低，立体仓库、自动分拣等现代化设备未普及；三是区域发展不平衡。快递公司主要为大中城市提供服务，中国邮政之外的快递公司几乎没有覆盖农村地区的快递网点。

此外，电子商务基础设施落后、信用服务体系不完善等问题也制约着我国电子商务的发展。

四、促进我国电子商务健康、可持续发展的对策建议

我国电子商务发展空间大,今后仍将保持快速增长态势,在促进发展方式转变、扩大内需、增加就业等方面将发挥越来越重要的作用。建议加大政策支持力度,充分释放电子商务发展潜力,提高我国电子商务发展质量,促进我国电子商务健康、可持续发展。

(一)多措并举提高我国电子商务发展质量

1. 继续坚持边发展边规范、规范适应发展的原则,支持电子商务创新

目前,电子商务仍是处于成长阶段的新兴行业,在行业管理中,应继续坚持边发展边规范、规范适应发展的原则,支持行业创新,避免过度监管影响行业创新发展的良好势头。针对行业发展中出现的问题,要加以规范,但规范与发展应该统一。由于创新永远走在监管前面,相关法规或管理总是滞后的,一些问题的发生在所难免。各行各业如此,古今中外如此,但关键是如何正确处理发展中出现的问题。为了解决行业发展中出现的一些问题,传统管理方式通常是设立较高的准入门槛限制市场力量进入甚至一禁了之,即以牺牲发展来确保行业不出问题。这是一种比较保险、暂时管用却低效、不透明、易于滋生权力寻租的管理模式,更为重要的是,由于这种过度管理对行业发展施加了不必要的限制,会减少对消费者提供商品和服务的数量、提高其成本,损害了市场的效率,最终阻碍了行业的发展,而且还可能出现更坏的结果;虽然采取过度监管方式,但政府执法力量有限,在利益的刺激下,一些人不惜铤而走

险，绕开监管，形成混乱的地下市场，结果发展和规范均未能得到。如我国对药品、医疗器械的网上交易管理，即是采取严格限制措施，但行业既未能发展、又未能规范的鲜明例子。国家食品药品监督管理局先是于1999年12月发布《处方药与非处方药流通管理暂行规定》，规定暂不允许采用网上销售方式销售处方药、非处方药，后进行了调整，于2005年9月发布《互联网药品交易服务审批暂行规定》解禁网上售药，但仅允许药品连锁零售企业在网上向个人消费者销售非处方药，且需取得互联网药品交易服务机构资格证书（网上销售医疗器械类似）。2005年至2013年，8年间药品监管部门仅批准了129家网上药品零售企业，相对于全国6000多家连锁零售药店占比很小。这不但导致我国2012年网上药品零售市场规模仅为16.8亿元，与美国网上药店市场1700亿美元无法相比，而且市场上存在大量无证经营者，数量超万家，这些游离于监管之外的地下网店鱼目混珠，不少售卖假冒伪劣药品，难以辨认。因此，通过审批限制的方式更多是一种设"路障"的方式，难以实现行业畅通发展。政府部门应该以发展为目的来规范行业，多设"路标"，兴利除弊，通过各种有效措施引导行业良性发展，而非因噎废食，为规范舍弃发展，两者相统一，最终促进行业发展。特别需要警惕一些利益团体打着"规范""监管"的旗号，以"规范"为名，行抑制扼杀创新之实。

当前，无论是电子商务立法、征税，还是海外代购，都应本着边发展边规范、规范适应发展这一原则，积极应对新形势，鼓励行业发展。随着电子商务的壮大发展，各方面对电子商务的关注越来越多。例如一些人呼吁对电子商务征税。实际上，虽然我国当前没有专门的电子商务税法，但根据当前的法律规定，从事电子商务的企业和传统企业是一样需缴纳相关税收的（小微企业月销售额2万元以下免税），而从事电子商务的个人卖家如果其完成的交易达到一定的数额（月销售额2万元），也应缴纳相关税收。现实中，对于大型电子商务企业，其公司运营和管理都比较规范，一般也会与传统企业一样缴纳税收。由于对网上个体商户的监管存在较大困难，监管成本较高，收益也不是很可观，所以一般网上个体商户都不会缴纳税收。而对于从事电子商务的中小型企业，因为国家对网上交易税收管制较松，再加上电子交易的无纸化，存在部分企业利用电子商务进行逃避税现象。这其中存在诸多问题，一方面，月销售额2万元的起征点较低，税法规定较为苛严，如果严格执行，电子商务恐怕难以有今天的发展局面；另一方面，网络环境下，对于大量的个体商户和小微企业征税存在技术难度，成本高。在这种情况下，对网络交易征税就应根据实际情况慎重研究，管理措施应考虑到对网店运营的影响，切不可因规范削弱了行业发展的活力。又如，面对电子商务行业发展中存在的新情况、新问题，相关部门、专家学者建议对电子商务问题进行专门立法，2013年，《电子商务法》也如愿列入全国人大常委会的立法规划，这是与时俱进的需要。立法意味着对行业加强监管，应该着重于更好地鼓励创新、促进行业发展的原则来规范我国电子商务行业，避免不成熟的规则过早法制化，对以后的电子商务实践形成障碍和制约。另外，海外代购是近年来电子商务的一种新形势，其实质是一种跨境消费行为，由相关代理商完成。但由于这样的行为无法纳入现有的国内市场监管模式，所以存在大量的问题，消费者也面临很大的风险。但毕竟这种需求是存在且逐步扩大的,如何纳入现有监管体系又保护消费者合法权益,就需要政府从发展的角度调整相关政策。

2. 充分发挥电子商务在促进中国经济转型升级方面的重要作用

近年来,我国信息化建设由原先的以应用推广为主要特征的外生信息化向内生信息化转变,信息化成为内生于各行各业业务发展的核心要素。在这个转变过程中,电子商务发挥着重要的作用。电子商务不仅成为新一代信息技术应用创新的重要领域,而且日益与各传统行业深度融合,并由此衍生出大量新型的现代服务业态。建议国家从促进经济转型升级的战略高度,加强顶层设计并制定有关加快电子商务创新与发展的具体政策措施。

3. 完善电子商务行业管理体制

基于"简化市场准入,强化业务监管"的思路,建立电子商务监管的部级协调机制,将各项监管职能有机衔接、深度整合,培育统一的电子交易管理体系。处理好政府市场监管职能与电商平台基于自身平台化优势而具备的公共管理功能之间的关系,充分发挥电商平台在规范电子交易市场方面的作用。监管部门与电商平台一起加强交易信用管理,全时监测并有效打击网上违法违规交易行为,及时处理网络交易纠纷,构建可信、安全、便利的网络购物环境。

4. 加强电子商务立法和标准规范体系建设

加快《电子商务法》等电子商务相关法律法规的起草和修订工作,保障与规范电子商务发展。针对电子商务发展过程中急需解决的问题,研究制订《支付机构网络支付业务管理办法》《电子商务小额争议解决办法》等部门规章。建立与完善电子商务标准化工作组织与机制,开展电子商务标准化的系统研究,制订出台各细分领域的电子商务标准规范，同时，加强电子商务标准规范的试点验证工作。积极参与国际标准化组织或机构制定电子商务标准规范相关工作，大力推进电子商务领域的国际交流与合作。

5. 加大电子商务基础设施建设力度

积极实施"宽带中国"战略，尽早实现三网融合，为电子商务发展提供便利条件。增强网络覆盖能力，提升宽带接入水平，尤其要提高无线网络、无线通信等基础设施建设水平，在提高网络使用性价比的同时降低资费。逐步整合目前国内基于不同技术标准建立的安全认证体系，建立全国范围内的电子商务安全认证体系。加强农村地区信息基础设施建设，改善上网条件，促进农村电子商务发展。综合采取财政、金融、税收等方面的支持政策，推进电商平台配套服务体系建设，增强电商交易企业的可持续发展能力和创新能力，充分发挥其对相关企业、产业创新发展的龙头牵引作用。

6. 优化电子商务物流配送体系

快递业务量与日俱增，然而现代物流和城市配送却普遍投资不足，尤其是与百姓日常生活息息相关的"最后一公里"物流配送的重要性日益凸显，其现代化程度和通畅程度已经成为制约物流产业发展的关键因素。今后要鼓励和支持地方在城市规划、仓储设施建设等方面，为电子商务企业提供配套服务，保障开展电子商务所需的仓储配送用地，完善跨区域分拨中心、公共配送中心、末端配送点三级网络体系建设，推动解决物流配送"最后一公里"问题，统筹规划新建社区内的自提柜、自提点，引导物业与物流的有效合作，避免各个物流企业在社区内重复建设自提柜，提高物流配送效率，逐步形成满足电子商务发展需求的物流配送体系。鼓励零售企业强化物流能力建设，通过门店开辟配送点、自提点，并将自建、自用的物流配送体系向行业、社会开放，以有效减少配送线路数、车辆数，提高效率、降低污染、缓解拥堵。启动农村流通设施和农产品批发市场信息化提升工程，鼓励和支持电商参与农产品流通和农村物流体系建设。引导社会资金投资建设智能物流信息网络，实现制造企业、电商、电子商务服务企业、物流企业的信息共享。

7. 完善电子商务信用体系和认证体系

电子商务信用体系是建立长效监管机制、从源头上规范电子商务市场经济秩序的重要支撑。建议开展电子商务信用评价指标、信用档案等标准研究，建立统一的信用评价和奖惩规则。建设电子商务信用基础数据库，建立公开、透明、动态的企业信用记录。健全部门信息共享和协同监督机制，推动建立面向第三方信用服务机构的信用信息采集、共享与使用机制，形成政府主导、多方参与、标准统一的电子商务信用体系。

增强对电子商务资产的保护，明确电子商务企业在网上创立的商品品牌、商品设计以及自建网站本身设计的知识产权。进一步加强电子商务领域的知识产权保护，加强部门联动、社会监督，建立公平竞争、诚信守约的市场环境。

推进认证平台建设，完善电子认证基础设施，开展电子认证加密技术研究。加强信息安全防范，引导电子商务企业完善数字认证、密钥管理等安全服务功能。健全信息安全管理制度与评估机制，提高电子商务系统的应急响应、灾难备份、数据恢复、风险监控等能力。

8. 加强网络经济监管，规范网络市场秩序

为了保证网络交易安全、保护消费者权益，需要根据网络经济

特点采取相适应的监管原则和方式，完善监管手段，坚决维护网络市场秩序。

一是加强部门、区域协调和联动机制建设，实现一体化监管。首先，在工商、公安、电信、消费者保护协会等部门之间建立协调和联动机制，根据职责明确分工和协作，形成监管合力。其次，建立信息联网共享机制，开发全国统一的工商注册登记系统，实现全国企业信息数据库联网共享，为网络经济一体化监管打下技术基础。再次，在电子商务违法行为执法上，进一步强化区域之间分工合作的协调和联动机制，应对跨区域的违法问题，提高执法效率。

二是充分发挥现代信息技术的作用，实现智能化监管。网络经济的创新和发展依赖于现代信息技术，对其监管也应立足于信息技术，"以网管网"，实现监管智能化。2013年，国家工商总局公布已建成全国网络商品交易监管信息化平台并开始在部分省试运行，重点对网上经营主体、违法商品信息、违法行为进行监测，及时发现并查处网络商品交易违法行为，并将逐步建立所有网站卖家的真实信息以及信用记录。应积极发挥该平台作用并不断完善，将其与工商登记注册系统联网共享，实现全过程动态管理。

（二）为移动电子商务发展营造良好的市场环境

发展移动电子商务具有多方面的重要意义。建议重视下述工作，促进我国移动电子商务健康发展：

1. 放宽电信行业的市场准入

无线网络是移动电子商务发展的基础。目前我国电信产业仍未充分放开，市场竞争不充分，不利于无线宽带速度提升和资费下降。

建议放宽电信行业的市场准入，在电信行业实行负面清单制度，凡是没有明令禁止进入的电信服务领域，都要向社会资本开放，建立公开、平等、规范的电信行业准入制度，鼓励社会资本进入移动网络运营。

2. 加强移动互联网等信息化基础设施建设

放宽电信行业的市场准入限制和门槛，鼓励社会资本投资运营移动网络，允许社会资本以独资或混合所有制形式进入，形成行业内竞争新局面。认真贯彻执行《"宽带中国"战略及实施方案》，加强移动互联网等信息化基础设施建设。在继续推进宽带网络提速的同时，加快扩大宽带网络覆盖范围和规模，深化应用普及，增加用户的移动网络容量，促进资费的合理下调。

3. 完善移动电子商务市场监管体系

制订并逐步完善移动电子商务相关技术标准和行业规范，完善移动电子商务市场监管体系，争取形成"事前综合防范、事中有效监测、事后及时溯源"的审慎监管和应急处置工作机制。在鼓励创新的同时，加强交易主体身份认证管理，采取有效的技术手段保证移动电子商务的相关服务和数据安全，严厉打击网络售假、网络欺诈、侵犯用户隐私等违法违规行为，及时处理网络交易纠纷，构建可信、安全、便利的移动网络购物环境。

在创造宽松的发展环境的同时，进一步完善对移动电子商务催生的金融创新业务的监管。研究制定互联网金融货币基金的监管规则。加强消费者教育，提高消费者对移动金融的风险意识和自我保护能力。强化移动电子商务企业的信息披露和风险提示的义务，保证消费者的知情权的真实实现。

4. 推进移动电子商务的技术创新和试点应用

加大支持力度，推进移动电子商务技术研发和产业化，促进国内企业研发具有自主知识产权的智能手机操作系统。鼓励第三方电子商务机构研发应用移动电子商务客户终端，引导传统电子商务交易平台拓展移动电子商务业务，逐步提高移动电子商务交易比重。

继续推进移动电子商务在公共事业、交通、物流、旅游服务、农业生产流通、企业管理、环保监控等领域的试点应用，积极开展国家电子商务示范城市移动电子商务金融科技服务创新试点，丰富产品体系，完善体制机制，为移动电子商务健康快速发展提供有力支撑。

（三）促进互联网金融健康发展

1. 加快支付服务业的产品和服务创新

加快建立由网上支付、移动支付、固话支付以及其他支付渠道构成的综合支付体系，为电子商务提供安全、高效的资金结算服务。鼓励银行拓展电子银行服务业务，强化在线支付功能。鼓励银行加强与电子商务企业的合作，发展电子票据、移动支付等新型电子支付业务，推出适合电子商务特点的支付产品和服务。加强第三方支付平台建设，引导第三方支付机构在依法合规经营的基础上，加快产品和服务创新，做大做强非金融机构支付服务市场。

2. 在鼓励、包容金融创新的同时有效防范互联网金融风险

互联网金融创新必须坚持金融服务实体经济的根本原则，应满足宏观调控和金融稳定的要求。既要守住不发生系统性金融风险的底线，也要积极引导和支持互联网金融机构健康发展。对互联网金融产品创新的监管，应该根据产品的不同特征建立起分层次的监管

体系，根据产品的风险大小进行合理的监管，从而有效防范风险。

由于互联网金融构建于互联网和移动互联网基础之上，利用了大数据和云计算等先进技术，所以互联网金融需要基于"大金融"的理念来统筹监管，需要由人民银行、银监会、证监会、国家发展改革委、工业和信息化部在内的多部门进行协调。针对互联网金融的跨行业跨地区的特征，监管部门和地方政府应建立良好的金融监管分工协调机制，有效规范市场主体的交易行为。要尽快明确监管机构在互联网金融中的职责分工和任务，完善互联网金融监管体系，在市场准入、风险准备金拨备、交叉跨界等互联网金融监管上加强部门联动，做到既鼓励、包容金融创新，又确保监管到位。

3. 促进我国众筹行业健康发展

众筹是发展普惠金融的良好平台。建议在法律上给众筹留下发展空间，针对不同的市场主体设定不同的监管模式。对融资者而言，关键是进行充分的信息披露。每一个项目均应明确项目发起人的基本情况、项目总筹资金额上限、回报的具体形式以及筹资后的持续信息披露，并明确融资者披露虚假信息的责任（包括刑事责任与民事责任）。融资者要注重提高产品质量，加强与投资者互动，及时更新项目信息。对投资人而言，应明确准入条件并限制大型机构的介入，明确个人投资额上限。对众筹平台应鼓励模式多样化，适当提供平台建设资金，同时规范平台发展，制定平台设立标准和监督权限，禁止平台直接参与项目的设立和运营，禁止自融平台的运作。众筹平台应主动与监管部门共同监督中间账户。

4. 促进我国 P2P 网络借贷健康发展

我们以 P2P 网络借贷为例，探讨如何在鼓励、包容金融创新的同时有效防范互联网金融风险。

（1）按照"实质重于形式"的原则灵活界定P2P网络借贷的性质

我国的P2P网络借贷是在金融市场仍存在严格管制、信用体系尚不完善的情况下发展起来的。现实运作中，P2P网络借贷公司并不完全是信息中介，还存在类证券服务（推出与特定股权或债权挂钩的标准化金融产品，如陆家嘴金融资产交易所的稳盈－安e贷）或类资产管理服务（如宜信公司的"宜信宝""月息通"），进行了多种业务创新和变形。P2P网络借贷公司普遍提供资信评估、资金管理、债务催收等服务，有的还引入第三方或建立基金，提供部分担保；经营上与各类金融机构、准金融机构合作，如部分小银行委托P2P网络借贷公司开展小微贷款，P2P网络借贷公司通过小贷公司放款，由保险公司提供信用保险等。表面上看，P2P网络借贷是个人与个人之间的借贷关系，但由于是"多对多"的服务模式，普遍存在不同程度的资金归集或二次流转过程。我国的P2P网络借贷单笔平均借款额度在10万元以内，能够促进小微金融服务的发展，具有很好的拓展性。考虑到P2P网络借贷主要通过合同方式，而不是公司形式，事实上实现了银行、证券（交易所和证券发行、流通）以及资产管理等功能。

鉴于上述情况，在法律界定上，我国政府宜按照"实质重于形式"的原则，重"行为、功能"，轻"机构"，可将P2P网络借贷链条作为一个整体，灵活界定P2P网络借贷的性质。当前，我国政府应明确P2P网络借贷公司不得以任何形式归集使用或受托管理客户资金，不得以自身名义开展吸收存款、发放贷款业务，与此同时，可允许其根据业务发展需要，在具备条件的情况下申请成为接受严格监管的银行、证券公司、资产管理机构等。

（2）尽快设置必要的行业准入门槛

我国 P2P 网络借贷发展迅猛，网络借贷平台数量众多，但鱼龙混杂，功能和定位不清晰。适应 P2P 网络借贷的发展趋势、技术特点和监管需求，根据我国目前的监管分工，建议我国政府明确银监会为 P2P 网络借贷行业监管主体，由银监会会同有关部门，尽快就 P2P 公司的注册资本、净资产规模、主要经营团队的从业经验和金融专业能力、IT 设备的完备性和安全性、风险管理能力等方面，设置必要的行业准入门槛。

（3）对 P2P 网络借贷行为加强监管

P2P 网络借贷不是以自有资本金吸收风险损失，且不具有系统重要性，并不需要持续关注资本金等审慎监管指标，银监会等监管主体宜以"行为监管"为主，重点对 P2P 网络借贷行为加强监管。建议一是要求客户资金由第三方机构封闭托管结算，P2P 公司不宜对共同账户具有直接的控制权。二是对投资者（资金提供方）的投资有强制分散要求（如至少需要投资多少个项目，每个项目投资金额不得超过投资金额和项目总金额的一定比例），对所投资项目的融资规模有上限规定。三是确保项目与投资者之间的严格对应，不在金额、期限上拆分项目，对平台公司参与项目二级转让进行严格限制。四是限制消费类信贷的利率上限。五是建立严格、明确和统一的信息披露制度，如对不良贷款率的计算方法等。六是加强消费者保护，特别是加强消费者隐私信息保护，防止 P2P 公司通过买卖消费者信息非法牟利，防止 P2P 公司恶性讨债。对打着 P2P 网络借贷旗号从事非法集资或金融诈骗的行为，给予坚决打击。

考虑到网络的"非地域性",对 P2P 网络借贷平台的监管,宜由银监会会同有关部门制定统一的管理办法,地方政府协助开展监管。

(4) 优化 P2P 网络借贷的发展环境

建议一是加快线上线下社会信用信息系统的互通共享,构建网络征信体系。二是研究制订部门规章,完善与电子合同、电子签名、电子证据等相关的法律法规。三是引导成立行业协会或产业联盟,加强 P2P 网络借贷行业的自律和互助,规范行业经营,防范挤兑风险。

互联网金融的哲学

■ 王曙光

  互联网对金融业的渗透程度正在与日俱增。在中国，互联网金融的创新和发展正在积极地改变整个金融生态，加剧了金融市场竞争，改善了资本配置的效率并使资本流动空前加速，也有力地推动了利率市场化、金融监管模式变革以及银行业的开放。互联网金融已经不再是一个虚空的、存在于人们头脑中的概念和思想，而是已经深刻影响到了整个金融体系以至于我们每个人的生活。对于这个汹涌而来的互联网金融的发展趋势，我们不能以掩耳盗铃的方式去自我欺骗和回避，也不能坐视互联网金融以不利于金融业健康规范发展的方式任意泛滥，而是应该以积极的心态面对互联网金融的发展，探索其渗透和介入金融体系的方式及其效应，从而趋利避害，让互联网金融为中国金融体系的革新服务，为中国企业和居民更为便利的融资和投资需求服务。

  为此，学术界和金融业界必须深刻思考互联网金融背后的思想和哲学，思考互联网和互联网金融对整个社会结构和人类行为模式所造成的深刻影响，也就是说，我们要对互联网金融所代表和象征的未来趋势有一个形而上的把握。笔者认为，互联网和互联网金融背后的思想和哲学至少包含以下十个方面。

一、开放（OPENNESS）

开放意味着信息向一切方向和一切客体敞开，意味着整个社会的治理结构和治理方式的深刻变革。在互联网时代，一个人所发出的对某件商品、某个金融服务和某个社会行为的评价的信息，会以极快的速度和极大的渗透力传播到巨大数量的人群与社群，而政府和监管机构的行动也会以极快的速度和极大的覆盖面投射到整个社会和金融体系中来。人们获取信息的成本越来越低，而隐蔽信息和垄断信息的成本越来越高，最终以至于在技术上任何机构和个人都不可能长时间垄断任何信息。在这种情况下，互联网和互联网金融不仅改变了金融业的形态和金融机构获取信息的方式，而且也在潜移默化地改变这个社会的运行规则，从而以更有效的方式塑造一种以个人决策为基础的、透明的、开放的社会形态；它使社会在良性的基础上进行边际的改善（即帕累托改善），以次优的行为选择导致社会的渐进变革，即波普尔在他的《开放社会及其敌人》中所主张的"零星的社会工程"。未来的互联网社会，将是一个信息充分沟通和传递、社会价值有序而多元、文化多样性存在、市场开放和社会政治多极的开放社会[1]。而互联网金融所引致的金融业的开放，是这个开放社会的一个有机组成部分。

二、共享（SHARE）

信息在金融市场中占据着绝对重要的地位，金融市场是进行资本配置和对资本配置进行监管的一种制度安排，而资本配置及其监管从本质上来说是信息问题；因此，在某种意义上，金融市场就是进行信息的生产、传递、扩散和利用的市场。在互联网金融时代，信息的传递和扩散更加便捷，信息的生产成本更为低廉，信息的利用渠道和方式也越来越多元化，从而更有可能实现信息的共享。这种共享包含着各类不同金融机构之间的信息共享（如保险业和银行业共享信息，银行业和小额贷款公司共享信息），而且包含着金融机构与其他行业之间的信息共享（如银行业与电子商务企业之间的信息共享和数据交换，物流企业与小额贷款机构之间的信息共享等）、金融机构和监管机构以及企业之间的信息共享等。这种信息共享，降低了单个金融机构获致信息、甄别信息的成本，提高了信息利用的效率，使信息的生产和传播极为顺畅，从而极大地降低了信息的不完备和不对称程度。

---

[1] 开放社会（Open Society）这个概念最先由哲学家亨利·博格森（Henri Bergson）提出。在一个开放社会中，政府行为透明；它不是集权社会，个人自由和人权是开放社会的基石。卡尔·波普尔认为开放社会为治理多极（Pluralistic）和文化多元（Multicultural）的社会，文化多元不仅是开放社会的特点，也是开放社会不断改善、进化的活力源泉。参见卡尔·波普尔（Popper K. R.）：《开放社会及其敌人》，郑一明译，中国社会科学出版社，2002年版。

经济学研究证明，由于市场的不完善（incomplete markets）和市场中信息的不完美（imperfect information），从总体上来说，竞争性均衡世界中的所谓帕累托效率（Pareto Efficiency）是不存在的[1]。竞争性市场经济不能提供足够的公共品（undersupply of public goods），而信息恰恰就是一种典型的公共品，具有公共品的非竞争性（non-rivalroussnes）和非排他性（non-excludability）特征。由于信息的公共品性质，使得分配信息收益存在着很大困难，从而使得信息获致有着明显的外部性（externalities）。由于信息所引致的外部性问题，作为执行信息获取与传递功能的金融市场，就与传统的一般意义上的商品和服务市场迥然不同，存在着大量的市场不完善和市场失败（market failure）。市场缺失和市场不完全的原因在于道德风险和逆向选择这些与信息有关的问题，道德风险和逆向选择意味着这些市场的有效交易成本非常高昂，高昂的交易成本限制了交易和市场的运作。这些论证为传统理论证明政府介入金融市场的必要性打下了坚实的基础，斯蒂格利茨就是从信息不对称出发，系统讨论了政府介入金融市场的前提和方式[2]。但是，互联网

---

[1] B. Greewald & J. E. Stiglitz (1986)："Externalities in Economies with Imperfect Information and Incomplete Markets"，*Quarterly Journal of Economics*, May, pp. 229-264. J. E. Stiglitz (1993)："The Role of the State in Financial Markets"，*Chung-Hua Series of Lectures* by Invited Eminent Economists, No. 21, The Institute of Economics, Academia Sinica, April, pp. 17-19.

[2] T. Hellman, K. Murduch and J. Stiglitz, "Financial Restraint：Toward a New Paradigm"，in M. Aoki, H. Kim and M. Okuno-Fujiwara, eds., *The Role of Government in East Asian Economic Development*, Clareudon Press, Oxford, 1997. Stiglitz, J. and Weiss, A., "Credit Rationing in Market with Imperfect Information"，*American Economic Review*, 71 (June), 1981.

金融的产生和迅速扩张、信息在不同交易主体之间的充分共享，在一定程度上极大地降低了信息不对称和不完备，降低了道德风险和逆向选择的概率，从而在一定程度上解决了市场失败问题。电子商务企业往往拥有大量的关于企业的真实而不可更改的信息，这些信息若与银行共享，就可以极大地降低银行的信息搜寻、甄别成本和信用评估成本，从而降低道德风险和逆向选择。当然，互联网金融永远不可能完全解决和消除信息不对称问题，因而政府的适当介入在任何时候都是必要的。

三、合作（COOPERATION）

"合作"这个词，在西方起源于拉丁文，原意是"共同行动"或"联合行动"的意思。在德语中，"合作"为 Genossen-schaft，又名"合作学"（Genossen-schaft wessen），英文为 Cooperation，日文也称之为"组合"，韦伯斯特大词典的定义为：合作是一群人为了他们的共同利益所作的集体行动（Cooperation is the collective action of persons for their common benefit）。[1] 合作的本质是一群人或一组机构通过各自要素禀赋的充分联合和整合、通过一定的组织架构和内部治理结构，来达到共同目标和共同利益最大化的行动。从传统的合作社范畴来说，合作社的精髓在于成员地位平等，是"我

---

[1] 1995 年 9 月，在国际合作社联盟 100 周年纪念大会上，通过了新的合作制原则，这些原则包括七项内容：自愿和开放的社员原则；社员民主管理原则；社员经济参与与贡献原则；自主自立原则；教育、培训和信息原则；合作社间的合作原则；关心社区原则，与通行的罗虚戴尔原则相比有所拓展与革新。

为人人，人人为我"的组织，是一个自然要求民主决策的组织，是成员自觉、自助和自动的结合，要发挥成员自觉、自助和自动的精神。从某种意义上来说，合作是一个伦理运动，对于改善社会的道德形态具有重要的意义。

互联网和互联网金融促进了人们之间的合作。互联网的出现降低了人们交流信息和寻找合作对象的成本，使人们之间更容易实现合作。众筹模式就是通过互联网来达到高效率合作的重要平台。当一个创业者把他的创业灵感公布在互联网平台上之后，所有感兴趣的群体就瞬间在网络上形成一个合作社，这个合作社符合传统意义上的合作社的一切特征，他们共同为这个项目进行"天使投资"。这种在互联网基础之上组成的具有同一目标的合作社或俱乐部组织，其发布信息之快、集合成员投资之快、达成合作目标之快，都是传统合作社很难比拟的。P2P（peer to peer lending）实际上也是基于同样的合作社原理，当一个小额信贷的需求者将其信贷需求量、自己的产业和家庭情况等代表其信用的信息放在网络平台上之后，每个投资者都会及时看到这些信息，这些人以小额的投入组成一个合作基金，共同资助这个小额信贷需求者。这些成员之间可以互相沟通信息，共同保障信贷的安全性。基于互联网的合作，其成员的沟通成本更低，合作社更有可能突破时间和空间的限制而实现资源的跨时空组合。

四、整合（INTEGRATION）

互联网已经渗透到所有的产业形态，正在以极快的速度推动不同业态之间的融汇、互补和整合。如果一个创业者或者金融机构从业者不懂得整合的哲学，那么他就有可能丧失很多创业和投资机会。整合意味着原有的传统行业之间的隔离和界限的消除和弥合，行业和行业不再有不可逾越的界限和鸿沟，跨界不但成为常态，而且成为唯一可行的金融资源配置方式。在移动互联网时代，传统行业正在利用互联网金融开展大量的金融创新，比如商业银行就开始大举进军电子商务行业，建立自己的电子商务平台；而电子商务企业和互联网企业也正在大举进军银行业，腾讯和阿里巴巴已经在进军银行业方面做出了很多大胆的实践。阿里金融的出现，意味着传统的电子商务和传统的银行业之间的界限在互联网金融时代已经逐渐模糊，电子商务企业所拥有的巨大的客户数据库为其开展信贷业务、支付业务以及其他金融业务打下了坚实的数据基础。迅猛发展的互联网企业拥有巨大规模的用户数据，他们了解客户在金融服务方面的复杂需求和偏好，其金融服务触角从简单的支付渗透到转账汇款、小额信贷、现金管理、财富管理、供应链金融、基金和保险代理等传统银行业务。因此，不同业态的融汇、业界隔离的消失，对传统金融业的冲击和挑战将会非常大；尽管现在互联网金融还难以撼动巨型银行的垄断地位，但是互联网金融所引发的跨界竞争和金融资本日益高涨的"脱媒"冲动，必将逼迫银行业加速与互联网的联姻，从而直面互联网的挑战。

在未来，各个行业（包括传统银行业和其他金融业态）将利用各自的客户优势和网络优势，开展充分的业界整合，以实现要素配置的效益最大化。每一种业态都要清楚自己在价值链中的定位，要从客户需求出发，充分依赖互联网来开发适合客户的产品，并实现不同行业之间的资源互补，比如最近兴起的微信创业就在整合手机通讯、客户资讯管理、互联网信息方面做出了创新，未来很有可能实现在微信基础上的全方位金融开发。

五、信任（TRUST）

金融交易的前提和基础是信任或信用，没有人和人之间的信任，任何交易（包括金融交易）都不会发生。在互联网时代，人们之间的信任是增强了还是削弱了，这是一个非常复杂的问题。一方面，互联网的出现带来了海量信息，似乎在整个社会经济生活中我们随时可以获得大量信息，人和人之间的信息不对称程度和信息完备程度正在大幅度改善，从而可以极大地降低欺骗的概率，似乎人们之间的信任程度在增加；但是另一方面，互联网由于隔绝了人类的物理连接方式，使得人们在甄别这些海量信息的真实性方面要花费更多的成本，人们对这些信息以及信息提供者的不信任也在增加。这种矛盾困扰着互联网时代的人类，也在困扰着互联网金融的发展。如果没有基本的信任，互联网金融就会崩溃，互联网金融企业以及运用互联网开展金融业务的金融机构就会面临极大的运行成本和风险。可以说，互联网金融所进行的一切努力的核心，正是在于消除互联网金融供求双方的不信任，降低信息不对称的程度。信任无疑是互联网金融的生命。然而我们也看到，随着互联网的发展和信任机制的不断完善，互联网金融有可能比传统金融更能增加信任，从而降低道德风险。比如阿里金融以商家在淘宝或天猫上的现金流和交易额作为放贷评估标准，这些信息是绝对准确且不可更改的，比传统银行的信贷员的线下调查结果可靠得多，从而建立了无担保、无抵押、纯信用的小额信贷模型，从申请贷款到发放只需要几秒钟，这种信贷模式和信息汲取模式增加了信贷供给方和需求方之间的信任，使得欺骗成为不可能。在P2P中也可以建立相应的机制，把线上的信用评估与线下的实地调查相结合，从而降低网络信息失真的可能性。

实际上，网络上的信任关系如同现实世界一样，必然经过一个漫长的演进过程，各个主体之间要经过漫长而复杂的博弈，才能最终在学习的过程中获得相互的信任，减少道德风险。经济学家从博弈的角度来理解道德和信任的形成。道德和信任作为一种制度的生成，很大程度上是出于行动者对自己利益的计算，当交易双方出于自利的动机而在长期动态的博弈中选择道德和信任行为时，长远的功利主义计算就会抵挡住短期的机会主义的诱惑，从而道德和信任行为得以延续，而不道德和欺骗行为慢慢被摒弃。经济学的博弈分析乃是建立在个体的理性选择的基础之上，只有当按照道德和信任原则进行交易的长期收益大到足够超过短期机会主义行为带来的收益时，交易者才会选择道德行为。而道德一旦形成，则会形成一种路径依赖的现象，即道德会形成一种外在的专制性的约束，逼使社会中的人遵守其中的规范。而社会中的人也会在重复的交易中感受到遵守交易道德所带来的收益，并体会到不遵守交易规则带来的惩罚和损失[1]。在互联网金融时代，由于互联网技术的出现，可以设计出更为科学和高效的识别参与者信用的方式，并设计出更为有效的失信惩罚和信用激励方式，以规范网络交易的参与者。从某种意

---

[1] 王曙光：《市场经济的人格奠基与信任拓展：超越主流经济学分析框架》，载《北京大学学报》（哲学社会科学版），2006年第5期。

义上来说，互联网基础上的金融交易的道德约束力可能比非网络交易更强、更有效。

六、共同体（COMMUNITY）

互联网的最大功能是创建了网络上的各个"共同体"。"共同体"或"社区"是一个英文字 community 的不同翻译，不过"社区"这个译法比较着重于其原始意义[1]，而"共同体"这个译法则着重于其本质含义。从地域上来说，共同体中的成员虽然一般是在一个地域内活动的，但是这种地域上的规定性并不是必然的。比如说，在世界各地生活的华人虽然其居住的地方不同，却有着大致相同的文化传统和行为准则，因此属于同一个比较抽象的共同体；而互联网上建立的共同体也突破了地域的界限，成为一个虚拟的共同体。因此，我认为，共同体的更为本质的特征是具有共同的交往规则、价值体系和文化传统。也就是说，构成共同体的要素是共同的价值观，而不仅仅是地域上的封闭性和清晰界限。

《韦伯斯特大辞典》对"共同体"这一概念有四个方面的界定：第一，共同体是由不同的个体组成的团体；第二，共同体的成员通常具有共同的利益，并享受共同的权力，因此具有共同特征和共同

---

[1] 把 community 翻译为"社区"，据费孝通先生说开始于 20 世纪 30 年代。1933 年燕京大学社会学的毕业班为了纪念派克教授来华讲学要出一本纪念文集，其中派克教授自己写的文章中有"Community is not Society"一句话，原来这两个词都翻译为"社会"，为了准确反映派克教授的原意，费孝通等将 community 翻译为"社区"。社区指在一个地区形成的具体的群体，而社会是指这个群体中人与人相互配合的行为关系。参见费孝通：《乡土中国 生育制度》，北京大学出版社，1998 年版，第 325 页。

抱负的人更容易组成共同体；第三，同处于共同体中的不同个体之间一般具有互动关系，而不是孤立存在的，相应地，共同体中的每一个人都必须遵守共同的规则或法律；第四，共同体中的成员一般都是居住在同一个地方，但是这不是必要条件[1]。第二个和第三个界定具有比较重要的意义：在第二个界定中，共同的利益关系成为构成一个共同体的最基本的动力和根源，而第三个界定中，共同体赖以维持的先决条件是共同遵守和认同一整套价值观念和游戏规则。

虚拟化的社区或共同体的构建是互联网金融兴起和发展的社会结构基础，比如微信平台所形成的各种"群"就成为创业融资的平台，而P2P所建立的虚拟社区是互联网小额贷款的平台。虚拟共同体（社区）的信任关系的形成，决定了互联网金融的效率和风险，就像我们在上一部分中探讨的那样。共同体中的个体活动总是受到共同体其他个体行为和共同体作为一个行为单位的目标的影响，个体需要在学习和模仿中体会什么是共同体内部的"合宜"的行为，什么行为最适宜于个体的生存概率的提高以及共同体作为一个行动单位的效率的提升[2]。随着个体不断调节自己的行为，共同体就形成一种有利于个体和共同体的行为规范网络。共同体内部的成员互相交流信息的过程中，他们会形成一些共同的规范，这些规范经由网络技术外化为提供激励和约束机制的一系列技术，从而为规范网络行为提供了技术基础。虽然网络共同体都是无形的、虚拟的，但这并不意味着这个共同体是没有秩序的、杂乱的、没有伦理约束的。相反，

---

[1] 胡必亮：《关系共同体》，人民出版社，2005年版，第6页。

[2] 王曙光：《村庄信任、关系共同体与农村民间金融演进》，载《中国农村观察》，2007年第4期。

网络共同体的约束机制可能更为有效，违反网络共同体价值观的行为所受到的惩罚，也许比现实世界中的惩罚更为严重。比如在网络借贷中失信的信贷需求者可能永远再也无法获得来自网络成员的信任，他永远难以利用网络来借贷；随着大规模的共享型的征信体系的形成，互联网金融领域的欺骗将变得成本高昂。未来互联网虚拟社区（共同体）将与现实中的（社区）共同体相结合，共同构造一个互联网金融平台，比如北大1898咖啡厅就有可能成为一个巨大的连接线上与线下、连接虚拟与现实的创业投资平台。

七、"云"（CLOUDS）

"云"是互联网时代最基本的象征符号，也是互联网金融的核心哲学。云计算、大数据已经解构了整个世界的运行秩序和方式，同时也在构建新的运行秩序和方式，成为我们发现世界和建构行为的基础。所谓大数据（big data），也被称为巨量资料，指的是所涉及的资料量规模巨大到无法透过目前主流软件工具，在合理时间内达到撷取、管理、处理，并整理成为帮助企业经营决策更积极目的的资讯。大数据的4V特点：Volume（体积）、Velocity（速度）、Variety（品种）、Veracity（真实性）。所谓云计算，根据Wiki定义是一种通过Internet以服务的方式提供动态可伸缩的虚拟化资源的计算模式；而根据美国国家标准与技术研究院（NIST）定义，云计算是一种按使用量付费的模式，这种模式提供可用的、便捷的、按需的网络访问，进入可配置的计算资源共享池（资源包括网络、服务器、存储、应用软件、服务），这些资源能够被快速提供，只需投入很少的管理工作，或与服务供应商进行很少的交互（参见百度百科"云计算"词条）。

云计算的核心特征是其对于大数据的挖掘、便捷而灵活的信息获致，以及由此获得的对于这个复杂世界的洞见[1]。

通过互联网技术进行的云计算和大数据挖掘，可以使我们预测某种流行病的基本趋势；可以使立法者精确知晓行人和车辆的复杂行为规律，从而为交通立法提供准确信息；可以使商家发现客户和消费者的复杂需求和消费习惯，从而开发新的产品和服务；也可以使金融机构获得大量的数据，以精准定位和评估潜在的资金需求者。云计算的产生对传统商业银行和保险公司等金融机构的数据挖掘和客户搜索产生了深刻的影响，使得拥有大数据的电子商务企业、互联网企业、物流企业等可以通过与传统金融机构的大数据交易而产生巨大的金融效益。电商企业和互联网企业在数据和客户方面的比较优势与传统银行业在网点、金融产品开发和客户网络方面的比较优势完全可以互补。同时，云计算的哲学思想也必将极大重塑传统银行业现有的客户管理体系、信用甄别体系、风险管理体系以及后台系统。

八、普惠（INCLUSIVENESS）

互联网金融的核心哲学之一是"普惠"，互联网金融的发展对于构建普惠金融体系是非常有益的。普惠金融这个概念来源于英文"inclusive financial system"，即"普惠金融体系"。"普惠金融体系"

---

[1] 维克托·迈尔－舍恩伯格（Viktor Mayer-Schönberger）、肯尼思·库克耶（Kenneth Cukier）：《大数据时代》，周涛等译，浙江人民出版社，2013年版。

于2005—2006年由联合国和世界银行"扶贫协商小组"（CGAP）正式提出并见诸相关出版物。"普惠金融体系"的基本含义是，金融体系应该具有包容性的特征，应该以有效方式使金融服务惠及每一个人、每一个群体，尤其是那些通过传统金融体系难以获得金融服务的弱势群体。联合国希望通过微型金融的发展，通过传统金融体系的创新与转型，促进这样的金融体系的建立，从而进一步促进全球的反贫困事业。

构建"普惠金融体系"，强调两个方面的意义：一方面是如上所说的，普惠金融强调金融体系要为所有人服务，金融体系应该是包容性的、普遍惠及于人类各阶层群体的，包括在传统上难以获得金融服务的低收入人群和微型企业；另一方面，普惠金融体系意味着要把微型金融整合到整个金融体系当中，使它成为金融体系的不可或缺的组成部分，在法律政策上给予微型金融更广阔的发展空间，使其不再处于边缘化地位。"普惠金融体系"这个概念确立了一种全新的金融理念。这个理念与"包容性增长"是一致的，即要在经济增长和金融发展的过程中，使每一个人都能够得益于这种经济增长与金融发展，而不是被经济增长和金融发展所排斥[1]。

互联网金融使得普惠金融体系的构建具备了新的可能性和新的途径。与传统银行业的高门槛不同，互联网金融的门槛较低，这就使得大量民间资本可以以互联网为载体进入金融业，从事信贷、保险、支付、财富管理等传统上由金融机构垄断的业务，这就在很大程度上增加了金融市场的竞争，加大了金融市场中的资金供给量，

---

[1] 王曙光等：《普惠金融——中国农村金融重建中的机制创新与法律框架》，北京大学出版社，2013年版。

从而提高了中小企业和农户的信贷可及性。很多互联网金融企业（比如P2P模式、众筹模式等），天然就是服务于中小微客户的，这就为这些在传统金融体系中很难获得融资的弱势群体提供了新的融资渠道。同时，互联网金融的参与者很多都是提供短期和小额资金的普通投资者，在P2P模式和众筹模式中，资金提供者都是工薪阶层，他们提供几千元到几万元的小额资金，从而以互联网为依托进入了金融业庞大的供给市场中，大众的参与使得互联网金融更具有普惠性，对于动员社会闲余资金非常有益。

互联网金融从微观、中观和宏观三个层面构建了新型的普惠型金融体系。在微观层面，从客户一方来说，低收入客户、中小微企业和创业者是互联网金融体系资金需求的中心，互联网金融给他们提供了新的低成本的融资渠道。而互联网金融中的资金供给者也是零散的小额资金的持有者，他们通过互联网企业这个中介平台，向微型客户提供零售金融服务和微型金融服务，有些互联网金融服务的末端直接通往穷人和低收入者。在中观层面，互联网金融通过网络建立了系统的基础性的金融设施（如网络支付平台、庞大的征信体系和信用评估体系），使金融服务提供者实现降低交易成本、扩大服务规模和深度、提高技能、促进信息透明的要求。互联网金融未来将催生更多的基于网络的审计机构、信用评级机构、专业行业协会、征信机构、结算支付系统、信息技术、技术咨询服务、培训，等等，这些服务从总体上提升了金融体系的效率。在宏观层面，互联网金融提供了更为方便的融资渠道，能够促进居民收入的提高与宏观经济增长，使得宏观上的金融体系深化程度得以提高，并促进了政府在金融体系开放和深化方面的立法进程。

九、解构（DISCONTRUCTION）

互联网金融的核心思想之一是通过互联网技术对传统金融业的商业模式和运作机制进行重构（RECONSTRUCTION）或者解构（DISCONTRUCTION）。这种重构或者解构虽然没有也不可能改变传统金融业的本质属性，比如互联网金融永远也改变不了信贷产品供求双方的借贷本质，也改变不了保险契约双方的权利义务关系属性，但是互联网金融却可以深刻地改变传统金融业的信息处理模式、客户筛选模式、风险控制模式和信用甄别模式。互联网金融的云计算和大数据的思维模式和营销模式已经极大地颠覆了传统银行业的运行模式，其蓬勃而灵活的运用物联网和大数据技术的创新能力、强大的数据挖掘能力、整合产业链上下游的能力等，都对传统银行业提出了挑战和颠覆。互联网金融对传统银行业的重构和解构使相当多的新兴客户群体游离于传统银行体系之外，以一种更为人性化和个性化的方式参与到银行业务中来，这一方面导致大规模的脱媒现象，另一方面也极大地缩减了传统银行业的版图。但是，这并不意味着传统银行业没有任何比较优势，相反，在互联网金融与传统银行的竞争和合作的历史进程中，传统银行业的核心优势，如严密的线下信用评估体系、紧密的客户关系、物理网点对客户的高度黏合性、对贷款客户资金流向的有效监督等，都是互联网金融难以比拟的。因此，面对互联网金融的大举进犯，银行业要审时度势，发挥比较优势，充分借鉴互联网金融思想中的精华，以互联网来武装自己，克服自己在个性化和定制化服务、客户精准定位、信息搜集和甄别以及在产业链整合方面的劣势，如此就可以在互联网金融时代立于不败之地。

十、创新（INNOVATION）

互联网金融的核心特征是无处不在、无时不有的创新，可以说，在互联网时代，金融创新是全天候的、全方位的创新。这种创新主要体现在互联网金融通过迅速的时空转换，实现金融产品创新、金融业务流程创新和金融机构创新。

在金融产品创新方面，即使是最经典意义上的信贷产品（即资金盈余方向资金稀缺方提供资金所引起的债权债务关系），在互联网时代也以完全不同的方式出现了，P2P借贷中出现的"一对多"（一个贷款人可以把自己的盈余资金分散配置给若干借款人）和"多对一"（多个贷款人以各自零散的盈余资金配置给一个借款人）的借贷方式，比传统的银行信贷模式更容易分散风险，也更易筹集资金。

在金融业务流程创新方面，互联网金融的出现使得传统的单纯依赖线下调查的方式来甄别客户信用的方法被彻底颠覆，电子商务、物联网以及移动支付所提供的大数据极大地降低了传统银行业的信息甄别成本和信息搜集成本，使业务流程更为简易和快捷。

在金融机构的创新方面，由于互联网金融而催生出来的新机构几乎每天都会产生，这些新型机构广泛涉及征信体系、支付体系、数据挖掘体系、物流体系、电子商务体系、移动互联网体系等种类繁多的领域，未来还可能更深入地渗透到更为广义上的服务业。未来互联网金融必将以其创新精神继续重构整个金融体系和经济社会体系，同时其运作的规范性和合法性也将进一步提升。

创意农业与美学经济

■ 马达飞 [1]

1979年诺贝尔经济学奖获得者西奥多·舒尔茨先生在他的获奖致辞中说道:"世界上大多数人仍在继续出卖劳力赚取微薄的收入。他们一半或一半以上的收入都花在食物上,他们的生活十分艰辛,他们想尽一切办法提高产量。但是,大自然安排了数千种物种,随时有可能吞噬他们的劳动成果。太阳、地球、季风、降雨都不会特意眷顾他们。高收入国家的人们似乎已经忘却了阿尔弗雷德·马歇尔的箴言,他说:知识是生产中最强大的引擎,知识使我们有能力与大自然抗争,使大自然满足我们的需要。"

中国是一个拥有近万年农业史的国家,同时中华民族是有着极其丰富的农业生产传统和灿烂农耕文明的民族。然而,伴随着工业文明的冲击和全球一体化的脚步,使得这个历史上早熟的传统农业

---

[1] 马达飞,跨界文化学者。籍贯黑龙江。著有中国美学文化专著《奢雅》一书。毕业于哈尔滨师范大学艺术学院美术教育系、原中央工艺美术学院装饰艺术系及北京大学哲学系美学专业文化艺术管理方向硕士研究生。从事"中国传统文化现代化"研究二十年,新农学派创始人,当代兰文化及当代水墨文化倡导者;现为天朗文商旅集团公司副总裁。

国家迈着稚拙的步伐,去追逐现代农业的踪影。当小农经济遭遇集约化农业,当手工耕作遭遇现代化农业设施,当单一农产品遭遇丰富多彩的进口农产品,昔日农业大国显得如此这般地手足无措,中国农业如何由大变强,现代农业将何去何从?

舒尔茨先生在他的著作《改造传统农业》中又指出:"精通农业是一门可贵而难得的艺术。"把农业提升到了形而上的层面,同时他又指出:农业不仅仅是农学的范畴,更应该放到经济学的层面从系统而宏观的角度去衡量。2008年,全国政协副主席、著名经济学家厉无畏在两会上第一次正式提出"创意农业"这个概念,但当时更多的还是停留在理论层面。党的十八大召开,明确提出大力发展农村和新型城镇化建设。基于此,一群有志于中国未来农业发展的学者、专家和企业家共同发起并成立了新农学派。新农学派尝试转变传统农业单一的生产模式,创构以服务为导向的新兴农业形态——服务型农业。根据马克思主义"生产力决定生产关系"的基本原理,新农学派将探索以美学经济理论、现代经济理论、战略资本理论、消费教育理论为理论基础,以创意经济为理论核心,即以农业、工业、服务业乃至智慧产业为跨界整合实践体系,其理论基础是瞄准世界农业高新技术发展前沿,同时依托中国经典文化,着力构建创意农业新的理论创新体系,为形成城乡经济社会发展一体化新格局提供有力支撑,促进社会主义新农村建设。其理论核心是把附加值文化的出发点和着眼点利用起来,充分调动广大农民的积极性、主动性、创造性,大力培育农产品附加值文化,改善农村生活方式,改善农村生态环境,统筹城乡产业发展,不断发展农村社会生产力,达到农业增产、农民增收、农村繁荣,推动农村经济社会全面发展的目标。因此,我们认为,创意农业是以"通过产业融合与创新,实现人人向往的新田园生活方式"为宗旨,最终为建设国家"以创新机制来实现中华民族伟大复兴"的宏远目标而努力的不朽事业。

所谓美学经济,是以美感体验和文化创新为核心内容、向消费者提供具有深度体验与高品质美感的审美过程、使消费者愉悦为目的以获取收益的新型产业。创意农业美学经济的本质在于:在创意农业美学经济环境里,农产品、农业生产景区某种意义上构成了审美的环境,新型农民将由美产生的深度体验和心情的愉悦作为产品,以特定载体承载并进行销售。创新是创意农业的源头活水。创新是思想,是灵魂,对创意产业起着带动作用。没有了创新,创意产业就成了无源之水、无本之木。创意农业将创意过程标准化、规范化、制度化,是将创意产业更加具体,更加专业,更加富于匠心,并以现代服务业的标准引领生产型农业又好又快地发展。

挖掘中国农业文化可以说是目前最大的文化创意产业,因为中国具有极为丰厚的农耕文明遗产,可以发展成为极具生活体验性和文化亲同性的各类文化产品,我们同时还要参照世界先进经验。目前中国针对创意农业的研究与实践基本可以分为三种形式:

一、都市型创意农业

随着中国社会的发展,城市生活将在两极之间展开,一极是城市生活,享受工业文明带来的快捷与方便,另一极则是在乡村田园中呼吸自然,释放真我。田园生活必将成为周末经济与度假经济的"新常态"。以都市型创意农业为依托的田园文旅产业蕴含着巨大发展机遇,"逆城市化消费"成为日渐上升的新趋势。近年田园文旅发展的特点首先是从单一观光型农业向休闲、教育、体验型农业发展。过去休闲农业多是以农业观光和农家乐为主,功能单一,层次较低。因此田园文旅在发展农业休闲旅游和农家乐的同时,还开发了乡村的民俗文化、农耕文化、生态文化资源,增加了文化休闲、娱乐、演艺、养生、健身和回归自然的内容,从而使田园文旅向高品位、高层次、多功能方向发展。其次是田园文旅从自发发展逐步走向规范化发展。过去,田园文旅很多是自发发展的,没有经过规划论证,经营管理不规范。近年来,各地农业部门和旅游部门都重视规范化管理,制定了农业旅游和民俗旅游的评定标准,有的还对农家乐和休闲农庄制定了星级标准。依据标准定期进行评估,使休闲农业逐步走向规范化和专业化。再次是田园文旅的发展考虑到了新城镇化建设的总体规划,密切结合农村产业结构调整、新村建设与整治,生态环境改善等各项工作开展,使田园文旅发展与新型城镇化建设结合起来。

下面我们来介绍一下都市型创意农业的主要开发模式:

1. 连片开发模式。就是以政府投入为主建设基础设施,带动农民集中连片开发现代休闲度假农业。政府投入主要用于基础设施,通过水、电、气、路、卫生等基础设施的配套和完善,引导农民根据市场需求结合当地优势开发各种农业休闲项目,供城市居民到农业园区参观、休闲与娱乐。该模式依托自然优美的乡野风景、舒适怡人的清新气候、独特的地热温泉、环保生态的绿色空间,结合周围的田园景观和民俗文化,兴建一些休闲、娱乐设施,为游客提供休憩、度假、娱乐、餐饮、健身等综合服务。主要类型包括休闲度假村、休闲度假农庄和农场、乡村酒店等。如北京市蟹岛度假村基本上都在采用该开发模式。

2. 村镇旅游模式。许多地区在建设新农村的新形势下，将休闲农业开发与小城镇建设结合在一起。以古村镇宅院建筑和新农村格局为旅游吸引点，开发休闲旅游。主要类型有整建民居和整建宅院型、民族村寨型、整建镇建筑型、新村风貌型。现已成为城市居民观光、娱乐、度假的休闲农业基地。安徽世界文化遗产宏村、北京门头沟爨柏景区等，就是利用农村古村落资源，修旧如旧，保留原始村落的风貌和农民的淳朴生活习惯，成为海内外乡村旅游的圣地。

3. 休闲农场和农庄开发模式。近年来，随着我国城市化进程的加快和居民生活水平的提高，城市居民已不满足于简单的逛公园休闲方式，而是寻求一些回归自然、返璞归真的生活方式。利用节假日到郊区去体验现代农业的风貌、参与农业劳作和进行垂钓、休闲娱乐等现实需求，使农业休闲度假的社会需求日益上升，使我国众多农业科技园区由单一的生产示范功能，逐渐转变为兼有休闲和度假等多项功能的农业园区。主要类型有田园农业型、园林观光型、农业科技型、务农体验型。如北京"番茄联合国"、上海"多利农庄"等。

4. 民俗风情旅游模式。民俗风情旅游模式即以农村风土人情、民俗文化为旅游吸引物，充分突出农耕文化、乡土文化和民俗文化特色，开发农耕展示、民间技艺、时令民俗、节庆活动、民间歌舞等休闲旅游活动，增加乡村旅游的文化内涵。主要类型有农耕文化型、民俗文化型、乡土文化型、民族文化型，代表作品有云南民族村等。

5. 产业带动模式。休闲农园首先生产特色农业产品，形成自己的品牌。然后通过休闲农业这个平台，吸引城市消费者来休闲娱乐与采购，从而拉动产业的发展。在这类园区，游客除休闲旅游，还能带回农业深加工产品。如国家级龙头企业湖南果秀食品有限公司，产品远销欧洲、美国、日本，其生产基地类似观光工厂，以"景观化工厂、艺术化生产"为宗旨，实现一、二、三产业融合，把都市休闲农业和农业产品加工有机地结合在一起，成为都市型农业新的典范。

二、园区型创意农业

当前我国已进入工业化、信息化、城镇化、市场化、国际化进程加速推进的关键时期，人增地减和农产品需求刚性增长的趋势不可逆转。要保障和增强主要农产品基本供给能力，必须突破农业生产人均资源紧缺、生产规模狭小、组织化程度不高的传统农业经营制度的瓶颈约束，发展现代农业，通过适度规模的产业化经营提高农业资源利用率、土地产出率和劳动生产率。通过发展形成资源集约、成本节约、与农民共享收益的农业产业化集群，是我国现实情况下提升农业综合生产和供给能力、保持农业生产经营主体持续稳定增收、提升区（县）域经济活力的必然选择。

我们可以预测，农业由分散向集约转变，农业由一产种养殖向二产工业化生产延伸，引导传统农产品原材料生产和产地销售模式转向农产品加工和终端市场供应链渗透，是摆脱农业发展依赖财政补贴、保障农产品流通顺畅和价格稳定、农民从市场中真正获利的唯一出路。农业一、二、三产业融合的过程中，农业产业集群化、园区化将成为今后很长一段时期的农业新兴经济发展热点。利用区位优势和资源优势抢占这个经济发展制高点十分关键。

基于以上理念，"永州世界农业工园"应运而生。湖南省永州市148万亩的国家级农业产业化示范园区，继承潇湘古文化，打造永州农业八景，形成"一景一产业，一链一风貌"的绿色生态大农业格局。通过"永州农业看世界，世界农业进永州"的战略方向，以世界高端科技农业品牌的入驻引领农业产业化发展，形成一二三产业融合联动，最终实现具有千亿规模的国家级农业产业化示范园区。

三、品牌型创意农业

目前，创意农业规划的经典品牌案例当属艺薯家品牌系统实施案例。

最近，国家将启动马铃薯主粮化战略。前总理温家宝也曾经说过，把小土豆办成大产业。实质上两届政府均把马铃薯放到了国家食品安全的高度，因为中国的马铃薯种植面积和产量均居世界第一，而在服务型产业链方面缺乏创新。因此以马铃薯食品作为主打的轻餐饮品牌"艺薯家"产业链，从发展之初就确立了三个方面的发展方针：品种专业化、品牌现代化、品质标准化。

第一，品种专业化。从马铃薯的种植基地的选择、田间的管理维护到马铃薯品种的选择，以及对消费者的产品教育，都必须做到科学、专业。因此艺薯家选择了素有"马铃薯之乡"内蒙古乌兰察布盟及北纬41度的黄金种植区，建设"艺薯家"马铃薯种植基地，从绿色安全环境的生产种植源头来保障食品安全。

第二，品牌现代化。中国农业产业化发展进程，已经到了产业链末端的重点建设期了，也就是说"产业市场化"的建设时期。打造"世界主餐，中国味道"的"艺薯家"品牌源于中国传统文化，无论在形象体现上，还是在品牌定位以及品牌的诉求方向与方式上，都在积极与人们的现代化需求进行着紧密结合，让马铃薯在消费体验上更时尚化、年轻化。我们倡导的马铃薯饮食文化，让艺薯家成为了走出大草原的创意农业品牌，通过未来百厨万店计划，将开创中国创意农业的一道亮丽新风景。

第三，品质标准化。农业品牌的建设与发展，最核心的基础就是农业产品的品质基础。而人们常提到的所有"食品安全"，归根结底，最主要源自"农业产品安全"。把小土豆做成大产业是一件大事，解决好土豆的种植、验收、销售和深加工等价值链条中的各个环节的标准化问题，是马铃薯食品生产义不容辞的责任。

我们认为，农业也时尚，农业也优雅，农业也文明。创意与农业的结合，可以增加农产品的附加值，带来农民的增收、农业的增收。农业需要创意，创意让农业拥有了时尚气息，更改变了农业生产结构。创意农业的开发实际是传统农业的延伸拓展，这一延伸并不仅仅局限于农业单一产业层面上，而是需要整合多层次产业链，将一、二、三产业有机融合，从而成为推动农业结构优化升级的有效方式。更为重要的是，创意农业能产生巨大的经济效益，成为农民增收的新途径。随着人们生活水平的不断提高，人们的消费需求也呈多样化，传统的农业产品已经不能满足人们的需求，创意农业用文化元素提升其产业附加值，通过创意满足了人们精神和文化需求，从而提高了消费需求，开拓了新的消费空间。因此也就实现了农产品和产业的增值,让有限的农业资源变成了促进农民增收的无限源泉,让广大农民因创意而扩大了增产增收空间。

21世纪随着信息革命的迅猛到来,农业与互联网的紧密结合,传统的农业边界在不断延伸,亟待呼唤消费者与生产者紧密关联的新农学知识体系,运用创新思维来让大自然满足人类的需要。未来,创意农业将在新农学理论指导下,继续探索创意创新的实践,吸引更多的专业服务机构参与整个创意农业的生态环境之中,让农业更强、农村更美、农民更富。

换一种创新思路,多一些创新方法,摸索一些创新模式,用现代知识体系和国际视野缔造创意农业的美学经济,一起打造社会主义农业的美丽新田园!

发展生物经济，"破解"三农难题

■ 潘爱华 [1]

我在 1995 年的时候提出了生物经济（Bioeconomy）这个概念，逐渐形成了全新的思想体系及创新理论，并于 2003 年 11 月发表了这一理论体系中具有里程碑意义的题为《DNA 双螺旋将把人类带入生物学世纪》的科学论文〔北京大学学报（自然科学版），第 39 卷，第 6 期〕。在该文中，我提出生物经济学是应用生命科学和医学的观点及方法研究经济社会所产生的新的经济理论和新的经济模式。下面，我分三个部分讲述生物经济以及运用生物经济原理指导企业经营和解决三农问题。

---

[1] 潘爱华，男，苗族，湖南通道人，北京大学博士；北京大学教授、未名集团董事长，在世界上首次提出"生物经济（Bioeconomy）"并创立了生物经济理论体系，创造生物经济模式，发展生物经济产业；被誉为具有科学头脑的企业家和具有市场意识的科学家。由于对生物经济开创性的工作和杰出贡献，潘爱华被誉为"生物经济之父"。

一、2020年人类将进入生物经济时代

我在论文中系统阐述了生物经济概念和理论体系，并认为21世纪是生物世纪。主要表现在三个方面：生命科学将成为带头学科，生物产业将成为支柱产业，人类将进入生物经济时代。

——生命科学将成为带头学科。所谓带头学科是指它作为一种工具研究其他学科并为其他学科提供方法和思路。18世纪的带头学科是数学，19世纪的带头学科是物理学，20世纪的带头学科是化学，进入21世纪生命科学将成为带头学科，生命科学将推动现代科学技术的发展。生命科学的发展和突破得益于其他学科在本领域的应用，如以数学、物理和化学的方法研究生物，分别产生生物数学（Biomathematics）、生物物理学（Biophysics）和生物化学（Biochemistry），即使是DNA双螺旋结构的发现也完全得益于物理学和化学。假设生命科学成为带头学科，那么生命科学就应成为一种工具，为其他学科提供方法和思路。如果应用于数学、物理学和化学，将产生数学生物学（Mathematical Biology）、物理生物学（Physical Biology）和化学生物学（Chemical Biology），当然也可将它应用于自然科学的几乎所有领域。生命科学作为带头学科，同样也将为社会科学各学科的研究提供方法和思路。

我对公司提出了"构建生物经济体系，打造生物经济旗舰"的愿景和发展思路。生物经济体系主要包括三个层面：生物经济理论、生物经济模式、生物经济产业。

生物经济理论主要包括十个理论：生物经济学、新资本论、经济基因学、经济生物重组理论、股市医学模型、生命的信息载体学

说、三元论、社会基因学、管理信息不对称理论、国家公司学说等。第二个层面，生物经济模式是在生物经济理论的指导下创造价值的新经济模式，主要包括生物经济社区、生物经济孵化器、健康物联网等。第三个层面，生物经济产业，是在生物经济理论指导下，运用生物经济模式，将大金融、大市场、大产业一体化协同发展所形成的产业。大产业具有三大特征：一是以生物产业为主导和核心，二是将现代科学技术应用于生物产业，三是将第一、第二、第三产业一体化协同发展。未名集团就是在生物经济理论的指导下，运用生物经济模式，发展生物经济产业。

今年，我因对"新医药发展所作出的杰出贡献，以及运用生命科学和医学的方法研究经济问题所创立的生物经济学理论"，荣获了2015年度伯里克利国际奖（Pericles International Prize）。颁奖仪式于2015年8月31日在意大利卡拉布里亚大区（Calabria）卡坦扎罗省（Catanzaro）鲁杰罗市（Torre Di Ruggiero）隆重举行。在颁奖现场宣读的颁奖辞为：潘爱华教授是生物经济学说的首创者，犹如古希腊时代诸多哲学家，以他独特的前瞻性思维，开创性地把生命科学和经济学进行有机整合，创造出以人与自然和谐发展为基础的生物经济学理论，为人类发展提供全新的农业、食品、医疗和环境等相辅相成的、健康的、可持续发展的道路。

——生物产业将成为支柱产业。在生物经济理论指导下所建立起来的生物经济体系将使生物产业成为支柱产业，生物产业主要分为六大领域：生物医药、生物农业、生物环保、生物能源、生物服务和生物制造。

将大产业、大市场、大金融一体化协同发展形成生物经济产业。

生物经济产业有别于生物产业，生物产业是大产业的关键组成部分，而大产业恰恰就是生物经济产业的核心内容。所以这里有一个自上而下的逻辑关系，生物经济产业包括大市场、大金融和大产业；而大产业下面又包含生物产业。

——人类将进入生物经济时代。早在1998年我曾做出三大预言：2008年如果奥运会在中国举行，中国金牌总数将超过美国，跃居第一；2020年中国GDP将超过美国成为第一经济强国；2020年人类将进入生物经济时代。第一个预言已经得到证实。第二个预言按照购买力平价（PPP）核算也初步实现。2012年4月美国总统奥巴马发布了《美国国家生物经济蓝图》、欧盟发布了《生物经济：欧洲可持续发展的创新模式》、德国政府发布了《2030年德国国家生物经济战略研究报告——德国通向生物经济之路》、经合组织发布了《2030年世界生物经济发展纲要》，我们有理由相信"2020年人类将进入生物经济时代"的预言必将成为现实。发展生物经济将为解决人类所面临的人口、健康、粮食、环境、能源、海洋和生物安全等事关人类生存与发展的重大问题提供强有力的保障。

二、一步两个脚印，实现三大梦想

北大未名集团自成立以来，致力于"构建生物经济体系，打造生物经济旗舰"。未名集团将实施"一步两个脚印，实现三大梦想"的企业发展规划。这个"一步"就是生物经济理论，这是未名集团一切工作的理论基础；"两个脚印"就是在生物经济理论指导下的生物经济模式，以及运用生物经济模式发展的生物经济产业，这是我们的两条腿,以此踏实走路,稳健经营,一步一个脚印。三大梦想,即"创立全新理论体系、解决中国人的吃饭问题、解决中国人的吃药问题"是未名集团的企业规划。

创立全新的理论体系,就是创立生物经济理论。另外,未名医药集团通过实施"百千万亿工程",重点发展药物研制、健康管理和健康服务,打造世界最大的医药集团,解决中国人吃药(健康)问题。第三大梦想就是解决中国人吃饭问题——广义的吃饭问题就是解决三农问题,狭义的吃饭问题就是粮食安全问题——这主要是未名农业集团的使命。

我们提出未名集团的发展战略步骤:第一步,创立生物经济理论;第二步,构建生物经济体系;第三步,建立生物经济社区。第一步和第二步已经初步完成,按照这个战略步骤,2014年启动了世界上第一个生物经济社区——合肥半汤生物经济社区的试点工作。

生物经济为解决中国面临的产业结构调整和经济增长方式问题创造了千载难逢的机遇,依托生物经济体系所建立的生物经济社区是中国新型城镇化和健康养老的理想模式和人类未来的理想社区。

三、发展生物经济产业,彻底解决三农问题

未名集团在20多年的发展历程中,始终坚持自己的梦想信念及创新引领发展的思路,在生物经济理论的指导下,探索出了许多行之有效的独特操作模式,有着独特的研发思路,走出了不同寻常的发展道路。我们在生物经济理论的指导下,创立了生物经济孵化器、生物经济社区、健康物联网等生物经济模式。

生物经济孵化器，这是一种具有生命力的重组模式，它可以分为五个步骤：目的资源获得、资源重组、上市、融资和套现。生物经济孵化器对重组的对象提供全方位、个性化和保姆式服务。它有三个特征：有生命、可分裂繁殖和利益均衡；而常规孵化器利用的是数理重组和化学重组的原理对资源进行重组，所以它是无生命、低效的和利益不均衡的。

根据生物经济孵化器模式，未名集团提出要建设三条"高速公路"。生物经济孵化器在生物医药板块运用，成功形成了新药高速公路——新药高效研发体系，为独立自主解决中国人吃药问题贡献力量；在大健康板块运用，形成健康高速公路——未名健康物联网，为人们提供线上健康管理和线下健康服务。那么解决三农问题，同样必须要在观念、体制和技术上创新，不走寻常路，需要建设农业高速公路，独立自主解决中国人吃饭问题。

农业高速公路，就是将生物经济孵化器模式和发展生物经济产业的体系在农业中的应用。现在的农业存在低效率、低质量的问题。建设农业高速公路，需要将与农业相关的生产资料、技术以及资金资源等要素高效配置到农业中来。

生物经济社区是我创建的生物经济模式的一种。根据我创立的"社会基因学"理论，家庭是社会的密码，单位是社会的基因，社区是社会的细胞。所以，社会建设、社会管理和社会服务应该以社区为重点和中心；改革也必须以社区改革为一个基本单元，而不能以孤立的单位作为改革的基本单元，人类的理想社会应该由一个个的社会细胞，也就是社区组成。生物经济社区也可以通俗地称之为"基因部落"，它依托生物经济体系，享受现代文明成果，过着原始部落生活。"基因"就代表现代科技成果，包括互联网和身体健康等，原始部落生活指的是有乡愁的美丽乡村。具体到产业，生物经济社区分为三个版本：用于解决三农问题，发展农业生产、农村新型城镇化、农民和谐共生的称为"未名公社"；用于发展旅游产业的称为"旅游部落"，比如合肥半汤部落；用于发展养老产业的养老社区称为"颐养部落"。生物经济社区，是中国新型城镇化的理想模式和人类未来的理想社区，它有助于实现百姓富、生态美的目标。

中国要强，农业必须强；中国要富，农民必须富；中国要美，农村必须美。解决不了三农问题就没有中国梦。要解决三农问题，我们就要转变观念，农业不只是粮食，不能把城和乡完全割裂开来。发展三农的第一个步骤是农业工业化、农村城镇化、农民工人化；我提出的逆三化是第二步，就是工业农业化、城镇农村化、工人农民化；最终第三步就是一体化，农业工业一体化、农村城镇一体化、农民工人一体化。

我认为，发展生物经济产业是彻底解决三农问题的核心，也是解决中国农业问题的唯一途径。未名集团通过实施"百千万亿"工程，大力发展生物经济产业，打造世界最大农业集团。通过发展育种新技术解决粮食安全问题，通过发展生物经济产业解决农业问题，通过建立生物经济社区解决农民和农村问题。

首先，通过发展育种新技术解决粮食安全问题。我们必须将技术掌握在自己手中。举个例子，未名集团培育的利民33号玉米品种由国家农业部组织的专家测产组对其进行实地测产，亩产超过吨粮。这就意味着如果在全国20%的玉米耕地面积上种植利民33号品种，就可实现年增产1000亿斤粮食的国家粮食安全计划。我们还研发成功了新一代杂交育种体系，该体系充分利用了作物不育基因进行杂交种植的新技术，是杂交水稻三系及两系育种后的又一次飞跃，将实现中国作物育种的第三次绿色革命。

其次，通过发展生物经济产业解决农业问题。这也是彻底解决农业问题的唯一途径。我们的经营计划分三步走：第一步，通过发展大种业，每亩赚30元；第二步，通过发展大农业，每亩赚300元；第三步，通过发展大产业，每亩赚3000元。基本上五年一个周期，但之间的界限不会太过明显，在2030年前实现大产业的目标。将现代科学技术应用于生物产业，使第一、二、三产业一体化发展，从而形成新产业。

再次，未名集团将依托生物经济体系，尝试建设生物经济社区——未名公社，为社员提供三大保障：生活保障（按需分配）、医疗保障（高水平健康服务）、教育保障（高质量基础教育）。生物经济社区也是共产主义社会的初级阶段，生物经济理论也为共产主义的实现提供强有力的理论支撑；所以，发展生物经济是实现共产主义的必由之路。

我们已经开始转向重点做农业，而且一定要把农业做上去，有助于我们为实现"解决中国人吃饭问题"这一梦想贡献力量。

解决中国人吃饭问题，首先是为粮食安全作贡献。粮食安全，我认为包括三个方面：一是解决温饱问题，吃饱饭；二是食品安全，利用粮食制作的食品也是有保障的；三是粮食生产过程中的安全，即生态安全，这也是从生长粮食的土地、水、肥料等综合因素考虑。狭义的粮食安全至少包含两个概念，一个概念是量，一个概念是质。量就是有饭吃，质就是要吃得好，当然不能吃出太多毛病。

目前，中国在粮食与食品安全方面有一些不足之处。第一，观念需要改变。对农业和粮食的观念很陈旧。第二，体制落后。第三，科技缺乏创新。为了解决这三个问题，我们必须实施农业高速公路，将大产业、大市场和大金融结合，在大农业领域中发展生物经济产业。

这里强调一下，所谓观念转变，就是发展颠覆式农业。传统的农业，以保障粮食供应为主，是不可能赚钱的，附加值也低。但是我们确确实实是有办法在农业上赚钱的。比如我们现在发展的生物经济产业解决农业问题，就是因为它能赚钱。举例来说，这一粒玉米，种下去以后，每一个成分都变成产品和商品。这里面可以分三个层次，这个玉米可以变成十到二十种产品，淀粉、氨基酸、乙醇等。以前我们只讲这个，但是现在多出来秸秆。用我们现在最先进技术做的，一吨秸秆可以纯盈利3000元钱，一亩地大概可产出一吨玉米和0.67吨秸秆，和玉米是一样的。所以我们经常开玩笑说我们不是种玉米，而是种秸秆。

大家可能很难想象秸秆会有超过玉米三倍的价值。秸秆里面主要有三种成分：纤维素、半纤维素和木质素。现在的加工都比较低效，所以成本很高。像木质素存在技术壁垒，很难实现。而依靠科技革命，这些都可以加工提取。此外，秸秆里面的液体部分，也可以利用。以利民33号玉米为例，它的液体含糖量大概是10%。将这10%变成糖又是价值。有的地方因为焚烧秸秆还会被罚款，这是很不划算的。所以，发展生物产业能够使产品的价值最大化。

以生物量最大的黑龙江省为例，仅一省就有1.1亿亩玉米，按照计算它大概有5000万吨的秸秆，就可以生产2000万吨的琥珀酸。一吨琥珀酸1.6万元，仅这一项就可以让黑龙江增长不少GDP。不只是秸秆，还有水稻、小麦、很多枯枝烂叶。剩下的问题就是市场能不能消化。完全没问题，因为纤维素乙醇是多少都能消化了的。但是现在生产纤维素乙醇的技术水平，只要油价跌到80美元以下，就不能赚钱，必须停产。而我们的技术，只要不低于30美元，就不用停产。所以必须要依靠技术革命实现观念改变。

建设并实施农业高速公路，我们也制定了三步走战略。第一步，需要顶层设计，从观念、体制和技术创新上进行总体规划；第二步，建立农业高速公路运转平台——未名生物农业集团公司；第三步，进行实际运转。这一步骤可以分为三个"五年规划"，具体以种植利民33号玉米良种来说，2015—2020年，种植1000万亩，达到年收入100亿元，利润15亿元以上；2020—2025年，种植3000万亩，达到年收入300亿元，利润45亿元以上；2025—2030年，种植5000万亩，达到年收入1000亿元，利润300亿元以上。

未来公司会按照"一步两个脚印，实现三大梦想"的企业规划，努力实现创立一个理论体系、培育一个龙头企业、引发一场产业革命的目标，把未名集团打造成生物经济时代的旗舰，为探寻世界经济发展创新之路、中华民族伟大复兴之路、人类和平持续发展之路贡献力量！

总之，生物经济是解决三农问题的根本出路，是中华民族和平崛起的必由之路。生物经济将助"中国梦"梦想成真。

中国平面设计产业竞争力提升路径探析

■ 祝帅　石晨旭[1]

"平面设计产业"是一个复合的概念，涉及参与平面设计活动的各个环节和各个主体，平面设计产业竞争力即产生于设计产业活动中相互博弈的各个主体之间。中国平面设计产业的发展，急需吸收借鉴外国平面设计产业发展相关经验，但作为后发展国家，中国平面设计产业还必须密切结合中国市场特点进行本土化探索与理论创新，才能服务于更加广袤的中国城乡大地。在研究方法方面，平面设计产业研究属于描述、解释与预测性研究的结合，应借鉴自然科学、社会科学的研究思路，将定量的、实证的研究方法引入传统的平面设计研究。同时，要从经济学理论与方法角度对中国平面设计产业进行全面的梳理，尤其是对于平面设计艺术的营销调研、产业结构、投资融资、消费心理等研究角度的关注，能够在一定程度上开辟中国平面设计的产业经济学研究视角，以利于今后在产业经济学现有研究成果的基础上，结合中国市场特点考虑建立平面设计产

---

[1] 石晨旭，北京大学新闻与传播学院博士研究生；祝帅，北京大学新闻与传播学院副教授，主要从事二十世纪中国书法、美术、设计史研究。

业竞争力评价指标体系的若干问题。当然,这些问题并非一蹴而就的,在研究工作中也应该从基础建设开始积累,扎实推进。在本文中,我们将就中国平面设计产业发展与提升的路径进行框架性的探析,以俟今后的研究者从不同角度深入推进。

一、我国平面设计产业的市场机遇与挑战

改革开放近四十年来,市场经济逐渐活跃、发展起来,中国的平面设计产业外部环境有了巨大的变化。作为社会主义市场经济的一部分,中国平面设计产业从一个隐藏的服务业逐渐发展,形成了产业的性质。进入小康社会之后,市场对文化消费的需求逐渐增强。平面设计产业将在当前经济发展过程中不断获得新的市场机遇。同时,作为一个后发展的新兴市场,中国平面设计产业也将在改革开放的过程中需要通过快速地升级、变革,来迎接其中的挑战。

从机遇方面来说,第一,在宏观层面,中国大的市场环境近年来有很大的改善。2009年,《文化产业振兴规划》标志着文化产业已经上升为国家的战略性产业。以上这些政策的出台表明,文化强国建设的背景中,文化创意产业的发展受到各级政府的空前重视,平面设计产业的发展拥有非常优势的政策导向。中国作为一个人口众多、消费潜力巨大的"新兴市场",已经成为国际设计界竞相逐利的热点。第二,"平面设计"的内涵将随着时代的传播需求不断拓展,从印刷主导到依存于新媒体互动平台,平面设计不断派生出新兴的门类。所谓的"平面设计终结论"指的是传统上被称为"视觉传达"的旧式平面设计,而新式平面设计应该转型到视觉、听觉等综合感

官传达的新平台。第三，在各种设计门类中，中国平面设计体现出了突出的创造性，成为中国各个设计领域中最先达到国际水准的门类之一，近年来屡获国际奖项，受到全世界的瞩目。中国平面设计在创意生产力方面已经达到国际先进水准。第四，中国平面设计教育在21世纪以来的蓬勃开展，积累了大量具备专业水准和学术眼光的未来设计人才。以人口基数论，在未来中国平面设计的从业者规模相当可观。

当然，在中国这样一个经济发展呈现出二元结构特征的新兴市场发展平面设计产业也仍然有许多的挑战。通过对欧美与日韩平面设计产业的对比研究，我们已经指出中国平面设计产业的主要问题在于：首先，与发达国家相比，中国平面设计产业缺乏自觉的发展规划，有"行业"而无"产业"，有"自发"而无"自觉"，这在极大程度上制约了产业的规模。"二元结构"下发展平面设计产业，既要重视区域发展差异又要有国家层面需广泛重视，尤其是政策引导和教育，唯有国家的力量才能将落后的平面设计产业提升到中国巨大经济体所需要的水平。其次，平面设计产业链没有形成，只有业内学术层面的交流沟通，而没有产业层面的制度联合。此外，传媒制度的改革将利于平面设计产业的发展，但目前相关政策制定和管理部门尚缺乏在两者之间建立有效的连接。再次，与少数取得国际水准、国际眼光的优秀设计师相比，全国平面设计师群体中也夹杂着大量缺乏专业水准与职业道德的害群之马，抄袭、山寨成风，庸俗创意大有市场，"零代理""免设计费"等现象破坏行业规则，伤害了平面设计师的利益。只顾眼前利益、缺乏精品意识的现象大量存在。最后，平面设计产业需要国家相关部门的统筹、管理，但目前我国的平面设计产业或者说设计产业仍然没有明确的行业主管部门。同时,成熟的全国行业组织也仍然处于缺失的状态。

除了上述中国平面设计的行业特殊性问题,平面设计行业作为一个整体,在新媒体的冲击下,在国际范围内也面临着下滑的趋势。平面设计正在从当年的"朝阳产业"逐渐变为今天的"夕阳产业"。本文无意为平面设计的寿数"算命",只是提醒我们注意到中国平面设计产业现阶段正处于一个机遇与挑战并存的时代,尚具备发展壮大的可能性。在这一时期,平面设计的产业化将成为整合与提升平面设计产业竞争力的关键。将平面设计作为一个产业来研究并且提出发展对策,将有助于改善平面设计行业松散、弱小的现状,有助于发现产业发展的驱动力,抓住机遇解决问题赢得飞跃。

二、欧美经验与日韩经验对中国平面设计产业的启发

根据波特的钻石模型,"产业竞争力是由生产要素,国内市场需求,相关与支持性产业,企业战略、企业结构和同业竞争等四个主要因素,以及政府行为、机遇等两个辅助因素共同作用而形成的"。[1]第一,在生产要素层面,欧美、日韩国家都能够将本民族丰富的文化资源、设计素材应用到平面设计产业的发展中。尤其作为先发展的欧美文化国家已经成功占据这一行业语言的先机。而后发展的日韩包括中国,都将在学习以欧美设计风格为主的国际化设计潮流中逐渐走出自己的路线。第二,根据新古典主义经济学研究,市场机

---

[1] 迈克尔·波特:《国家竞争优势》,李明轩、邱如美译,中信出版社,2007年版,第21—43页。

制能够优化资源配置。欧美的市场经济发展及其对平面设计专业服务的需求为其现代平面设计产业的发展提供了坚实的市场基础。因此我们可以看到，随着我国改革开放的不断进展，市场经济发展的程度越高，市场竞争越充分，国内市场对平面设计专业服务的需求就会越强烈。我国的企业要在市场竞争中获得优势地位，就必须像以欧美企业为主的世界五百强一样重视平面设计的应用。欧美的产业发展历史给我们平面设计产业发展的前景带来信心。第三，欧美相对成熟的版权保护和整个社会的版权意识，使相关产业给予平面设计这项工作的价值以充分的认可。因此平面设计产业充分发挥了辅助其他行业营销传播的作用。第四，根据本文对微观层面企业层面的研究，以平面设计服务为主的企业需要明晰发展路线，找到自己的核心竞争力，在"做大做强"和"术业有专攻"两条道路上进行选择，避免"高度弱小，高度分散"。优秀设计企业和设计师品牌的打造有利于带动整个行业的发展。此外，美国同业尽管各自处于不同的市场区域，但仍然形成了全国统一的、活跃的行业联盟组织。第五，政府行为方面，对于欧美市场经济发达的地区来说，政府以创造宽容开放的环境和提供公共服务支持为主，对产业的引导和支持作用并不是特别直接、突出。但是以英国为代表的政府支持文化创意产业发展的这种政策环境的确促进了平面设计产业的发展。钻石模型的最后一个因素是"机遇"。显然欧美、日韩的平面设计产业都是在其经济起飞的时候同时繁荣起来的。因而中国改革开放三十多年的经济飞跃也需要同样蓬勃发展的平面设计产业。尤其是当前我们又有全球化的机遇。因而当前迫切需要的是提升中国平面设计产业竞争力，以争取对外出口，获得国际市场，避免成为全球化时代发达国家平面设计产业的"殖民地"。这对中国平面设计产业来说既是挑战也是机遇。

而日本、韩国产业发展的经验对我国平面设计产业竞争力的提升带来的思考则与欧美经验不同。这两类先发展和后发展国家在产业发展方面的经验拥有共同的因素如需求旺盛的市场、良好的教育系统等,但是在许多方面因为社会发展的程度、方式不同,其平面设计产业发展经验也仍有较大的区别。发展经济学从"结构—制度—要素"等层面入手,指出发展中国家目前面对的主要问题仍然是结构的不均衡和结构的调整转换,在这个过程中,各个行为主体尤其是政府的行为方式,对于经济发展的作用非常重要。20世纪后期起,战后的日本和60年代的韩国经济都快速起飞。与中国相比,日本、韩国的国家面积小、经济结构相对比较简单,有利于他们迅速地调整恢复经济,建立良好的经济产业结构。这是日韩平面设计产业发展的重要机遇。印刷、广告等上下游产业的发展为平面设计产业的发展打下了良好的根基。而中国社会发展阶段和中国特色社会主义市场经济的环境具有特殊性。改革开放后中国的市场呈现城乡二元结构发展,同时国家面积大、经济发展程度不同、结构复杂,因而中国平面设计产业的发展相对混乱和缓慢。

但是日韩在针对自身经济结构特点制定相应发展策略方面,为中国平面设计产业带来启示。根据新经济学的研究成果,制度在经济运行当中起着非常重要的支撑作用。新经济学的奠基者道格拉斯·诺斯认为,"制度变迁决定了人类历史中的社会演化方式,因而是理解历史变迁的关键"。制度(institutions)基本上由三个部分构成:"正式的规则、非正式的约束(行为规范、惯例和自我限定的行事准则）以及它们的实施特征（enforcement characteristics）。"[1] 在制度性要素的促进作用方面，日韩与欧美有着截然不同的经验。日韩可以说走了计划和市场相结合的一条道路，通过其政府政策、法律法规、行业管理等制度性要素的发力，对后发展的平面设计产业进行了充分的支持。日本和韩国政府不仅在国家策略上十分重视文化产业，并且明确通过国家政策和法律法规支持设计产业的发展，如《设计产业振兴法案》等。这些国家策略同样影响到整个社会对平面设计产业的重视与认可。相关政府部门也通过政府直接管理或者成立特别项目组的形式来对行业发展计划的实施予以保证。在行业管理方面，日本和韩国同业组织能够建立良好的同业竞争和合作平台。平面设计产业内部既有依靠企业的依附性发展模式，也有独立工作室自由竞争发展模式。此外日韩重视教育质量、抓住国际会展等机遇、打造知名设计品牌和设计师品牌这些因素也成为设计产业的重要驱动力。

日本和韩国同样属于经济史上东亚奇迹的一部分。根据相关研究，东亚奇迹范围内的国家具有一定的共同特性，比如都是"二战"之后才发展起来的现代经济体，同时政府在经济起飞的过程中所起到的重要的调控作用，在资金、技术、管理、体制方面都具有一定的后发优势。[2] 所以相对于欧美经验而言，同属于后发展经济的中国可以适当借鉴日韩经验。我国经济呈现出一种新兴市场的特征，全球化的科技支持、文化交流促进了我国经济的快速发展，在短时间

---

[1] 道格拉斯·诺斯、韦森：《制度、制度变迁与经济绩效》，杭行译，上海人民出版社，2008年版，第6页。

[2] 刘伟、蔡志洲：《东亚模式与中国长期经济增长》，载《求是学刊》，2004年第6期。

内获得了发达国家经过几十年所积累的经济成果。与此同时我们的许多文化产业并没有取得对应的成就,这种现状就不能仅仅依靠市场机制来进行调节。政府在这一时期的引导和支持具有重要的意义。

三、当前中国社会环境下平面设计产业发展路径探讨

首先,发展我国平面设计产业是社会主义市场经济的需求。恩格斯认为,人的需求有三个层次:生存需求、享受需求、发展需求。马斯洛认为,人的需求由低到高分为生理需求、安全需求、社会需求、尊重需求和自我实现需求五个层次。因此人的需求是随收入水平的提高而逐层递进上升的。"恩格尔定律"所反映的也是这一规律,当人们的收入水平提高,人们在食物等方面的消费比重就会下降,消费结构会发生变化,转向耐用品消费和旅游、娱乐、传媒等服务性行业的发展。目前中国经济总量居世界第二,人均 GDP 为六千多美元。这样的经济体对于文化消费的需求将会是非常庞大的。而相关研究表明,在今后相当长时间内,我国文化市场一直呈现一种"战略性短缺"。[1] 平面设计产业作为文化产业大范畴下的一部分,且是并未完全发挥市场潜力的行业,仍有非常巨大的市场空间。其次,随着市场经济的发展和人们生活水平的提高,人们对平面设计产业的需求将呈现出多样化的特点。我国市场城乡二元结构特征明显,经济发展水平东西不平衡,内陆地区与沿海地区也不平衡。这些不同发展程度的市场对平面设计产业有不同的市场需求。目前市

---

[1] 肖弘弈:《中国传媒产业结构升级研究》,中国传媒大学出版社,2010 年版。

场的消费者群体也呈现出"碎片化"的特征，这就为平面设计产业提出了多样化的服务要求。再次，在东部沿海等经济发达地区，对平面设计产业的需求向高阶段演进。全球化竞争的时代，我国市场需要更加专业、高品质、个性化的平面设计服务。因此，提升平面设计产业竞争力是市场经济的需求。当前中国经济、社会环境下的平面设计产业急需整合成为一个完整的产业，从产业的角度去研究发展路径。结合市场需求，本文接下来将从制度、技术、人力资源、资本四个方面探寻中国平面设计产业竞争力提升的路径。

第一，制度性要素是当前中国平面设计产业竞争力提升的一个突破点。中国要发展平面设计产业，必须要做到官产学三方的结合。在这个系统中，中国政府政策、法律法规、行业规则所起的作用非常巨大。在改革开放、社会主义市场经济初期，政府出台强有力的政策是平面设计产业发展所必需的保障。在这里并非说市场机制对平面设计产业发展的刺激力度不够。事实上，市场经济为平面设计产业提供了非常巨大的空间，现代市场中的任何行业都需要平面设计产业的服务和支持，只是这些行业不一定能对平面设计产业的重要作用有充分的认知。平面设计产业的发展也在不断进行，只是在经济、社会具有特殊性的大背景下，平面设计产业需要跟随我国经济超速发展的脚步，发挥后发优势，在这种情况下良好的制度支持就是非常迫切和必要的。

平面设计产业要发展，首先需要的是确定平面设计产业的主管部门。主管部门要摆脱管理思维，并非要事无巨细地进行行业管理，而是重在提供公共服务。其主要功能在于统计行业数据、引导行业发展、培养良好的社会环境。主管部门可以是在文化产业旗下成立的项目组，负责牵头通过多种形式从国家、政府层面认可平面设计的价值，由此引导社会公众对平面设计价值进行充分的认识，塑造成熟的社会环境。作为文化创意产品，平面设计的附加值高于产值。中国市场需要建立新的共识，以对标志设计、海报设计等平面设计工作背后的知识价值和投入进行合理的定价。此外，管理部门的重要工作之一是统计行业数据，为行业分析提供材料，为行业发展提供参考。行业统计数据是平面设计产业主体性形成、成为市场经济组成部分的需要。其次，法律法规方面要对平面设计产业给予充分的保护。平面设计产业属于版权产业，专利保护法的保护对象之一。平面设计产业的产品具有快速、无形、多样化的特征，因而在相关审查批准方面还需要提高速度以适应市场经济的快速成长。再次，行业规则要具有一定的灵活性。平面设计产业具有隐藏性、分散性，还没有形成产业规模。因此广泛的、有效的行业协会如中国平面设计协会等是非常必要的平台。通过行业协会打造的行业公共空间，促进全行业各企业、设计师的交流，促进新技术的扩散和应用，同时加强国际交流与合作。

　　第二，技术将是平面设计产业竞争力提升的一个关键要素。熊彼特认为，技术创新就是"建立一种新的生产函数"，也就是把一种从来没有过的生产要素和生产条件的新组合引入生产体系中去。具体表现包括：引进新产品，采用新技术或者新的生产方法，开辟新的市场，控制原材料的新供应来源，引入新的生产组织形式。[1] 相关实证研究表明，在改革开放以来的三十年中，我国经济增长中技

---

[1] 熊彼特：《经济发展理论》，孔伟艳、朱攀峰、娄季芳译，北京出版社，2008年版。

术进步的重要力量逐步显现出来。虽然产业结构变迁对中国经济增长的贡献一度十分显著，但是随着市场化程度的提高，产业结构变迁对经济增长的贡献呈现不断降低的趋势，逐渐让位于技术进步，即产业结构变迁所体现的市场化的力量将逐步让位于技术进步的力量。[1] 21世纪中国传媒环境发生了非常巨大的变化，以互联网为代表的新媒体技术改变了传统传媒环境。以电视、报纸、杂志、广播为代表的传统媒体开始与以互联网为代表的新媒体进行融合。人们的阅读习惯也从纸媒转移到电子媒体。报纸、杂志纷纷推出电子版客户端。户外媒体也不再是简单的招牌，也变成了电子展示牌。传统媒体在上个世纪后期的兴盛为平面设计带来巨大的市场需求，很好地启发了平面设计产业的萌芽。在新媒体兴起的当下，平面设计产业需要及时采用新的技术形式进行创作和生产，并且调整生产组织形式。但是在这样的媒体环境下，平面设计的内涵也将发生改变，不再仅仅是原来的"纸上谈兵"，而将加入各种电子、信息技术，在软件、硬件的支持下成为多媒体展示的一部分。因而接下来中国平面设计产业要做的是在原有平面设计的概念中增加更加丰富的内涵。

另外，平面设计产业应该建立自己的技术考核体系。赖特认为，技术在社会地位变量中，是一个单独的变量。技术变量对社会地位变化的影响既与制度有关系，也与历史机遇有关系。比如，医生在欧美的地位很高，收入比教授高很多，其实医生的技术含量与教授是相似的。有人研究证明，医生是最先建立专业协会的，建立协会

---

[1] 刘伟、张辉：《中国经济增长中的产业结构变迁和技术进步》，载《经济研究》，2008年第11期。

之后就有了证书制度,实现了技术垄断,别人再进来要经过协会的批准,于是地位就变高了。而教授的分级比医生晚得多。所以,技术本身是重要的,但机遇也很重要。[1]因此目前众多设计比赛,也不能比而不赛,应该逐渐建立权威评价体系,将平面设计专业技术化,尝试专业资格认证。技术应该成为衡量平面设计从业者的重要标准。平面设计行业应该形成一个资格认证系统对设计师的专业水平进行考核,做出相应等级的判断。这个技术考核系统将有助于平面设计师明晰职业前景,有利于平面设计产业人才的培养和深造。平面设计的定价体系也将考虑平面设计师的技术水平因素。在设计软件发达、全民设计的时代,根据技术资格定价将有利于平面设计产业形成良好的行业定价体系,也有利于平面设计师社会地位的提升。

第三,人力资源是产业发展的重要驱动力。根据我国平面设计专业的教育现状,当前我们最应该做的是改变教育思路,搭建平面设计专业人才教育的科学体系。一方面,教育与研究同时发展,实务与理论教育并行。教育与研究是高等教育机构的两项重要职能。对于平面设计产业来说,教育本身所提供的人才资源十分重要,是这个行业发展的基础。但同时产业发展需要加强对平面设计的研究工作。通过对各个数据库的文献检索可以发现,目前关于平面设计产业研究的成果少之又少。客观严谨的调查研究,可以帮助行业发展,起到启发、批评、建设等非常巨大的助力作用。研究与行业应该进行良好的互动。学者不是学术衙门、纸上谈兵的军师,当时也不是学者型商人,因而不能把自己禁锢在小小的学术圈子里面。以

---

[1] 李强:《中国非正规经济·上》,载《开放时代》,2011年第1期。

设计史研究见长的西方学者及其"Graphic Design History"等国外有关研究也确认，是实务界和学术界的实践共同构成了平面设计的历史。[1] 所以，这两个方面是缺一不可的，研究与实务双方都不能各执一端。

另一方面，高等教育与社会培训相结合。以本科教育为代表的高等教育是平面设计教育的重要组成部分。本科教育需要更加重视人文素养的根基，应该更多地意识到平面设计师需要的不只是专业的技巧方面的教育。出色的平面设计师需要一个完整的知识体系，包括平面设计专业技术教育、平面设计产业管理教育、法律等社会通识教育、人文知识的积累，与广博的见识，等等。相对完整多样化的知识背景将为平面设计师增加创意的源泉，才能做出符合具体需要的、恰当的、优质的设计。同时设计师的职业发展也更加广泛，可以进行相关的管理工作。至于研究生阶段的教育需要提升量化研究的教育。平面设计方向的研究将来还要更多地进行实证研究，多做调研，用更加客观的标准来衡量平面设计。在此要强调的是法律法规的通识教育。平面设计属于文化创意产业，也属于版权产业的一部分，所以必须对知识产权等相关的法律法规有一定的了解，否则可能产生侵权、维权方面的漏洞。现在已经不是那个刚刚启蒙的时代，许多行业问题将会一一得到解决。而这种进步就是依赖设计师，乃至全民的学习进步。在高等教育体系之外，行业协会等组织还需要建设社会培训体系，给已经就职的设计师一个提升的空间和环境，帮助他们获取新的传媒技术，提高设计能力和专业水准。

---

[1] Teal Triggs, "Graphic Design History：Past, Present, and Future", *Design Issues*, Winter 2011, Vol. 27, Issue 1, pp.3–6.

第四,资本要素对平面设计产业的推动作用着眼于未来。随着我国市场经济程度不断提高,资本要素对各个产业发挥的作用将越来越大、空间也将越来越大。根据广告行业等相关行业对资本的应用和研究,资本这一要素将在平面设计的产业化过程中逐步发力。资本在促进平面设计企业发展壮大和集团化方面可能会起到有力的推动作用。如WPP集团近些年来一系列的收购、扩张活动。[1] 在这样的背景下,我们要在边际效益最大化的基础上,加强对资本的吸收和利用,来扩大平面设计企业的规模。此外,在资本的驱使下,具有一定规模的设计公司也并非没有尝试集团化发展以及上市的可能。

结　语

综上所述,平面设计行业在新媒体冲击之下的危机是全球性的,但平面设计自身也的确在不断拓展,不同国家、不同产业发展阶段的平面设计也还存在着不同的可能。对于理论界来说,当务之急不是停留在"平面设计是否终结"一类的概念辩论上,而是引入经济学的视角与方法,踏实地进行基础理论研究和应用学科建设,推动贴近行业本体、产业发展的实务性研究。这是因为,目前我国的平面设计产业的发展处于机遇与挑战并存的环境中,其产业竞争力的提升,迫切需要一个完整、互动的发展体系。而在当前要建立这样一个发展体系,应从上述诸多方面努力,完成制度改革、技术更新、人力资源建设、投资融资探索等方面的整体革命,从而全方位地提

---

[1] 陈刚、孙美玲:《结构、制度、要素——对中国广告产业的发展的解析》,载《广告研究》,2011年第4期。

升中国平面设计产业的品牌和核心竞争力。

（本文是文化部艺术科学研究项目"中外平面设计产业竞争力比较研究"，立项号11DH25；山东省艺术科学重点课题"中外设计艺术产业竞争力比较研究"，立项号2013375的成果。原载《设计的大地》，许平、陈冬亮主编，北京大学出版社，2014年；《设计艺术》，2014年1月。）

三

影视艺术产业

游戏改编电影：想象与世界的重构

■ 张颐武 [1]

一

游戏改编电影是一个最典型的21世纪的现象。这个现象从20世纪末开始，直到今天似乎仍然方兴未艾，持续地影响着全球电影的格局。当我们看《古墓丽影》或《生化危机》这样的电影，对于游戏迷来说是一种完全不同的体验，对于未接触过游戏的观众来说就是一部普通的电影。于是经过游戏改编的电影会受到不同角度的关注。电影与游戏的关联在今天方兴未艾，互联网和移动互联网深刻地改变我们生活的时代，是值得格外关切的，它既改变电影也改变游戏。在这两个相似但不同的讲故事的体验之间，在同样的影像和声音但不同的形态之间，都存在着复杂的界限和跨越界限的尝试，谁都意识到两者有相似性，但两者又是如此地不同。这个现象值得关注和探讨之处一是在于游戏与电影的异同，电影和游戏究竟有哪

---

[1] 张颐武，北京大学中文系教授，北京大学文化资源研究中心主任。

些相似和差异，它们的想象力是如何呈现的。二是电影和游戏之间相互作用的意义究竟何在？改编本身具有何种价值。这些问题似乎对于正方兴未艾的中国的电影和游戏来说都具有重要的意义。

二

电影当然是现代科技和工业化的最直接的成果之一。它在20世纪初的出现是个奇迹。它对于人们生活的改变是如此的巨大，让人们从影像和声音所展现的故事中沉醉，在一个光影的世界里重新想象自己的生活。它最好地在文化上显示了工业化的力量。在幽暗的电影院中，人们在故事中所看到的世界既指向我们所生活的真实世界，也指向一个虚构的幻想世界。电影是人类虚构的叙事在20世纪的最好的呈现，它所呈现的是他人的故事，这些故事由于我们的观看而具有了高度的价值，让我们为剧中的故事和人所牵动。电影的文化是一种观看的文化，我们通过银幕来理解故事，让我们在他人的故事中获得某种生活的意义和价值。我们在这里是一个被动的观看者。故事从开头到结束的全过程都不能由我们主导，我们的感受当然千差万别，但故事本身难以变化。虽然会有各种复杂的叙事效果，但无论如何开放，我们的被动性难以改变。这似乎是现代性工业社会的生活模式的一种展现。

游戏（这里的"游戏"二字毋庸置疑地指向电子游戏，相信已经不会有任何歧义）则是20世纪后期的信息时代的最重要的成果。它可以说是在21世纪初期的最好的表征。它和电影虽然都追求视觉的满足，但其根本的立足点却有所改变；游戏是一种具有高度参与性的视听呈现，虽然和电影有相似的视听表现，但我们的参与却让游戏改变自己的叙事路径，过关或失败是由于我们自己的行为来构成的。这里的一切是交互、互动的结果。我们自己介入了故事本身，让故事在每一个关口都可能被改变，故事的继续完全取决于我们的选择或能力。无论通关、格斗、玄幻的历史传奇等游戏类型，我们都在其中有某种主动的选择，我们按下某些键，做出某些选择等等都会让过程本身发生不可逆的变化。这些变化最后决定了故事的结局。在这样的故事里，我们永远通过自己的手成为了想象中的故事的一个主角，我们不是静观而是参与，不是被动而是主动。这种主动性正是游戏所产生的内在的动力。这似乎正是某种后工业的结果，也指向了某种后现代的新的生活形式。

电影／游戏之间看起来都是由视觉主导的叙述，但其内在的动力不同。静观／参与和被动／主动之间的差异这里我们可以看到所谓的"虚拟性"的作用。其实，所谓"虚拟性"常被用来说明电脑和网络所构筑的世界，我们都会认为这是一个和现实有关，但超越了现实所创造的比现实还现实的另外一个世界。在虚拟的世界之中，人们也有一种"生活"，这种生活本身也具有巨大的意义，许多人似乎都认为它比真实的世界更真实。如果我们从这个角度观察"虚拟性"的作用，就可以发现"虚拟性"的最好的表征就是游戏。游戏的世界是不及物的，好像和我们的现实世界的相关性降低到了最低点，它是天马行空般地创造了一个虚拟的世界。我们进入这个世界，想象一种和现实的主体性完全不同的新的自我的主体建构，我们不再是现实生活中的自我，而是一个超越了现实的虚拟世界中的人，我们可以通过想象完成神奇的任务建构一个不同于现实的自我。

这种虚拟的效应其实是游戏的魅力所在。这种虚拟性的作用就是让我们在现实中的失落感在虚拟之中得以超越，获得一种欣快的满足。因此游戏会在超真实之中让真实的状况在片刻中被彻底超越。我们可以把自己具体地等同于游戏中的主人公，因为这个主人公的行动正完全是"我"的意志的外化，他在某种程度上就是"我"的化身或替身。这就是一种真正的"扮演"。我们超离了自己在日常生活中的平常的角色，在游戏中体验到自我实现的路径。虽然我们明知这一切是虚拟的，但也知道这一切的虚拟比真实还真实，让我们在玩的同时忘却现实的自我，进入一个虚拟的自我。游戏的视角永远是主人公的视角，我们永远和主人公认同，和他一起进入故事，直接变成他。这就是虚拟的力量。它的体验和参与的特性是电影难以给予的。我们可以不断重复进入这个故事，但最后的结局也有成有败，故事的结果常常不同。在游戏中固定的是程序，由此获得的初始情境是确定的，而不确定的是故事的路径和结局。这些都可以在程序中有更多的设置。但电影的优势在于它可以通过故事过程中的复杂细节来展示自己的唯一结局的合理性，通过似真的感受将结局合理化为唯一的结果。但游戏的"虚拟性"则缺少展示复杂细节的愿望和能力。

但电影与此不同，它是依赖讲述"他人"的故事来建构自身的，不可能让我们直接操控主人公，化身或替身地成为主人公，只能靠所谓的镜头语言将我们的主体位置锁定在观看者的位置上。我们虽然可以随着情节而感动，但那个世界我们难以进入，无法在其中发挥作用，我们仍然是被动的。电影让我们相信故事的真实性，让我们感动或触动，但它不可能让我们直接改变具体人物的命运，也无法更改故事的架构。但电影比游戏复杂和微妙的是它可以给予人以想象复杂社会关系和生活形态的能力，游戏中人的选择有限，但电影里我们看到的各种生活的可能性无穷。电影故事有机会比游戏更复杂更微妙同时也更让我们在外面去观察。在电影里，银幕既是展示又是间离。展示一个我们在现实中无缘看到的"他人"的故事，但又阻止我们直接"进入"故事。故事是别人的，这一切不是让我们在"虚拟性"中扮演角色，而是在一种"虚构性"之中。"虚构性"是纯粹讲故事，没有参与的机会，参与问题在电影中是无法解决的。在这里"虚拟性"是一种进入和参与的路径，故事由于有了你的介入而发生改变，程序已经考虑了多种可能性，而不需通过故事本身的复杂性来反思。

实际上，电影是工业化阶段的产物，其技术手段还达不到具有互动性，因此虽然希望我们感动投入，进入故事，但这都有不可能解决的困扰，它的基本元素是"讲故事"，不得不由编剧和导演讲完所有的故事。我们在其间面对的"大他者"是故事本身。而游戏是在信息时代的电脑和互联网时代发展的，它设定的是考虑到故事的复杂性的程序，你可以在程序的设定之下玩故事，让这里的"大他者"是故事之上的程序。这个区分其实是最关键的。就是电影的唯一依靠是故事，而游戏则依赖的是程序；电影的故事不可变，只能由我们的感受加以阐释和理解，但游戏的故事可变，由于它之上的程序已经安排了可能的各种选择，我们可以自己直接改变故事本身。这种差异性是最值得思考的。

三

有一个问题值得注意，从 20 世纪 90 年代后期以来，美国通过游戏改编的电影层出不穷。人们都看到了电影和游戏都在讲故事的共同性，因此认为电影有机会将游戏的观众吸引到电影之中。但十年左右的实践，却让人们发现成功的游戏改编成电影之后同样成功的范例很少，既有少数成功的例子也难以达到理想的效果。而电影改编游戏的尝试其实效果还更好些。其实这非常容易理解。一是从"虚拟性"回返确定的"虚构性"存在着难以逾越的困难。将开放的各种可能收束为确定的结局往往使得游戏迷们感到失望。"虚拟性"的多样可能性变成固定的结果会使得习惯游戏思维的人永远觉得电影扼杀了他们选择另外可能性的机会。二是电影所具有展示复杂细节的能力，在游戏改编电影中往往难以呈现，游戏本身的作用是将流程的各种可能加以选择，在其中难以将电影的生动性展示出来，使得传统的电影观众也不能够满意。"虚构性"的丰富性的缺失使得这种改编常常试图两面讨好，但最后却是两面不讨好。这其实是这种改编常会面临的困难。这有点像过去电影和戏剧的关系。从戏剧改编电影容易成功，而从电影改编戏剧就不容易成功。从电影改编游戏容易成功，而从游戏改编电影不容易成功。症结就在于其新的形式比传统的形式更具新的元素。这些元素在传统的形式中难以适应和容纳，使得改编变得困难。电影和游戏是否是相似但不兼容的文化类型，值得继续思考。

　　电影在今天的"后现代"时代仍然是我们主要的娱乐形式之一，但游戏的崛起肯定也是重要的事件。两者的关系仍然是我们时代的重要议题，值得探索下去。

中国电视剧的产业现状 [1]

■ 孙佳山

对于中国电视剧的产业现状,我总结了四个"新":第一个"新"是新现象,第二个"新"是新政策,第三个"新"是新媒体,第四个"新"是新困境。

第一个"新"是新现象。那么究竟是一个什么样的新现象呢?就是刚刚的2014年10月9号和11月19号。先是10月9号的华策影视,然后是11月19号的华谊兄弟,他们都在二级市场上通过非公开发行股票,各自圈了笔不算太少的钱:华策圈了20亿、华谊圈了36亿。那么,这些钱他们打算用来干吗呢?华策的20亿当中,具体花钱的领域是网络剧、电影、综艺节目、内容版权及模式采购、资源配置整合、互联网应用开发,相当于这20个亿,一分钱都没花在电视剧上。大家一定要知道,华策是我们国家非常主流的、在影视领域和华谊兄弟同等地位的电视剧生产商。从2012年到2014年的上半年,在两年半的时间里,电视剧收入占据了华策收入的九成;

---

[1] 本文节选自2014年11月在海口举办的第三届全国青年文艺论坛"全球文化视野中的电视剧"。

而现在他们刚刚在二级市场上圈到的20亿真金白银，却一分钱都没花在电视剧上。

于是，问题就来了。用现在比较时髦的语气说，就是他们想怎样呢？因为按照常理来说，2013年中国电影票房217亿、中国电视剧收入108亿——在主流叙述中，我们的文化产业可一直在赚钱啊，一直在赚大钱啊，一直在蓬勃发展啊；但为什么作为一个即便是在2014年6月的时候，九成收入都在电视剧的领头羊企业，却一分钱都不投在电视剧上呢？这恐怕是中国电视剧发展史上前所未有的新现象。我就是想通过这个新现象，进一步带入我们的下一个话题，就是一个新政策。

要想认清这个新政策的来龙去脉，我们首先还是大致梳理一下中国电视剧发展的基本脉络；碍于时间关系，我们仅从新世纪开始入手。就是从2000年起，中国电视剧年产量就过了1万集，到了2004年，当时的广电总局提出了著名的"4+X"政策，这个政策也将于2014年的12月末终结——从2015年开始，将实行我今天要和大家一起讨论的一个新政策——"一剧两星"。"4+X"是什么意思呢？我简单解释一下。在20世纪90年代省级电视台"上星"的费用是很高的，没有几千万砸进去是甭想"上星"的，好多台都是借钱"上星"，是有很大的亏空的，所以当时总局出了这个政策。确实是就算在当时，电视剧的成本也都不低，总局就想通过这个折中的办法：四家省级卫视和X家地面电视台包括地级市的电视台，可以一起凑钱买一部电视剧，他们可以同时一起首轮播放，就是四家卫视可以同时首轮播放，X家地面电视台也可以跟着同时首轮播放。我将这个时期的中国电视剧的阶段特征，命名为中国电视剧的自由竞争时代。在当时还算合理的"4+X"政策推动下,到了2007年中国电视剧就达到了三个世界第一:首先是产量的世界第一,播出量也是世界第一,另外一个毫无疑问观众也是世界第一。这个自由竞争时代从新世纪初开始,差不多一直延续到2012年;到了2012年中国电视剧的产量也开始见顶,达到了17000集。我们若想充分理解这个新政策,就必须对中国电视剧的这个自由竞争时代有整体性认识。实际上,这个时代并不是到2012年才彻底终结,从2007年开始,时空斗转的端倪就已经开始显现。从2007年到2012年,新世纪以来的自由竞争时代周期,就已经开始触及了它自身的天花板,也就是我们所谓的增长极限。说白了,在2007年创下多项纪录之后,增长就已经放缓,涨不动了,2012年则是历史大顶,这两年的产量一直在回落。在可预见的未来,中国电视剧的体量都不大可能超过这个大致的区间和范畴,为什么不可能?下面我们再稍微展开一下。

2014年年初,总局提出了"一剧两星"的政策构想,针对的就是眼下人们都能看出来的产能过剩的现状,这个局面确实已经到了随便找个人都能给你头头是道地分析分析的地步,但为什么会走到今天这一步呢?这确实是有其原因的。

其实总局到2015年才要实行的"一剧两星"政策,在2013年就已经开始"有实无名"地出现了,传统的"4+X"政策,都不用总局停止,2013年就已经名存实亡了;2013年独家播放的比例就差不多达到了65%,连总局的"两星"都不用,"一星"就够了。为什么呢?这还是政策原因造成的。无论2011年的"限娱令",还是2013年加强版的"限娱令",都做出了明确的限制,就是黄金时段,综艺节目从国外引进的模式只能有一个，包括选秀类节目这个大家众所周知，也受到了严格的限制。正是在这种情况下，问题就出来了。因为对于我们国家而言，现在大概有1179家电视台，其中有100家是"上星"的卫视，在这100家的"上星"卫视当中，真正有实力能为了一个晚上的收视率就扔出去百万的还是极少数。因为现在的电视剧每集动辄百万，虽然2013年电视剧发展得不怎么样，但这一年还是创造了一个纪录，就是《辣妈正传》，孙俪主演的片子，一集卖了500万，打破了《甄嬛传》400万一集的纪录。问题显而易见，因为即便是发展到今天，真正有实力能百万一集大手笔的土豪电视台也还是屈指可数的，数来数去还是只有大家都知道的那几家。自然，为什么现在的电视剧都这么长呢？因为只要有一线明星加盟，就可以至少差不多接近百万一集，那么40集就足可以收回全部成本，乃至盈利。

说到这，我们要是将这个新政策和刚才讨论的新现象结合起来的话，纵深感就逐渐出来了。总局其实是想试图通过"一剧两星"来调整自由竞争时代的"4+X"政策下的产能过剩问题。说产能过剩其实是避重就轻，中国电视剧这几年的问题说到底就是通货紧缩，这也并不是什么新鲜事，当前的中国经济难道不在通货紧缩周期吗？显而易见，"一剧两星"并不是一个有效的政策，而且确实仅仅通过市场行为，在2013年，传统的"4+X"就已经名存实亡了。中国电视剧，也并没有超脱出中国经济发展的现状，名义上叫产能过剩，实际就是通货紧缩，而通货紧缩应该有什么表现呢？就是一方面是闲钱很多，一方面又是剧荒，说白了就是好剧太少，而电视台又是好的买不起，坏的也不愿意播，大家都困在这了。这也充分解释了我刚才提到的新现象：为什么华策直到 2014 年 6 月，90% 的收入还来自电视剧的情况下，10 月圈到了 20 亿，却一分钱都不投在电视剧上。华谊兄弟的情况也类似，只不过我们今天只集中说电视剧。

那么既然现在拍电视剧已经很难赚到钱，既然这个行业的问题已经如此不堪，那为什么还有人争着投这些钱呢？到底发生了什么呢？这就涉及了我们的第三个关键词，即新媒体。

从 2012 年开始，移动互联网作为一个概念一经提出，就实现了爆炸式的发展。到了今天，不管是移动互联网，还是最近被热炒的工业 4.0，我们的整个物质生活都已经开始互联网化，这种新的先进的生产力已经来了，不是说将要到来，不是一个概念，而是实体了，这个实体化的具体表征，就是互联网进入到我们日常生活中的比例开始逐渐地增加。比如我在今年年初看到过一组数字，是腾讯内部的一个演讲稿，现在互联网对国民经济各部门的渗透率在 10% 左右，这个数字还在快速增长，他们认为到 50% 左右是一个合理的区间。对此我也认同。

所以，这也就回答了刚刚的问题，为什么中国电视剧到了这个地步还有人往里大把大把地扔钱？就是先进的互联网，在这里尤其要强调的是移动互联网，以移动互联网和人工智能为表征的新的先进生产力，开始要重新整合我们的传统行业，电视剧自然也不可能置身其外。电视剧行业的生产关系的方方面面，生产、分配、交换、消费，各个领域都在被这种先进的生产力所重新整合，用最近被反复炒作的刘慈欣的名言来概括，就是先进生产力，开始对传统的国民经济部门进行"降维打击"。那么，这个"降维打击"具体是怎打击的呢?下面我们简要地概述一下。

　　用这两年流行的语式来说就是,当我们在讨论新媒体的时候,我们在讨论什么?这个新媒体又是什么?这个新媒体"新"在哪儿呢?新媒体这个概念最初在20世纪60年代提出的时候,跟现在是有很大区别的。我们今天讨论的新媒体,其内部也是有一个层积过程的,当然我们只说和电视剧有关的。90年代,就是省级电视台陆续"上星"的年代,那时候卫星电视在亚太地区迅速普及,那是一波新媒体浪潮;然后21世纪初期,互联网开始进入每一个家庭,台式机、笔记本逐渐每家都至少有一台,那是又一波新媒体浪潮;而我们今天讨论的这波新媒体,就是专指移动互联网时代的新媒体。

　　而这种先进生产力是怎样对传统领域进行"降维打击"的呢?他们打击的就是原有电视剧生产格局中的落后生产关系。那套生产关系中的生产、分配、交换、消费,由于信息不对称、观念滞后、权力垄断等诸多问题,并没有被完全打通,并没有形成一个有机的产业链。所以这也就解释了为什么这个行业这么畸形:从表象来看钱特别多,但同时各自行业内顶尖的华谊兄弟和顶尖的华策,反而不敢往自己最擅长的领域投钱,这个很悖论、很反讽的。

　　那么,新的生产力是怎么重新整合原有的生产关系呢?传统的,相对来说门第森严、界限分明的各个艺术门类,被以移动互联网时代的IP,也就是知识产权为核心的新结构所重新整合。这其实并不难理解,受过点后现代训练就都会清楚,这是一个多中心的结构,包括小说、电影、电视剧、网游、动漫、舞台艺术,等等,任何一个领域只要出现一个好的IP,就可以迅速被复制、粘贴到其他领域,可以在不同的艺术门类进行转码。在这个结构中没有一个固定的中心，大家都有机会成为中心，也都可以为其他门类服务，无疑大众文化领域的生产效率由此被进一步放大。所以，为什么要强调它的移动互联网属性呢？就是因为这个结构能够撑得起来，正在于它所依托的移动互联网，每一波新媒体浪潮能够被命名，就在于其背后的新的技术框架，这也就是刚才说的新媒体"新"在哪里的答案。这套新结构也的确只有移动互联网才能做到，最通俗的理解就是通过微博、微信这些移动互联网时代的社交工具来提高生产效率。比如说我有朋友做大数据营销，他们专门分析北、上、广、深 35 岁左右的青年妇女的婚姻、收入、学历等状况，她们每天早晨 8 点钟干什么、10 点钟干什么，是否有夫妻生活、夫妻生活是否和谐，都有非常详细的统计。然后，他们再以这些为关键词和线索来进行电视剧的拍摄和制作，这个过程就和我们过去所想象的那种作家作品论式的艺术创作完全不一样，这也回答了现在方法论的困惑的问题。在这种情况下，我们再拿过去在高校受过的训练，用那些由十几年和几十年前的现实生成的知识架构，去做"套圈"游戏，是根本"套"不中的。或者说，我们过去受到的那套学术训练在这种新现实面前，真的也就变成了"套圈"游戏，"套"中了也是蒙的，或者是即便"套"中了也没有多大实际意义，也就是逗一时口舌之快，不足以认知当下的全局、全貌，更谈不上有机地介入当下大众文化的生产实践。

　　这样大家就能理解那些曾经叱咤风云的影视大老板们的尴尬和焦虑。华谊在圈了 36 亿之后，它的老板还专门说他们不会成为互联网的附属企业，他们电影、电视剧企业，不会为互联网打工云云。

　　在这个思路下，再回到电视剧的问题。大家不要以为电影或电视剧的票房或收入已经有多高多高了，因为我经常参与文化部和总局的一些具体的工作，了解一点实际情况。在文化产业领域中，电影、电视剧的排位是倒数的，不见得是倒数第一、倒数第二，但也差不太多；就是我们最不看重的网吧行业，在如此低谷的情况下、在如此偷税漏税的情况下，去年全国的营业额依然有500多亿——电影、电视剧加起来也就是人家的一半多而已。所以大家真不要以为中国的电影、中国的电视剧好像就怎么怎么样了，真没有，而且在可预见的未来，都乐观不起来。

2013年，国内电视剧的市场份额大致是108亿元，那么大家猜一下，2013年中国电视剧的海外发行卖了多少钱？4亿元。这个数字对于一个国家来说，是极其搞笑的。4亿元是什么概念？去年大致是1.5万集的产量，出口产出只有区区的4亿元，这是什么效率？恐怕连计算器都用不上，事实就已经很清楚了。

但是这里边有一个问题需要澄清，就是电视剧不赚钱其实也没什么，电视剧这个东西就不是用来赚钱的。尤其对一个国家来说。以韩流为例，大家都以为韩剧很赚钱，其实韩剧也赚不了多少钱，在韩流的全部总收入当中，占大头的是网络游戏，网络游戏在2013年占了韩流的57%，电视剧只是非常小的一部分。那电视剧是用来干什么的呢？这也是在另外一个层面上，回答先进生产力是怎么重新整合落后的生产关系的。电视剧问题可以用韩国人的一个概括来理解，叫"四倍效应"，就是以电视剧为代表的韩流里面每赚一块钱，在实体经济领域当中就可以多赚四块钱。这也是为什么在电影、电视剧这些传统的生产关系当中，赚不到多少大钱的情况下，还有人在二级市场上舍得给华谊、华策扔钱，就是因为他们要试图重新整合这个领域旧有的生产关系的各个环节，使之成为一个有效的产业链，然后再将影视周边的衍生品通过这个全新的渠道进一步拓展、打通，这样才有希望、才有可能可持续地赚到钱。而我们的电视剧显然还没有"四倍效应"，有时候不负"四倍效应"就不错了，现在确实只有通过这种先进生产力进行重新整合才有希望，要不然只会继续这么紧缩下去，看不到太多希望。

第四个关键词，就是新的困境。2013年、2014年，全球最好的四部现象级的电视剧《纸牌屋》《神探夏洛克》《来自星星的你》和《甄嬛传》全部与互联网、与这种先进生产力是有关系的。当然所谓《纸牌屋》是大数据的产物，这只是一个炒作，我有非常确切的证据。其实也不用什么证据，长达两年多时间，就两季《纸牌屋》就不说了，既然大数据这么管用，怎么至今没见网飞推出另外一部有点影响的新作？其他公司怎么也连一部大数据神作都没有？网飞作为互联网企业、作为先进生产力，直接挑战了美国在20世纪末以来形成的、由六大公司垄断的制播格局，这才是关键所在。大数据当然重要，但在这个结构中，不过是前台而已。而《神探夏洛克》，戴老师的学生，也是我的师弟林品博士写过一篇专门的文章，从青年亚文化的角度进行了深入的分析，尤其讲到了这些曾经的反抗话语是如何被主流吸纳的，并且被吸纳后还具有消费性，这个问题是很可怕的。至于《来自星星的你》，大家不要误会，《来自星星的你》从来没有上过韩国主流电视台的黄金时段，甚至就没怎么上过韩国的主流电视台。《来自星星的你》最开始是在韩国的有线台播放的，它在一开始就新媒体意味十足，韩国政府特别重视文化产业，特别重视新媒体，韩国政府发现在有线电视台播出有效果之后，就迅速在咱们中国的新媒体上流出了，而且人家是早就有布局。所以光有内容是没用的,要有渠道,这种渠道的前提显然是技术性的,而且只有靠先进生产力才能实现,要不然单靠过去那套广电体制,我们要等到什么时候？恐怕大家心里都太明白了。同样,《甄嬛传》就不说了,网络小说搬上银幕,你们都比我熟悉,因为我实际上没有完整地看完。

只不过我认为,2013年、2014年这四部全球意义上的神作级别的电视剧,都不过是当前全球宫斗年代的最典型表征。这其实也是2014年以来被热炒的皮克迪所聚焦的问题,就是我们现在全球的贫富差距,又回到了"一战"前,克鲁格曼他们将这个时代比喻为"新镀金时代",和马克·吐温笔下的"镀金时代"对应起来理解。那么问题就来了。最后一个问题也是想供大家分享、讨论的——先进生产力能不能创造先进文化？这个问题恐怕对于我们所有人文知识分子都是一个严峻的挑战。这也是我为什么要参与到以网络游戏为代表的文化产业这个行业的原因所在,因为只有了解了先进生产力是怎么运作的,才有可能、才有资格去谈先进文化。要不然只是站在学术圈的"套圈"游戏的角度来说话的话,那就跟北京二三环老小区里那些骂街的老爷们儿是一个逻辑,只是站在外围来指责那是无能的表现,并没有真正介入我们当今世界,这种全球结构下的大众文化生产。所以,我真心觉得这对于我们当下的学术界来说,几乎是最重要的问题。

最后用一个开放式的结论供大家讨论。十八大提出了一个新"四化"的概念,就是新型工业现代化、城镇化、信息化和农业现代化。"四化"对于我们现代中国人来说,意味着什么我们都非常清楚。那么这个新"四化"我觉得也是我们国家在这个皮克迪意义上的"新镀金时代",对顶层设计、对底线思维的重新调整和界定。我们一点都不难发现,在这个新"四化"当中,其背后的先进生产力是很清楚的,以移动互联网、人工智能为代表的信息化是贯穿其中的关键线索。那么我一开场所提出的四个关键词,那四个"新"所汇聚的全部问题也就在这了:先进生产力能不能创造出先进文化?我觉得应该还是能吧,但这个先进文化该怎么被创造出来呢?我想这对于我们所有人,都是一个严峻的时代挑战和考验。

中国书法产业定位的三个层面 [1]
——公共政策、产业发展与学科布局

■ 祝帅 [2]

2012年11月29日，浙江财经大学（原浙江财经学院）成立了全国高校首家"中国书法产业研究所"，时任中国书法家协会分党组书记、驻会副主席赵长青参加成立仪式并致辞。在此之前，中国书协第六届工作委员会便首次设立"中国书协产业发展工作委员会"，由中国书协副主席何奇耶徒、国家林业局原副局长赵学敏担任主任。可以想见，行业和学界为书法产业的提出与发展进行了许多的调研和准备，此时设立相关研究机构意义重大。虽然目前的工作还仅仅停留在"书法产业"政策出台前的筹备和论证阶段，但这毕竟是一些标志性的事件和积极的信号。它表明，书法"产业化"的问题，在最近几年中已经逐渐成为业界、学界和政府相关职能部门共同关心的一个热点。在书法界，业内人士对自身的认知从"事业""行业"上升为"产业"，从书法创作本体的艺术表现过渡到书法产业政策的

---

[1] 本文获2014年"首届中国书法产业高峰论坛"一等奖。
[2] 祝帅，北京大学新闻与传播学院副教授，主要从事二十世纪中国书法、美术、设计史研究。

讨论，是一种符合行业发展规律的可喜的进步。但是在行业的现实中，作为一种"新生事物"，"书法产业"的提法和相关政策要想在书坛达成共识，进而在全社会进行普及，还有一些关键的问题有待解决。

一、政策层：谁来管理"书法产业"？

讨论产业的问题离不开政策层面上的各种支持，但是从这个层面说，其实"书法产业"这个提法在中国还欠缺一种"合法性"。尽管在日常的表述和讨论中，"书法产业"几乎成了一个不言自明的领域，但是相对于"文化产业""创意产业"等产业门类，在中国政府的官方文件中还未出现过"书法产业"这样一个词汇。换言之，在今天的中国，可以说"艺术产业""出版产业""服装产业""广告产业"甚至"动漫产业"，但在一个完整的意义上，只有民间俗称的"书法行业"或者"书法业"，而并不存在一个统一的"书法产业"。书法当然在创造价值，也一直在为一些书法活动兴盛的地方政府的财政收入贡献力量，但是现实问题在于，书法产业的定位还不清晰，亟待"正名"。这就是"书法"在今天中国社会语境中的具体处境：一方面，书法产业缺乏整合，书法的价值往往被分散计算在各个不同产业领域内部；另一方面，从政府行为来看，还缺乏一个统一的政府职能部门及其领导下的行业组织来具体执行书法产业的发展和监管的问题。

按照以往产业的分类，执行"书法"创作和经营实务的机构和个人，一般分属于"第二产业"（制造业）和"第三产业"（服务业）。

例如，人们可以把书法创作工作划归于"制造业"，而把书法作品销售、拍卖等相关部门划入"服务业"。近年来，随着"文化产业"的提法获得各级政府的认可，人们还可以把书法相关衍生产业划入"文化产业"。在这种以"产出"定位的产业格局中审视，以往书法创作活动的定位是清晰的，但是书法经营活动在这些部门领域中往往处于一个不受重视的从属地位，而缺乏从"投入"定位的统一规划、统一发展。[1]一言以蔽之，其实很多时候书法产业工作者是找不到自己的"娘家"的。

所以一方面，书法的重要性不言而喻，书法行业对于人才的需求也与日俱增；而另一方面的问题则在于，我们无法脱离诸多的现实产业问题，而单独把书法设定为一门创造价值的独立的产业。既然书法不是一种独立的产业部门，那么，书法业作为一个独立整体就不容易被国家政策所接受。至少在目前，我们不能独立计算书法所占 GDP 的比重，书法只能分散在旅游、艺术品经营、拍卖等各个行业中，在其他行业的格局里面贡献自己的力量，并且还不是所服务的产业的核心力量，这就常常让书法产业有一种"寄人篱下"的感觉。这显然与国家教育体系中作为一门独立学科的"书法"的地位不相称。

这的确是中国书法所面临的一种现实——书法市场不够规范、书法交易缺乏监管、书法产业发展缺乏明确的规划，等等。然而，即或通过行政命令要求书法交易必须通过画廊来完成，那么且不说将会在管理的层面引起多大的连锁反应，要付出多大的代价，至少

---

[1] 有关"投入"与"产出"的产业分类，参见约翰·哈特利主编：《创意产业读本》，曹书乐、包建女、李慧译，清华大学出版社，2007年版，序言第 11—13 页。

如果现行的艺术品交易制度和盈利模式不加以改变的话，我们势必将会面临一系列更加复杂的问题。因此从目前的现状看，这种有欠规范的产业布局的存在是具有一定的合理性的，而且由于牵扯到多方的利益，这种行业定位的格局不可能在短时间内通过"书法产业"的研究和倡导加以改变。

当然，我们对此并非无可作为，"千里之行，始于足下"。首先，我们必须明确的一个问题就是，在中国，书法产业的监管与发展，究竟应该对应于哪个政府职能部门？这个问题是目前政府政策中还没有明确的。文化部、商务部、国家文物局、国家工商总局甚至新闻出版广电总局在某种程度上都与书法产业不无联系，究竟如何"权责明确"？此外，各级政府是否有书法产业的监管和执法权，该由哪个对口部门来承担？是否还需要由有关部门来牵头制定一个"关于促进书法发展的指导意见"？而目前一方面，书法产业的问题仅仅靠文化教育方面的政策是不够的；另一方面，这种种迹象也表明，对于涵盖了艺术和文化教育的"书法产业"这门交叉的产业究竟应该如何定位，目前在学界和政府职能部门当中还没有形成一致的意见。

那么，我们该怎么办？从国内外在某个特定产业发展问题方面以往的工作经验来看，这个问题有这样几种解决模式。

第一种模式，是通过同级部委的行政联合的方式，对产业进行监管和规划。这方面的例子，可以参照与书法产业有关联的"动漫产业"，就有包含财政部、广电总局、文化部、工信部等国务院直属部委内的"十部委"于2006年共同制定的《关于推动我国动漫产业发展的若干意见》。此外，2010年，多部委也联合正式印发了《关于促进工业设计产业发展的若干指导意见》，都基本上沿用了这种模式。但这种形式的不利之处在于：一方面，这种"联合"不可能穷尽与书法相关的所有职能部门，例如《关于促进工业设计产业发展的若干指导意见》就遗漏了文化部、工商总局、广电总局、新闻出版总署这些在我看来与"工业设计"的关系非常密切的重要部门，却把教育部、人社部，甚至银监会、证监会等与"工业设计"关系不大的外围部门纳入其中；另一方面，由于各个部委之间的权责不够明确，这种表面的联合容易导致彼此之间的牵制甚至互相推诿，很容易形成不利于行业发展的"多头监管"的局面。因此笔者认为，目前采取的这种"联合"管理，只能是中国文化产业发展到特定历史阶段中出现的一种暂时的过渡形态。

第二种模式，是通过建立独立的国务院直属部门（如部、委或副部级局、室），专门制定和解决书法产业监管和发展规划的问题。这方面我国以往还没有相关的实例。由于"书法产业"横跨"书法"和"产业"两个领域，这使得现有的任何部门都不具备全部的资源，因而人们自然容易想到成立单独的国家行政部门来监管并指导这个产业的发展。在书法行业还不具备普遍认可度的今天，率先成立这样一个专门监管书法行业的部委恐怕是有些言过其实。"书法"当然是重要的，但是相对于设计产业、旅游产业等其他很多新兴文化创意产业，它还不具备强调自身特殊性的资源和条件，因此这种形式可以作为书法产业发展的长远愿景，但现阶段在执行层面尚有一些基础性的问题有待解决。

第三种模式，是国务院通过行政的手段，将"书法产业"全面划归现有的某一部委来管理。这一接管书法产业的部委当然需要与"书法"或"书法产业"有所联系（如文化部或新闻出版广电总局），但是并不一定要求它掌握全部的书法资源,这可以在接管之后通过自身的建设加以补充。确定一个主管部门并不是排斥其他部门的介入,只是为了权责明确。这种"主管"除了"管理"之外,还肩负着指导产业"发展"的责任。这种"发展"的责任虽然与行业自身尤为相关,但政府主管部门毕竟承担着行业组织者的角色,需要从宏观上加以指导和调控。对于这一点来说,书法毕竟需要在未来的很多场合(如书法立法问题、书法人口普查问题),得到政府各个职能部门的支持。这一点并非不可实现。从现阶段来看,无论是商务部、文化部、工信部还是工商总局,笔者认为都是具备这种接管的行政基础和可能性的,相信这些部委中的任何一员,都可能在充分尊重书法行业特点的基础之上,密切联系中国文联、中国书协等行业组织,切实做好管理和服务工作。当然,书法产业监管部门的最终确立,还需要中央高层的充分调研和科学决断。

二、行业层:如何发展"书法产业"?

书法产业要发展,除了各级政府职能部门通过行政的手段自上而下地进行扶持之外,更多的还有赖于行业内部自身的建设与发展。对此,我们并非无能为力。笔者认为,在行业内部,现阶段我们亟待从如下几个方面达成共识,才能完成未来与政府职能部门之间的顺利衔接。

第一,在自身认知方面,对"书法产业"与"创意产业""文化产业"等产业门类进行严格的区别,尤其要注意突出书法产业区别于其他文化艺术创意产业的独特性,在书法产业建立和发展过程中注意"创意产业""文化产业"等模糊的提法与"书法产业"本体之间的严格区别。

"文化产业"话语的兴起,曾经一度为我们解决书法产业的"正名"问题带来一丝曙光,但把书法纳入"文化产业"的体制,很可能并不会马上解决书法界自身所面临的独特现实问题。笔者并不否认文化产业的意义和价值,而是说,文化产业与书法产业的关系,必须限定在一定的范围内加以谈论。那么,我们仍然提倡强调"书法产业"与"文化产业"的联系的意义何在?我以为就在于当书法业从已经在很多人心目中形成刻板印象的时候,在某种意义上也会从一个以往书法界学人不太关注的角度,即社会大众的角度重新来定位书法产业的社会意义,从而尊重书法作品"文化""创新""原创"的价值,切实保护书法作者的知识产权和劳动效益,进而在公众中间建立书法的价值认知。

书法市场的形成,往往需要具备这样几个必要条件:其一,在当地有良好的文化传统,有源远流长的书法历史和书法氛围;其二,当地具有一定的经济实力,拥有一些大的书法收藏家;其三,地方政府高度支持、扶植书法产业的发展。要知道,书法产业的建立和发展,固然需要来自政府行为的支持,但政府支持的一个前提是民生对于书法行业的一种自然的、内在的需要。人们对于书法产业的质量有很高的要求,而不是停留在一种认为书法只是茶余饭后"锦上添花"的消遣之物的层面,只有这样,我们才能说现代书法在中国建立起了一个良好的社会认知环境,而这种环境目前在中国显然还是缺席的。在这时,提出"文化创意产业"的问题,可以帮助大众理解"文化"和"创意"及其与书法的关联,进而借着这股东风,让社会大众接触到更多更好的书法及其衍生的创意产品，反过来提升整个民族的书法素养。

我们当然也应该通过成立行业组织等方式加强业内的联系和交流，进而以一种整合的面貌获得更多的社会认知，但是其意义恐怕也仅限于此。也就是说，"创意产业"理论的提出，就其积极影响而言当然是好的，它有利于提升民众对于好的书法的需要和认知。但我想，这就是"文化产业"理论话语对于"书法产业"本身的最大贡献。"文化产业"可以为书法产业加值，如以书法为资源开发旅游衍生产品等；但从根本上说，这种产品只是书法产业的周边产品，而不是书法产品本身。书法产业的发展离不了"吃老本"——利用老祖宗的文化遗产开发旅游纪念品，但更重要的是培育新一代书法家、新一代书法收藏家，呵护目前方兴未艾的书法市场，由此才能真正实现书法产业的可持续发展。

第二，积极开展行业协会层面的工作，发挥行业协会在行业整合、行业服务与社会影响方面的独特作用。

行业协会作为一种非政府的民间组织，与行业的监管是有所不同的。尽管我国由于历史的原因所形成的特殊国情，使得行业协会一般都有着浓重的"官本位"的色彩，很多行业协会的领导本身就是政府职能部门的官员，具有相应的行政级别。但从长远看这是可以改善的。我国政府正在逐步推动的文化体制改革乃至政治体制改革，有一个方向就是"去行政化"，行业协会会逐步改变"官本位"，转向真正为行业服务的民间组织，配合政府相关主管职能部门开展工作。我们注意到，中国书法家协会从第六届领导机构开始设立"产业发展工作委员会"，我们希望该委员会今后在行业基本情况普查与统计、行业扶植发展政策的规划与制定等方面与政府有关部门密切合作，成为政府联系广大书法产业从业者的桥梁。

笔者设想，在今后，中国书法家协会在继续根据创作和理论研究水平发展会员的同时，也纳入一些在书法经营、书法收藏方面有成就的书法产业工作者入会。这样做的好处在于，一方面，可以对政府决策部门（如国家统计局）未来规范和确认"书法产业"的具体门类提供若干方便，另一方面，可以通过"书法节""书法产品交易会"等形式在公众中建树书法行业的整体形象和行业公信力。眼下，书法价值的社会认知很有可能形成"书法产业"完成跨越性发展的一个瓶颈。我们只有首先通过行业内部的联合，对行业内部做好整合和服务的工作，进而与政府完成对接，才能让"书法产业"在公众中间发挥应有的价值。在这方面，行业协会可以发挥很多靠个体的书法家、学术机构和画廊所无法完成的具体的职能和作用。

第三，在行业布局方面，完成书法经营企业自身的壮大和专业价值的整合与提升；在画廊经营方面，积极探索开发书法产业融资创新的新渠道。

书法产业要发展，画廊是一个关键环节。但是目前，各地经营书法作品的画廊往往是相互独立、缺乏整合的。在这方面，拓展自己的业务范围当然是可能的，但是走强强联合的专业化经营之路则是一个更加现实的策略。在现阶段，全国各地书法市场之间发展不平衡，各个书法经营者之间资本发展也是不平衡的。以山东省某地级市为例，该市有1000家以上的画廊从事书法经营活动，但真正有规模、经营正规化的画廊只是其中的一小部分，其余绝大多数的画廊要唯这几家画廊的马首是瞻；另一方面，这些大的画廊彼此之间也缺乏协调和整合,在艺术家资源、藏家资源和自身专业化服务能力三者之间缺乏整合与规划,自身素质不高,服务意识不强,更遑论全国各地书法市场的均衡发展了。但其实每一家画廊都可以发现自身的优势资源,进行强化,同时不断提升自身服务能力,以书法市场活跃的区域为中心建立全国辐射、国际化的视野,为建立整合的大型画廊、大型书法经营企业做好准备。海外的"嘉士德""苏富比",以及国内当代艺术领域的许多大型拍卖公司、大型画廊,都是通过这样的渠道建立起来的。比较之下,中国还缺乏这样具有战略眼光的大型书法经营企业和交易平台。

中国的书法经营企业怎样才能合理利用相关财政政策,"拓宽融资渠道""健全完善政府支持引导、全社会参与的多元化投融资机制",从而真正在全世界瞩目的中国艺术市场"红海"中处于不败之地?当然,根本的出路还是强化对中国书法的价值认识,提升专业画廊围绕教育、营销、鉴定、维权等内容建立起来的综合服务能力。此外,还有很多具体的手段,可以在引入竞争淘汰机制、打破中国一部分画廊"小富即安"的心理的同时,积极帮助中国大型书法交易机构的成长。例如股份制和上市。由于以往书法产业更多是依靠艺术家资源和买家资源,营业额一般都不高,所以很多书法领域的画廊几乎从来不会考虑"上市"的问题,即便是一些兼营其他艺术门类的大型画廊、拍卖公司,其营业额与其他强势行业相比在主板上市的可能性也几乎是零。但是放眼未来,中国的书法经营企业究竟是否有"上市"的机会和可能,我们不妨拭目以待。

也许从目前来看,笔者的提议也仅仅是一种设想。但是我们相信,随着中国书法经营企业的发展与壮大,将有越来越多的经营型人才加入书法产业的队伍,而外资画廊涌入之后造成的中国市场竞争的白热化,也势必吸引本土画廊在经营层面做出各种变革和创新,相关设想终将会在不同层面上变为现实。目前,中国一些书法产业发展较好的地区,如山东潍坊、浙江绍兴、内蒙古乌海等"书法城"当地书法市场的繁荣以及中国书协、地方政府的重视已经让我们看到曙光。因此,对于中国本土的书法经营企业来说,更需要得到更多的关照、呵护与扶植。

三、学术层:怎样研究"书法产业"?

毫无疑问,人才是书法产业未来发展和在市场中取胜的关键,那么,在书法产业建设和发展的格局中,我们究竟需要怎样的书法人才和研究资源?现有的书法教育,对此是否做好了足够的准备?众所周知,中国的书法教育和书法研究脱胎于美术教育,许多书法院校教师缺乏经营实务的经验,更遑论经营管理的经历,因此常常以书法的艺术性和技法、文化和美学理论等为教育的核心,在学术界,书法史研究"一枝独大"。这是远远不够的。基于此,笔者建议,现阶段的书法教学和书法研究,应该着手于以下几点,结合书法产业的现实需要做出积极的调整。

第一,在现有的研究格局和教育内容之外,加入经济学、管理学、社会研究方法等社会科学的内容,为书法产业的发展积蓄实务和研究两方面的后备力量。

我们知道,传统的艺术学理论,把艺术市场、艺术管理的问题贬低为"外部研究",甚至很少考虑"作品"之外的各个环节。过去我国的书法理论研究受到艺术理论的影响是很大的，但是，"书法产业"和"艺术"其实在根本上有很大的不同。正如"艺术"的内容只占据"书法产业"活动中一个很小的层面一样，基于艺术学视角和范式的理论研究（一般是指中外艺术史、艺术概论、艺术批评三大块）所形成的书法史、书法概论、书法批评课程虽然是重要的，但是它们不是书法研究的全部内容。我们还必须把市场的话语引入教育体系之中来。

事实上，经济学、管理学等这些社会科学的最新进展，往往有很多对书法产业的发展具有比艺术理论更直接的指导意义。例如在古典的经济学框架中，人们认为"理性人假设""边际成本""均衡价格"这些从经济学内部提出的理论可以用来解决市场中的一切问题。但20世纪以来的制度经济学、经济社会学等新兴学科兴起之后，人们意识到不可能仅仅通过经济学的理论解决市场实践中的所有问题，因为很多问题不单纯是一个市场问题，经济现象的形成，往往与制度、法律、组织等问题密切相关，需要在一个群体行动的意义上才能够得到解释。因此，才会有康芒斯、凡勃伦这样的经济学家去关注工会、阶级等社会学领域的议题。这些研究对于我们思考书法产业的问题都是具有很大启发的。

与此相联系，社会科学研究对于各种操作、调查、实验、统计方法的强调，也是区别于人文学科的一个重要特点。由于社会科学研究讲求群体性，不以个别人的审美判断作为评价的指标，这一点与艺术理论有很大的不同，因此在书法教育方面，我们也急需在艺术研究之外，引入调查、统计、分析、定量的社会科学实证研究方法教育——而这一切，很可能正是脱胎于美术学院的中国当代书法教育所最为欠缺的。意识到这一点,我们必须展开书法艺术学领域的研究者与经济学、管理学、营销学、法学界学者的充分合作。这是因为,由于学术的分工,这方面的内容由没有经过严格的社会科学研究方法训练的书法学者来承担有些勉为其难,但是我们却有必要通过课程的形式,对未来的书法艺术学专业的研究者进行这方面严格的学术训练。可以说,学科基础的再思考和研究方法的社会科学转向,是当今中国书法研究重新定位的两条必由之路。

第二,积极开展调研和行业普查,为书法产业相关政策的制定和书法立法进行各种前期的准备。

在书法产业建立和发展的过程中,当然也需要通过标准化的形式规范和确立"书法产业"的子门类,例如,一个整合意义上的"书法产业"究竟包含哪些根据同样逻辑标准划分的子门类?书法衍生产品交易(如印有古代法帖的水杯、T恤衫等)是否属于"书法产业"的组成部门?这些都需要具体地研究并建立相应的量化指标体系。在这方面,学界可以贡献很多的智慧和力量,但目前是不够的。我们可能具体关注到了某个书法家的作品交易,却很少擅长从行业整体的角度思考一些宏观的问题。目前,很多学术机构已经注意到了这一点,例如浙江财经大学设立的中国书法产业研究所。可以想见在不远的将来,能够有一所院校或者研究机构,可以联合政府相关职能部门,完成这样一份"中国书法产业门类普查报告"。这份报告的难度可想而知,所参与的人数和需要的经费是巨大的,但一定要有人来做。

第三,建立中国当代书法产业发展研究的理论框架。

在以往书法研究的格局中,书法创作界和书法理论界常常是相互独立、互相看不起的,书法家常常认为书法理论家"纸上谈兵",而学者则常常讥诮书法家"不读书"。但是,在"书法产业"的语境中,这种对立的局面是可以得到改变的。以往的书法理论研究,由于脱胎于"纯美术",对于美术史论研究多有模仿。例如,美术史论研究者有所谓"两史一论"(中国美术史、外国美术史、美术理论)的看家本领,"两史一论"再加上作为附庸的美术批评、

美术管理,就是一位美术学研究者知识结构的全部内容了。因此,一种"比附"的思维方式应运而生,书法学研究者的知识结构,长期以来也完全"照搬"了美术学研究而没有质变。事实上,我们应该重建语法规则和参照系,从而彻底摆脱对于美术学研究的陈旧模仿,从传播学、经济学、管理学等其他基础学科那里重新确立书法产业研究的学科根基,建立起全新的书法研究的理论框架,在此基础上为书法产业研究确立一席之地。只有这样,未来书法学界才可以通过自己的基础研究和应用研究直接介入行业的前沿议题,对行业贡献出直接的价值与力量。

书法产业研究的价值,在于总结、解释行业历史规律,引领未来行业发展。在这个过程中,有两种倾向是需要我们避免的。其一是用美术学的思维来类比书法学研究,参照美术学的理论体系和学术规则来发展书法学,这种倾向体现为大美学、视觉文化、消费文化研究,而无法深入到书法产业和书法实务的内部,只是一种从概念到概念的外围研究。出现这种倾向,与目前书法理论研究者大量出身于人文学科的学术背景有关。"交叉学科"的研究背景是好的,但也应适可而止。其他学科背景只是一种有益的补充,而不能以此来取代对于书法研究专业性的尊重。此外,"交叉学科"背景的学者,

不应该仅仅来自人文学界,还应该来自社会科学甚至自然科学等各个领域。对于这些"跨学科"的研究者,还需要彻底转型从而进入书法的本体之中,只有这样才能充分实现"跨学科"的真义。

另一种倾向是就实务谈实务,只知道跟在业界的步伐后面亦步亦趋,这种研究常常流为一种"经验谈"而缺乏理论创新。这种倾向出现的背景,多是因为作者系一些画廊一线从业人员,由于参与教学需要直接从业界过渡到教学岗位,他们缺乏严格的学术训练。例如,中央美术学院近年来设立了"艺术管理"本科专业(现该专业独立成为"中央美术学院艺术管理与教育学院"),便从画廊、拍卖公司引入了一些有业界经验的从业者担任教师。但问题在于,虽然理论研究者要具备业界的操作经验,但并不必然意味着仅仅具有业界操作经验的从业者就一定是好的理论家。事实上,业界的从业者往往局限于一个具体环节或者一家公司的市场经验,而缺乏全局性的参与与思考,他们的研究常常是追随行业热点而缺乏批判和创新,无法对行业形成真正的引领。理想的书法产业研究不是走在业界后面,而是走在业界前面,引导行业的发展。认识到这一点,业界必须学会尊重学界的独特价值。

以往书法研究的旧的体系中,可能书法批评就是最接近于书法本体的一个研究领域了。可以说多年来书法批评领域的积累也为书法实践提供了许多有价值的思想成果。但是,书法批评的主要贡献在于批判,如何从"批判"的状态走出来,进行一种建设性的创新,应该是下一步书法研究需要解决的主要问题。为此,我们应该设想一个完全不同于美术学的、贴近书法研究本体的全新的理论框架。在这个框架中,书法产业研究,而不是书法的流派或者风格等才应该成为我们关注的重心。相应地，整个书法产业的发展模式、服务模式和经营模式，就应该成为未来书法产业研究的三大重要内容。毕竟，服务模式和经营模式在操作层面的变化，可以带动整个发展模式的创新，而发展模式的水平，又可以反过来制约服务模式和经营模式的发展程度。三者的关系是动态构成的，必须通盘考虑、全局思考。

我们必须意识到，书法产业研究潜在的对话者有二。一是学术界的其他学科的读者，二是书法产业实务领域的广大经营者、管理者、收藏家和书法家。过去中国书法理论草创的十年间，我们更多注意到在以上第一方面做出一些工作，即把书法理论建设成为一门独立的人文学科——既独立于美术学，又独立于书法创作。但是在以上的第一方面，过去也仅仅考虑到文史哲、艺术学等人文学科，而没有真正纳入包括管理学、经济学、心理学等在内的社会科学甚至自然科学；而在以上第二方面，我们整个学界的贡献还微乎其微，甚至由于过分强调"独立性"而日益造成了与业界的对立。这种"独立"的现状亟待改观。

结　语

2012年11月29日，浙江财经大学中国书法产业研究所正式成立。2014年5月25日，由中国书协、光明日报社联合主办的"首届中国书法产业高峰论坛"在浙江财经大学隆重举行。笔者认为，这都是一些积极的信号，提示我们中国书法产业发展的问题开始得到了政府相关部门和学术机构的重视和介入，相关政策的制定和执行开始提上了议事日程，书法学界也开始关注到产业研究是改变目前书法史研究"一枝独大"局面的必然要求。当然，目前的研究还仅仅是一个开端，书法产业的正名、建立与发展，是一项需要几代人来共同承担的历史使命。但我们有理由相信，未来的中国书法产业必将建树自己独特的品牌，并在全球艺术品市场竞争中扮演举足轻重的角色。

2013年11月初稿
2015年11月改定

香港电影产业模式对内地的启示

■ 赵卫防 [1]

作为中国电影乃至东方电影的重要组成部分,香港电影虽历经沉浮,但它早已成为一种奇特的文化现象,完成了以娱乐文明为主导的本土化转型。百年发展历程中,香港电影形成了一套完备的市场应变能力和复杂的产业经验。按照经济学有关产业理论的框架,香港电影的产业经验大体上可分为四个方面:产业结构经验、产业模式经验、产业资源经验和产业项目经验。从19世纪末的初显萌芽,直到20世纪90年代前期,香港电影产业在保持灵活性的基础上一直向着有序、规模、最大程度地解放电影生产力的方向发展,其产业绩效不断飞升、产业模式更加科学、产业资源配置更为合理、产业项目更具战略意识,整体产业不断跨越。90年代中期之后,由于不可抗拒的金融危机以及其本身积累下来的太多难以解决的问题,香港电影产业遭遇低迷;即使在这样的困顿中,香港电影产业仍未停止探索的步伐,继续寻求着适合自身的发展之路。在香港电影产

---

[1] 赵卫防,中国艺术研究院电影电视艺术研究所副所长,研究员,硕士生导师。

业的诸种经验中，产业模式经验是其最为重要的经验，是其产业生存和发展的最根本法则，也是贯穿整个香港电影产业发展史的魂。本文将依照有关产业理论中交易成本理论的分析模式，深刻剖析香港电影产业模式的流变，并探讨其对当下中国内地电影产业发展的启迪。

产业理论中交易成本理论的分析模式

交易成本理论的一个重要方面旨在论述企业战略的效率和创新之间的平衡问题。西方经济学者威廉姆森（Williamson）曾提出了经济化（economizing）和战略化（strategizing）的观点，经济化强调效率的重要性，而战略化则强调市场力量的重要性。[1] 这里的市场力量主要指企业的创新性和多样性，它是企业发展的根本保证。但交易成本理论首先认为，追求效率、降低成本是企业最基本、最佳的战略，企业的经济活动主要受到成本效率的影响，当企业内部进行有效的整合时，其效率得以提高，企业内部生产成本低于外购成本，实现其基本战略。但如果企业一味地满足低成本效率，忽视对市场力量的追求，其产品创新性和多样性便会降低，企业将陷入低成本的竞争陷阱中，阻碍自身的进一步发展。[2] 企业为了进一步发展，必定在此时会暂时放弃经济化而选择战略化，致力于创新性，这将打破其原有低成本运行模式，生产成本随之上扬，企业又会从

---

[1] Williamson, O. E., "Strategizing, Economizing, and Economic Organization" [J]. *Strategic Management Journal*, Winter Special Issue, Vol. 12, 1991, pp. 75–94.

[2] 高红岩：《中国电影企业发展战略研究》，北京大学出版社，2007年版，第41页。

效率的角度考虑而再次进行降低成本、提高效率的努力。因此，企业应根据自身条件的不同以及外部竞争环境的变化，在追求效率与产品创新之间寻求一个适当的平衡点，努力达到良性循环的发展。

为保证经济化和战略化之间的平衡也即效率和创新之间的平衡，企业便会根据产业实际在不同的时机选择不同的产业模式，这里的产业模式，主要是指在产业结构形成之后，企业为攫取最大利润所进行的一系列符合市场规律和产品本身特性的操作手段。对电影产业而言，其产业模式同样是指电影企业在有序的市场经济环境下，将电影作为一种文化产品去最大化地攫取其商业利润所进行的商业运作手段。这些手段开始产生于一家或多家制片机构，后被整个产业推而广之，成为了一种固定的模式。这种模式既包括宏观模式，如电影企业根据自身的情况所采取的整体上的产业运作，也包括微观模式，如具体影片在策划、编剧、拍摄、后期制作、发行等环节中一切以市场为目的的规范性操作。

当电影产业结构形成之后，追求效率与创新性平衡点的产业模式便开始启动。电影产业处于初创阶段时，其模式也会经历从无到有，创新性占据主导地位；而当产业结构趋于成熟之后，提高效率便是主要诉求，电影企业大都通过加强内部管理，在影片的制作、发行或放映环节不断控制成本来提高效率，这时内部程式化、流水线式的生产占据主导地位，内部生产成本将低于外购成本。但对电影产业这类智力密集型和高创意的产业而言，更需考虑其产品的创新程度，如果影片本身的美学含量、发行模式和放映手段都缺乏创新时，其低成本效率再高也无助于整体产业的发展。这时，提高其创新程度便成为当务之急，在企业行为中，其会代替成本效率升至第一位，电影企业也会采取以外购为主的策略提高其创新性。而具有充分自治权的小型制片商往往比一体化的大型制片商更容易创造新的产品或服务类型，故此大制片商和小制片商的合作将会成为这一时期整体产业追求创新和效率平衡而进行的最佳配置。另一方面，电影企业在产业配置方面各有重点，有些企业包含了电影产业中的各类行业，有些企业主要是制片，有些企业的主业则为院线业。专门行业的从业者在其领域都有完备的操作模式和成熟经验，其运营成本较其他企业低。对电影企业而言，如果自己的生产或发行没有其他专门行业的效率高，基于效率的考虑，电影企业将会选择外包给专门于制片或发行等行业的方式。当创新性达到一定程度时，效率的诉求会再次成为产业模式的主导，整体电影产业进入一轮新的循环。

香港电影产业的模式流变

香港电影产业的发展过程中，其模式的流变，即是效率与创新之间不断平衡、达到最佳配置的过程。香港电影产业的基本模式，不外独立制片体制和大厂体制两种。独立制片模式一般是这样的：没有设备、没有片场、没有院线，有时有很少的专业演职人员的独立制片公司先拉到有限的启动资金，然后组织编导演等演职人员，租用大公司的场地和设备开机；影片制作完成后，独立制片人组织销售和发行。由于其独立性较强，使得整体产业无论在美学层面或产业层面都具有创新价值，因此独立制片体制主导创新性。大厂体制是具有现代化和全球化特征的大型电影企业主导的产业模式，拥有规模庞大的片场设施和演艺人员、计划周密的商管理念、流水线式的大规模制片，集制片、院线于一体的"垂直整合"模式等是其主要特色，这些特色都较为明显地体现出了大厂体制中对提高效率的诉求，因此它主导产业模式中的效率性。随着香港电影产业的发展，其产业模式已不再是独立制片体制或大厂体制的单独出现，而是二者的不同组合。在不同的时期，二者的配置率和结构方式都在不断发生变化，组合而成新的产业模式，引领着香港电影产业走向一次次繁盛。

香港电影自诞生至20世纪30年代初的初创时期，其产业发展处于一种较低水平的层次，远未形成产业规模，产业结构相对简单，经营方式多为自发性的初级操作，还谈不上正规的产业模式。而真正启动香港电影产业规模发展、促成其产业模式成型的动因则是1934年有声粤语片的问世。之后大量的制片公司开始出现、制片数量激增，香港电影产业从此告别初创，进入成熟时期。这一时期，特别是战前，香港电影产业模式以独立制片体制为主，香港电影无论是美学特性或工业层面，基本上都获得了从简单到多样的创新性，进入了真正的发展。战后时期，独立制片体制在港更是日臻完善，成为日后香港电影产业发展中的一项成熟的产业模式，其创新性进一步加强。按照效率与创新的平衡理论，创新性到了一定的时期后，产业的基本特性又会促使其追求更大的效率。在创新性达到一定水准后，在美学和产业方面都具备了相当的储备后，香港电影的大厂体制也在这一时期开始萌芽，并经历了从诞生至初具规模的发展时期。

20世纪50年代中期之后，香港社会开始转型，香港电影产业具备了快速发展的政治基础、经济基础和文化基础。另一方面，在效率和创新性的平衡中,再好的创新性也无法拯救效率低下、成本过高甚至发展无序的产业,其最终的良性战略化努力也根本不能实现。在这种情况下,一直都在谋求变革的效率在政治、经济、文化基础的支持下开始飞跃,终于成为香港电影产业模式发展的主导因素。提升效率的诉求首先表现在有着"新马"资金背景的大型现代化制片企业的崛起;但更为重要的层面是香港电影大厂体制的产业模式也开始了以现代化和全球化为主要内容的根本变革。香港电影产业的制片量和利润快速增加、效率飞升,进入了以追求效率为主的第一次繁盛时期。

至20世纪60年代中期,香港电影产业效率达到了空前的高峰,在效率与创新的平衡互动中,效率总是优先于创新。60年代中期之后,由于过分地追求效率忽视创新,香港电影产业的整体发展呈现出了严重问题,其中最为明显的是传统粤语片产业一蹶不振,至70年代初销声匿迹。这种局面迫使香港电影产业重新考虑效率和创新的互动问题,其产业模式开始了转型。这种转型,主要表现为"嘉禾"崛起后将大厂体制和独立制片体制进行重新的资源配置,形成了创新性占主导地位的新体制——卫星制。卫星制有着多种要件构成,首先其产业结构必须由一个具有院线的大型电影企业,以及一个或数个独立制片公司组成,这些独立公司作为大公司的卫星公司,大公司则为卫星公司依托的母公司。其次,在卫星制的构成要件中,卫星公司主要负责制片,母公司主要负责卫星公司的制片资金及发行。母公司对卫星公司拍片较少干预,但须有一定的参与权和财务支持;财务支持的程度,对题材、剧本人事上的干预程度,利润的如何分配,各依双方拟定的合同来执行。再次,卫星制体制中卫星公司在经营中实行自负盈亏和分红制结合的方式，这是对大厂经营模式的最大突破。在大厂体制中，影片美学类型、预算多少、盈亏如何、启用的导演和演员均由公司定夺，与影片具体的制片人无关，而且所有工作人员及创作人员均为固定的工资制，影片或赔或赚都由公司承担，与他们的个人收入没有任何关系。而卫星制中，具体摄制影片的卫星公司及其制片人要对影片的盈利负责，亏则自掏腰包，盈则参与分红；而且卫星公司的利润及制片人、主创人员的劳务、红利事先并不支取，一般在影片上市资金回笼后，卫星公司利润从整部影片的利润中支付，主创人员的劳务、红利从卫星公司及大公司的利润中按照一定的比例分成。这种经营方式虽然由于卫星公司和主创的分红减少了母公司的收入，但又因为薪金不用事先支付而降低了母公司的财务负担，增加了资金周转速度，从而进一步促进了电影产业发展；另一方面，由于个人收入不受固定工资限制，这种分配制度不但吸引了有才干的演艺人员，还能充分发挥个人技能，促进创作的繁荣。

卫星制的出现，使得20世纪70年代之后香港电影产业在创新性与效率的平衡互动中创新性因素占据了主导地位。除了上述提及的产业创新性外，由于卫星公司承担拍摄主体，而母公司对影片拍摄干预较少，这样能将电影制片权从大制片厂的垄断中解放出来，主创人员能充分发挥自己的艺术创造力，美学上也体现出创新性。当创新性发展到一定程度时，企业最基本的战略——效率的发展诉求至80年代再次凸现。再从实际的发展来看，香港电影产业发展至80年代，创新性使得其产业储备和美学储备到达了一个空前的水平，特别是发轫于70年代末的"新浪潮"电影，将香港电影全面推向了本土化变革。香港经济于80年代亦再次步入发展的快车道，工商业对电影的投资热情异常高涨，为香港电影产业的效率发展提供了强大的资金保障。内外两种因素都要求香港电影的效率发展要跟得上创新性的步伐，提高效率再次成为主调。

在这种诉求中，香港电影产业开始以效率为主的新发展，产业模式也产生了新的变化，形成了以院线制营销模式为主的新型产业模式。这次产业模式的转变并非是第一次繁盛时期只重视提高效率的简单重复，历经数十年的发展，香港电影产业已具备了自我调节、自我应变的特殊本领，这次提升效率是在不失创新性基础的发展，是创新性与效率的一次成功的互动。这一时期的院线制营销模式中，因创新而形成的卫星制被作为主要内容，大型的院线公司作为母公司，中小型的独立制片公司作为子公司。此外，集中资本的大投入、高产出，电影企业强强联合，完善的产业配套措施，全球化合作制片等也是院线制营销模式的主体要素。以卫星制为主，使得院线制营销模式不失创新性，而在此基础上又汲取大厂体制的其他优势，如流水线式的类型片生产等，因而又有效率的飞升。在创新性与效率的成功互动中，香港电影经济再次飞跃，产业发展达到了空前的繁荣。该体制虽然于90年代初期逐渐消亡，但它的基本要素却成为香港电影产业最为辉煌时期的见证。

按照交易成本理论，在产业效率与创新性的平衡互动中，当效率主导发展到一定程度时，创新性的诉求开始升级，产业便会进入一个创新性主导的发展时期。20世纪90年代初，香港电影产业的效率发展到了一个新的鼎盛时期，产业结构和绩效也达到全盛，平衡体中创新性的发展诉求逐步上升。在这种诉求中，90年代之后香港电影产业模式开始了调整，理论上讲应由效率占主导的院线制营销模式向创新性占主导的独立制片体制转变。但90年代前期，"九七"问题使得脆弱的香港社会心理开始失衡，后期的亚洲金融危机、SARS病毒等事件又使香港经济发展出现了空前的颓势，香港电影的生态环境发生了逆转；而香港电影内部诸多隐患也在这一时期集中显现出来，整体产业遭遇了前所未有的低迷。具体到香港电影的产业模式，最能代表香港电影产业模式成就的院线制营销模式彻底消亡，效率的优势不复存在；而理论上的创新性诉求也被生态环境的变化所遏制，效率与创新性的平衡互动陷入了无所适从的混沌时期。

然而，香港电影并未彻底消亡，第二次繁盛时期的余威尚在，在艰难的处境中，整体产业仍要前行。在开始阶段的混沌时期，效率与创新性的互动循环不再像以前那样有规可循，它们在各个产业结构中进行着多样而繁复的重新分配，众多的电影企业从传统的大厂体制、独立制片体制以及卫星制等模式中汲取经验，结合电影产业发展的最新态势，努力探索适合当下香港电影发展的产业模式，如产业结构重组模式、借助新传媒工业发展模式、演艺经纪公司投资电影模式等。这些特殊的产业模式和以往的传统模式不同，大多数制片公司因个体而异，各施各法，显示出了较强的个性化特征，也使得这一时期的电影产业模式出现了多元化的格局。借助这些新的模式，香港电影产业在经过喘息之后有了新的发展，创新性和效率的互动平衡也再次显现，并继续引导着其产业模式的调整。而和内地电影产业的互动，既保持了具有外来因素的创新性，又拥有其本土产业所具有的效率因素，成为香港电影产业模式经过调整之后的最佳选择。

在追求效率与创新的平衡中，香港电影产业模式经历了独立制片体制→大厂体制→卫星制→院线制营销模式→多元化模式的流变过程，当然每次的流变后产生的新模式都不是绝对的，而是以该模式为主、其他多种辅助模式并存的格局。这一流变过程，既维持了产业低成本的效率优势，也兼顾了其差异化、多样性的创新优势。主流电影产业模式的更迭，更能从根本上解放电影生产力、提升电影经济。在香港电影产业模式的流变过程中，整个电影产业行为链中制片业地位逐渐弱化，而发行业的地位却在不断强化。如开始的独立制片体制中，制片业处于龙头地位，经过大厂体制和卫星制的过渡，发行业的筹码被进一步加重，而到了院线制营销模式中，支撑发行业的院线业占据了根本性的龙头地位，制片业被置于了最末端。其产业模式的这一变化表明：香港电影产业行为链中的发行端地位被日益提升，最终成为整体产业行为的决定因素，电影产业终端的院线制逐渐趋于成熟。与制片业相比，发行业更接近市场和观众，将发行业逐步提升至产业行为链的首要地位，赋予了香港电影一切以市场为主、时刻贴近观众的产业特性。企业具体的产业实践，创作者的艺术个性，技术、美学和政策的变化等一切都必须从属于市场准则。香港电影产业的这种模式流变，应该对一切视电影为产业者产生启迪。

对内地电影产业发展的启示

目前，中国内地的电影产业化经过十多年的跨越式发展进入了相对成熟的阶段。回首20世纪初，那时中国电影产业的发展刚刚起步，香港电影成熟的产业化模式为当时内地的电影产业化提供了弥足珍贵的经验。香港电影的产业经验特别是产业模式经验，确对内地电影产业产生了较大的影响。由于香港和内地政治、经济体制和文化方面的巨大差异，内地电影在其产业发展初期，产业模式层面不可能照搬香港，如引领香港电影产业发展的卫星制、院线制营销模式等在内地电影产业中并不存在完全可复制性，但香港模式中将离市场最近的发行业置于龙头地位、使整个产业行为一切以市场为准则的经验，以及某些适合内地发展的具体要素则对内地电影产生了较大的启迪意义。从那时起直到当下，内地电影立足于本地的产业实际，参照上述以香港为主的经验，从体制到模式进行了多方面的改革。

内地最先进行的产业模式变革是发行体制的改革。1993年1月，当时的广播电影电视部以三号文件的形式下发了《关于当前深化电影行业机制改革的若干意见》。文件指出，电影事业适应社会主义市场经济的发展要分步骤实施、分类指导。从1993年开始，一是将国产故事片由中影公司统一发行改为各制片单位与地方发行单位直接见面；二是电影票价原则上要开放，具体由各地政府掌控。这一具有明显市场导向的改革方案，把40年来由中影公司统一经营的方式一下子变为省市发行公司经营体制，各电影制片厂可以直接找各省发行公司。该方案和香港电影产业中以市场为主导的模式极为相似，它在内地电影界引起了巨大震动和强烈反响，是内地电影业观念转变的重要表现，也是其重视发行业这一距离市场最近端口的开始。

内地电影在之后的产业发展过程中，发行业的地位亦是被逐渐提升。2002年的院线制改革使中国电影产业链中形成了完备的院线产业，这也是其依照以香港为主的产业经验所进行的重大变革。香港于20世纪40年代后期开始出现了院线，院线制为其产业发展奠定了良好的基础，香港电影经济的数次重大飞升均与院线有关。内地由于长期的计划经济体制，造成制片与发行脱节，双方没有共同利益点，发行行业缺乏主动性；发行本身也存在严重的条块分割、反应迟钝现象，更无从谈及创新性。继1993年发行业的重大改革后，2002年6月国家广电总局又对延续了几十年的电影发行放映机制进行了改革，开始推行类似于香港纯发行院线式的院线制。这套机制就是在原有的电影制片、发行与影院之间插入一个院线环节，发行公司负责影片的宣传与发行，而院线公司负责将影片落实到电影院公映，许多原来的省级公司变成院线公司。短短几年间，全国电影院线达到30多条。这种以资产链接的影院实体为纽带的新型院线公司的崛起，标志着内地电影产业终端电影院线制的成熟，电影经济开始飞升。2006年，内地超亿元院线达到8条，比上年度增加了4条。其中上海联和院线全年票房突破3亿元，成为我国首条突破3亿元票房的院线。至2007年，内地票房超过3亿元的院线有中影星美、上海联和、北京新影联、中影南方、万达院线等5条，院线的效益进一步放大。至2014年，内地院线数量稳定在45条左右，排名第一的万达院线全年票房达31.61亿元。中国电影产业快速发展的关键当是院线制改革，这一电影产业结构的变化，是在提高绩效前提下结构本身的自我调整，它极大地提升了内地的电影经济。内地院线业的发展，表明其中作为产业终端的发行地位得到了提升，产业模式与香港以及欧美等地区接轨，逐渐趋于完善。

在香港电影产业模式的具体要素中，对内地电影产业产生影响的还有"垂直整合"模式。从20世纪90年代开始，内地电影产业化开始起步，发行业和制片业的相互渗透和参与趋势便开始加强，许多地方开始探索"制发放一条龙，影视录一体化"的具有中国特色的电影产业模式。开始阶段最为突出的是北京的"紫禁城"模式。1997年4月，北京市广电局、文化局、北京新影联等单位出资成立了以发行行业资金为基础的北京紫禁城影业公司，"紫禁城"的重要股东既有制片机构，又有北京市电影发行公司等省级发行公司，其操作模式带有明显的香港"垂直整合"特色，从策划到制片、宣传、发行，每个环节都紧紧围绕市场的需求来运作。它依托自己的发行优势，成功操作了《离开雷锋的日子》《甲方乙方》《红色恋人》等影片。随着内地电影体制改革的进一步深化，"垂直整合"模式进一步被完善，许多民营专业发行公司甚至一些院线公司开始涉足制片，并取得了良好的业绩。如北京保利博纳电影发行有限公司原为专业发行公司，从2003年起，"保利博纳"开始涉足影片投资制作领域，2006年以来，该公司更是积极与中影集团、上影集团等众多内地和港台制作单位合作，参与投资或自主出品《投名状》《赤壁》《江山美人》《十月围城》《桃姐》《窃听风云1—3》《后会无期》《智取威虎山》（3D）等多部影片，以"垂直整合"模式成为内地最具影响力的电影企业。此外，内地的万达院线、广东大地数字院线、中影星美院线、北京新影联院线和上海联和院线等专业院线均投资拍摄了众多电影；"华谊兄弟""今典集团"等大型制片公司也都建立了自己的院线。这种模式，颇有些香港院线制营销模式的影子。

香港电影产业模式中的现代营销观念亦对内地电影产业模式影

响颇深。这种影响首先体现在档期概念上。比如"紫禁城"模式催生出的中国内地品牌片种——贺岁片，便是直接由香港舶来。在其影响下，香港院线业中的档期概念在内地电影发行业进一步被强化，目前内地的院线档期中，除贺岁档外，还有"五一"档、暑期档、"十一"黄金周档期、圣诞节档期、情人节档期等，这些档期的出现也正体现了内地电影产业中对发行业的日益重视，同时也对内地电影经济给予了强有力的提升。

香港电影产业现代营销观念对内地电影的影响，还体现在对影片的包装、宣传上。这种营销理念，是香港20世纪80年代初《最佳拍档》系列片营造出的大投入、高产出要素中的一个关键部分，具体表现为花费巨额宣传费和采用各种方式如广告、见面会等为即将上映的影片包装，进行水银泻地式的宣传以期高票房。内地于90年代开始引入了这样的营销方式，如今，此种营销策略在内地影界已不再是什么新生事物，几乎所有的华语大片以及大部分重头影片在内地上映时均采用它。仅2007年，就有如《集结号》破纪录的"万人观影"、《投名状》的百位明星首映、《命运呼叫转移》以"喜剧门派大荟萃"为卖点的宣传营销等活动。2010年以来，电影营销开始运用互联网等新媒体，注重大数据和粉丝营销，特别是2014年的电商预售票的营销方式，对电影营销给予了强劲的助推。尽管其电影营销有了新渠道和新形式，但营销理念却是来自香港电影的产业模式。

香港电影产业模式对内地的影响还表现在后者独立制片体制和大厂体制的完善方面。20世纪90年代中期之后，内地涌现出了许多民营电影制片公司和发行公司，这些迅速崛起的民营电影公司充分发挥了港式独立制片公司的特色。在具体形态上，这些民营电影公司几乎和香港的独立制片公司完全一致，没有自己专门的片场、演职员、院线等沉重包袱，灵活务实，最大限度地追求商业绩效。正因如此，它们带动了内地电影产业的发展。万达集团、华谊兄弟影业投资有限公司、博纳影业集团、新画面影业有限公司等已成为业界翘楚，在制片与发行数量上已占据绝对优势。

目前内地电影产业变革中，与大量具有分散性的民营电影企业涌现相对立的另一模式变化，是国有大型企业集团化的并购重组。继1999年2月中国电影集团公司成立后，上海电影集团公司、长春电影集团公司等大型集团公司也宣告成立。这些集团公司在生产、管理和发行层面颇具香港式的大厂性质。如中国电影集团公司在制片业方面整合了北京电影制片厂、中国儿童电影制片厂、北京电影洗印厂、中国电影合作拍片公司、中国电影器材公司等制片企业的制片资源，在资金、管理、人才、设备资源方面实行优势互补，在创作、生产、洗印等方面进行优化重组，能够形成规模优势，具有强大的制片实力；在发行业方面，它的前身便是中国最大的专业电影发行公司，并控股中影星美院线，同时是新影联的第二大股东，能形成港式的"垂直整合"模式，而电影卫星频道节目中心又能为其影片发行提供"第二窗口"。这种改组后的电影企业集团，无疑增强了集团的整体竞争能力。而此种民营企业和国有集团共存的产业结构，和香港电影产业中独立制片公司和大厂并行存在的结构如出一辙，保证了整体产业结构的合理性和完善性，有助于整体产业的良性发展。

在香港电影产业模式影响下的内地电影产业模式的变革，使得其最终的绩效也有了较大的提高。特别是2002年之后，随着院线业的蓬勃发展，电影产业绩效进一步放大。2003年，数年徘徊在100部左右的国产片年产量飙升至140部，以后每年均有大幅度攀升，至2012年达893部，之后稳定在620部左右。从1993年开始一直到2003年，内地电影票房一直徘徊在10亿人民币上下，从2004年开始，这一指标飞速增长，至2014年，全年票房接近300亿元，跃升为全球第二大电影市场。此外，内地多厅电影院数量、银幕数量也于2003年开始大幅增长，至2014年，全国城市影院银幕数达23592块，平均每天新增近15块。这些成就表明，和香港等地具有先进产业理念的电影产业模式接轨后，内地电影的绩效获得了重大提升，并不断获得新的超越。

"资本为王"时代的综艺生态

■ 吴闻博[1]

    非常荣幸能够和来自北京大学、清华大学、传媒大学以及我们中国艺术研究院的各位专家、学者探讨关于电视的问题。上次来青年文艺论坛我跟佳山搭档,也是在讨论关于中国综艺节目的问题。那时候正好是"好声音"模式火爆全球,也在中国取得极大成功。那次我们讨论的话题,是关于电视节目模式的问题,就是在《中国好声音》出现以后,我们发现中国电视也可以做到像电影那样的效果,我们不仅有一个全明星的阵容,不仅看到一个更精美的舞美和道具,还突然发现,电视节目要是按严格的流程走,也能综合成视觉上的奇观。我们当时讨论的话题就是围绕这个角度展开的。当时有一个焦点:《中国好声音》是不是已经成为一种文化现象?而当时我提出来的观点是,《中国好声音》只是在传媒领域引发了震荡,关于其价值、模式的讨论,并没有进入社会生活当中、形成社会舆论,还不能称之为一个文化现象,只是一个传媒事件。

---

[1]   吴闻博,中国传媒大学博士,中国传媒大学凤凰学院研发中心总监。

但《中国好声音》播出后两年时间之内，我们发现出现了另一个综艺节目《爸爸去哪儿》，这档节目跟《中国好声音》的最大不同在于，《中国好声音》被称为"大片"时代，而《爸爸去哪儿》我们称之为带领中国综艺进入"现象级"的时代。"大片"时代偏重电视节目的结构和形态，给我们带来一种视觉效果；而"现象级"时代已经超越电视节目本身，进入社会研究的领域。我们称《中国好声音》是一个传媒事件，但《爸爸去哪儿》是一个文化事件，《爸爸去哪儿》出现后，我们发现有各种文化评论。那么到底什么样的节目才是"现象级"的节目？比如说收视率必须破2、网络影响力达到某种程度、制作费达到多少、影响力有多高；但《爸爸去哪儿》之所以会成为一种社会现象，最关键的因素是节目当中的人物关系在社会上能够引起情感的共振，这是《爸爸去哪儿》能成为"现象级"，而《中国好声音》却只是传媒事件的根本原因。

　　由此产生的局限在电视方面的讨论，就是模式，它到底有多么大的价值？如果说《中国好声音》火爆，让我们意识到原来只要按照国外的模式就可以取得成功；《爸爸去哪儿》则给我们提供了另一个思路，我们没有模式也可以取得甚至更大的成功。因为模式是欧美电视的产物，是基于整个观众的心理观察而形成的一整套产业流程。在中国，电视工业化发展相对较弱，但我们按照国外的模式流程去制作一档节目，只要执行力够强，只要不随便改动，就可以实现视觉奇观的效果。因为在欧美所有的模式中第一步做什么、第二步做什么以及为什么选择这几个主持人，都有严格规定。大家也知道，韩国的节目没有模式，没有严格的规定。换句话说，欧美节目重模式，韩国节目重体验，这也是大家在各种文章中能看到的说法。

模式对于电视节目的成功，到底能起到多大作用？如果说欧美节目在中国的成功是模式的成功，那么韩国节目在中国的成功则提供了另一种制作思路——文化的共通和情感的共振。《爸爸去哪儿》在中国取得成功，大家可以看出是基于一种社会问题，爸爸离开家太久了，才形成父子关系的所谓情感空洞。我们把这种父子关系问题拍成综艺节目，自然会带动更多的社会关注，上升为社会话题的讨论。我们发现在《爸爸去哪儿》之后，出现了许多关于亲子关系的节目，《爸爸请回答》《超人回来了》《妈妈听我说》之类。从电视本身来看，《中国好声音》《爸爸去哪儿》开启了中国综艺的两个时代，只不过这两个时代挨得比较近，一个是"大片"化的时代，一个是"现象级"的时代。

当然，"大片"化的时代其实奠定了"现象级"的基础。如果我们关注一下目前中国电视发展的现状，很难找出制作很粗糙的节目，基本上我们可以看到画面、剪辑、拍摄、制作都已经达到一定水准，甚至不觉得电视综艺节目比电影差多少，这是"大片"化时代打下的基础。《爸爸去哪儿》在文化关注方面达到了一定高度，同时也给电视产业提出了一个问题：欧美的节目基本不需要有太多明星参与，但韩国的节目如果脱离了明星，就不会取得太好的效果。

2014年6月，我们在上海举行亚洲电视模式论坛，我特意把欧洲的制作人和亚洲的电视人、中国的电视人放在一块讨论综艺节目，他们的差异非常明显。对于韩国电视制作人来讲，他们只有一个观点：我怎样用好明星。而对于欧洲制作人来讲，也只有一个问题：你为什么用明星、不用素人。而对于中国的制作人来说，只要能给我带来高收视率，管他是明星还是素人。但事实上，从中国目前的收视情况看，明星取得的效益远高于素人。可以说在未来几年内，中国的电视综艺节目一定会转入素人的阶段；但不可否认，现在素人的综艺节目还没有取得较高收视率。素人综艺在中国只能说是一种愿望，一个未来的走向，但不是现在最可行的方案。

《中国好声音》《爸爸去哪儿》这两个节目引领出中国电视的两个阶段，同时也留给我们一个思考的问题：中国电视该往何处去——一个是该用明星还是该用素人的问题，第二个问题是我们的烧钱行为还要持续多长时间。其实《中国好声音》已经是大投入的节目，"现象级"的节目更需要全明星的阵容，投入不会低。"跑男"第二季刚结束，收视率破5，在中国电视史上堪称奇迹。为什么这么说？歌曲类节目在中国破3、破4很正常，因为《中国好声音》已经破4甚至达到5，歌曲跟我们的相关性相当强，每个人都能哼两句，歌曲类节目达到这个量很正常。但是，一个跟我们没多少关系的游戏类节目达到这样的收视率，我们就必须思考明星的身价，或者对于我们来讲，他们的价值体现在什么地方？正是这种类型的综艺节目的火爆，让我们感觉明星的身价也是值得讨论的问题。比如说某"跑男"明星，一集片酬超过原版 *Running Man* 某明星整季的片酬，这也是导致很多韩国明星愿意到中国拍戏的重要原因。所以这是留给中国电视的第二个问题，我们的烧钱行为或者大投入还能持续多久？

不管是《中国好声音》还是《爸爸去哪儿》，我们数得出来的目前在电视上比较好的节目，全都从国外引进。中国电视的原创力量在哪儿？我们讨论模式的价值，自然要学习国外的节目，只有学习才能创新。但是引进韩国节目之后，发现韩国没有模式，那我们学什么？我们也是直接买，但买的不仅是韩国的创意，还有韩国的技术。"跑男"前几季都是由韩国团队来协助拍摄完成，而且我们甚至发现——现在好的电视综艺节目基本都是中韩一起拍摄——韩国的经验对一个中国电视综艺节目的收视来讲是可靠的保障。诸如《中国好声音》《爸爸去哪儿》《奔跑吧兄弟》，以及现在正播出的《极限挑战》《挑战者联盟》《真心英雄》这些收视率好的节目，都是如此。似乎我们缺的不只是创意，还有技术，这两个节目所引发的一系列讨论归结起来就是这两个问题：第一，这种烧钱行为到底要持续多久；第二，中国的原创力量到底在什么地方？当然这是很复杂的问题，包括机制的问题，包括留给中国电视人原创的时间和耐心还有多少。这是从两档节目引发的对中国综艺节目发展现状的思考。

从这两个节目我们往上溯源会发现：从节目形态这个角度看，《中国好声音》属于演播室节目，《爸爸去哪儿》，包括现在的"跑男"，属于真人秀节目。这也反映出中国的电视综艺节目发展到现在其形态出现的变化。从国际发展潮流看，真人秀早在本世纪初就已成为热点，大家很熟悉的像《幸存者》《老大哥》都是典型的真人秀；中国在一段时间始终没有发展真人秀，演播室节目一直是中国电视发展的主流，但是到了欧美的真人秀开始退潮的时候，我们突然发现真人秀更适合中国。

从学理上对"真人秀"进行界定，应该说已经汗牛充栋，很多学者希望能做出一个界定，但到底什么是真人秀，我们还是没有一个统一的解释，只能大致拆分出，比如必须是真实人员参与的真实行为，才属于"真人"的范围，这个"秀"带有表演的成分。欧美重模式，把"真人"行为记录下来，同时通过一定的规律把人性体现出来，所以他们注重"真人"。韩国注重"秀"，而不是"真人"，所谓"真人"其实某种意义上讲是素人。韩国通过把明星安排进去，强化了编剧的功能，只要让明星在某种场合达到规定的效果就行，不管是演还是真实体验，只要达到这样的效果就行，就像我们看电视剧，看到效果非常好就可以了。这是韩国节目和欧美节目的区别。也正是韩国节目火爆之后，我们发现中国电视台也开始关注韩国综艺的编剧问题。当一个综艺节目电视剧化的时候，我们很难去界定这个节目是真的真人秀，还是假的电视剧，这可能是学理上可以继续探讨的问题。伪电视剧和真人秀的关联性到底有多大？这可能也是一个值得深入研究的问题。

我们很难说中国的综艺节目发展到现在，究竟是顺应了国际潮流的发展，还是违背了潮流的发展，但至少可以说中国电视综艺已经开始找到自己的发展道路。我们关注一下欧美，发现欧美的节目很纯粹，无论游戏类节目，还是演播室内的节目，"真人秀"得很纯粹。所谓纯粹，是不太关注情感，不去生发太多的故事，只要把最后的目标和规则设置清楚就行。就像《幸存者》一样，你只要最后胜出，就能拿到大奖，节目的推动力包括吸引关注，只在于最后的出口——谁能成为百万富翁。这是最大的噱头，人性的体现是这种模式的最大特点。

但是大多数欧美综艺节目在中国都不算成功，中国的电视好像很难做很纯粹的节目。后来我们发现《中国好声音》在节目当中，有很大的比重在于选手故事的呈现。选手上台前，会强调两个词：第一是梦想，第二是经历，这是和原版节目最大的区别点。中国的节目很难做纯粹，无论游戏节目，还是真人秀节目，还是演播室节目，都得把故事挖掘出来才能吸引观众，中国的电视观众更喜欢听故事，这个故事是真是假不论，但一定有一个故事作为载体。《爸爸去哪儿》"跑男"就是在讲一个故事，拍摄者需要明星来演好这个故事。我始终认为韩国的电视综艺是一个电视剧化的综艺节目，不是纯粹的真人秀，这也是编剧的功能，只要把故事演好就可以了。

我们比较一下"跑男"和 Running Man 的区别会发现，Running Man 并没有很强的目的性，基本上是以游戏并列式的发展来呈现的节目样态。进入浙江卫视的时候，我们发现中国最大的创意，就在于赋予每个故事一个主题。我们说"跑男"开启了中国电视发展的新篇章，就在于把季播的金字塔式改成单集成篇，集与集没有关联，但是集与集之间由于相同的明星而形式上有连续性，再加上每集都有一个故事和必须完成的目标，同时又有不同的明星来客串形成系列化，这其实就是中国小说连续性、系列性特征的最典型的体现。在"跑男"之后，我们发现《极限挑战》《挑战者联盟》《真心英雄》这些节目，包括浙江卫视要上的"西游"，也是按照电视剧的方式去演一个规定的情景，规定身份，甚至规定情节，明星只要达到效果就可以了，这也是明星的最大效用。从电视综艺节目来讲，这两档节目给我们留下的一个思考就是，我们已经从演播室节目阶段进入真人秀节目阶段，那么真人秀节目到底能火多久？一个关键问题就在于我们对明星的依赖程度，这是从电视本身或者产业本身来讲。

如果我们再把这个话题往上提高一下，从节目的形态往上走，就要考虑下一个问题，从 21 世纪或者从 20 世纪 90 年代开始，中国综艺节目发展所经过的几个阶段。90 年代以前中国的电视没有商业运作，缺少广告，没有太强的娱乐性，更多的是政治宣教功能。90年代之后，《综艺大观》《正大综艺》这些节目出现，表面看是开拓了人的眼界，更重要的是松绑了政治意识形态，加入了更多的娱乐元素在里面。21世纪初，《艺术人生》《同一首歌》这种节目出现，这种节目被称之为"内容为王"。如果我们要把中国电视做一个整体梳理，"内容为王"是第一步，在那个时代强调内容其实就是在强调价值观，强调意义，甚至强调政治导向。

后来《超级女声》的出现打破了这种格局，《超级女声》告诉我们电视节目最重要的一点是娱乐。从《超级女声》开始，我们就发现娱乐成风、脱口成风，成为电视界的一大现象，其他属性开始退居其次，大众的参与程度成为观众的焦点，成为吸引观众的最大话题。《百家讲坛》属于文化节目中的一个例外，但它吸引观众的原因，在于把我们以前正襟危坐或正儿八经讲述的方式改成故事性的讲述，这其实也暗含刚才说的观点，如果你的节目没有故事，只是纯粹的说教或流水记述，对观众没有任何吸引力。《非诚勿扰》属于演播室的节目，所有人都说是婚恋节目，其实就是讲故事的节目。如果我们翻开一些杂志或者一些评论文章，评选本世纪能够成为现象级的节目，《超级女声》算一个，《非诚勿扰》算一个，一个重要原因就在于《非诚勿扰》把夫妻、婆媳之间的沟通问题，通过"婚恋"这个外壳呈现出来，讨论的是话题，不是真的要去结婚，那只是一种手段。我们发现其中每个问题都问得都非常简单，比如"我出生在一个单亲家庭里面，你是否愿意跟我的母亲住在一起？"这个问题看似简单，其实折射出了典型的社会问题，《非诚勿扰》也在整个社会引发了关注。

这也是"内容为王"之后出现的另一个新阶段，到了《非诚勿扰》，开始呈现出"制造为王"的特征。从《非诚勿扰》以后，我们发现综艺节目开始在舞美设计和道具使用上下功夫，比如《我是歌手》中灯光的使用就引起我们的关注，让我们觉得好像舞美已经是一个必备因素。当然这也是《中国好声音》带给中国电视的一个改变，中国综艺节目在这个阶段从"内容为王"发展到"制作为王"。

《爸爸去哪儿》似乎又带着我们回到"内容为王"阶段，但此时的"内容"已不是我们最初的那个"内容"。在最初的"内容"阶段，我们强调的是政治属性、文化属性；但现在强调的"内容"，是指娱乐属性，而且决定因素是资本属性。我们现在去给电视台做节目提案，电视台会问三个问题：第一你的总冠名是谁？第二节目内容是什么？第三制作团队是哪里的？在这个阶段我们虽然也强调"内容为王"，也强调"制作为王"，但在根本上是"资本为王"。如果你的资金不能支撑一个大型节目，你的方案就很难落实。电视综艺节目从"内容为王"到"制作为王"，发展到现在的"资本为王"时代，已经必须依靠强有力的资本来支撑，才能打响每周五晚上的"核战"。

比如2013年10月25日，《爸爸去哪儿》收视率首播破3，《极限挑战》《极速前进》等好几个都是投入破亿的节目也放在那个时段去比拼。这时候我们就需要考虑一个问题：你如果没有足够的资本该怎么支撑这个节目的品质，怎么实现你制作的精良？在资本之外，还有另一层概念，就是资源。现在我们会发现以前做节目的时候是单向的，做节目就是做节目，这个节目是个体的，放电视台播就可以了。现在发现，任何一档好的节目后面，往往会有资源作为支撑，这种情况现在还没有表现出明显的特征，但是预计从今年的下半年到明年，这将成为电视综艺节目的一个突出特点。

在"资本为王"的时代，最大的资本家是谁？最大的资本家不是个人，而是企业，甚至包括一些广告商。许多广告公司都在转型，那么广告公司的作用是什么？以前只需要把节目拿过来，做节目配比就可以，但是现在所有节目，在整个制作流程中，广告商就全部参与了，它们已经从一个纯粹的广告公司进入到媒体运营公司的阶段。连广告商都开始利用自己的资源去打造综艺节目。我们可以判断，目前的中国，在最近几年一定会进入资本的时代；而这个资本时代，不在于你有多少钱，而在于你有多少资源，你的资源配比好，成功率就非常高。现在电视台已经逐步成为纯粹播出平台，不是像以前，我缺节目，我买你的内容，我帮你联合招商，配比我的团队帮你做各种事情，现在这种情况少了。他们现在需要的是你给我一个节目，你的制作方、广告商，甚至你的投资商都得到位，我只是提供这个平台播出而已。电视台都走上了这条路，说明"资本为王"的时代已经全方位地到来。

接下来要走向哪个方向，是我们要考虑的问题。其实"资本为王"也是对应我刚才提到的，这种烧钱究竟能烧多久？如果我们回归到素人的真人秀，需要多长时间？虽然我们都认为未来方向一定是素人，但是我认为现在的资本市场仍处在高涨期，还没有回落。只要资本不回落，资源就继续处于资本的整合期内，素人真人秀时代就不会到来。欧美的节目为什么一定做素人？因为欧美做节目大部分不像我们这么烧钱。

2016年，戛纳电视台在英国做了一个关于体操的综艺节目，属于大投入。做了几期做不下去了，收视率也不是特别好，一是观众不认可这种形式，二是大投入支撑不下去。以前在欧美做季播，是希望把最有限的资源、最好的明星配比，加上最充足的钱，集中在几个月内播出。由此产生一个问题：当我们专注于季播的时候，周播节目就会出现一个空白，只不过因为国外电视台对节目的需求量还是比较少，所以这种情况还是可以控制的；但是在中国，如果我们专注于季播，那么其他的时间段怎么办？季播一周播一期，播完三个月以后，下面再接一个季播节目就可以，但是如果我们周五播出之后，周一至周四播什么？从国际潮流看，欧美的综艺节目也开始走季播节目的日播化，或者周播的常态化；原本是把一个季播节目三个月播完，现在表面还做季播，但实际上已经按照日播、周播的方式去做。中国现在还没走上这条路。

还有一个问题非常显著，就是920档节目的稀缺。9点20到10点这个时段是空缺的，因为许多季播节目放在10点以后，在"一剧两星"的政策施行后，9点20以后的时段谁去补充？这已经成为国家广电总局关注的问题，总局鼓励920档的时间段。只有40到50分钟，不能做大节目，也不能请大明星。广电总局希望通过鼓励920档节目，推动中国电视节目的原创，这恐怕是在"资本为王"时代我们可以看到的未来趋势。正像我说的，这只是一个趋势，谁都可以去说未来的发展方向在素人；但现在整个行业状态就是在烧钱，素人尚不具有大投资的意义和高价值的回报，资本的焦点还是在明星。

电视进入"资本为王"的时代，实际上包含了更多关乎商业利益的所谓内容。对我们从业人员来讲，政策对中国电视的影响非常大；但是中国的政策永远是在现象之后出现，而不是在现象之前，这是一个很大的问题。广电总局发现模式大量引进，就制定一个"限购令"，一家电视台只能买一个模式，副作用就是引发抄袭和剽窃。这是版权商问我最多的问题：我这个节目你们又不买，你还让我介绍，我介绍那么详细，你把其中的元素抄了怎么办？

我们现在做的综艺节目有自己的特点，等到现象出现，靠政策很难把它压下去，政策和市场存在很大矛盾。一旦某种节目形态形成规模，形成观看习惯，再想去压制，从政策角度来讲没有任何意义，只会让大家嘲笑这个政策。

比如现在真人秀比较火，政策上可能会出现"限'真'令"，让大家少做真人秀节目，或者要我们不要做虚假的节目，这个政策是可以预期的。刚才我谈到韩国的综艺节目进入中国，你会发现演的成分较多，也就是一个伪电视剧样态，按照电视剧的方式编剧，明星按写好的剧本演。某些节目也按这种方式来表现"结婚"。广电总局会说你不能这样啊，你这是假的，必须真实去做才行，所以这个节目就加一个演播室，加一些素人进去。这种政策其实更多的是跟着市场堵漏，而不是引导市场。

当然某些政策的规范还是必要的，现在我们讲价值观，讲一个节目的价值导向，对此广电总局一直是提倡的，我认为这也是非常重要的。一档综艺节目，无论你的制作多么精良，明星多么强大，资本投入多大，只要缺乏正确的价值导向，是不可能做得很成功的。当然，所谓导向不一定是政治导向，可以是基于人性、基于社会的种种现象，而且在做节目时，都应该遵循的一个导向，是要首先完成由节目的价值引领节目的内容，之后再去设计节目的结构，去配比明星和制作团队。可是从目前的节目生态来讲，是倒过来的，先问你节目的明星是谁？你节目的制作团队有哪些？然后再根据明星设计结构，设计完结构再说我这个节目要体现什么，完全倒过来。我们要以价值观为前提，正过来，这样一个发展样态，应该是中国电视未来发展的方向。

所以到了政策层面，针对整个电视的发展，我们不能跟着它们屁股后面走，我们有没有可能成为节目的引领者，而不是跟在它们后面做简单的补漏？

我刚才说了三个方面：一是选择两档节目向大家简单介绍一下，中国电视在最近几年内经过了几个阶段；二是从这两档节目上升到电视综艺节目的形态问题，以前我们偏重演播室，现在注重真人秀，这是目前综艺节目的特点；三是从这两个形态上升到中国电视综艺最近十年发展的脉络，从"内容为王""制作为王"到"资本为王"，而资本是很复杂的现象。在这些脉络当中，究竟隐藏了多少广电总局的政策调控，包括文化软实力的体现？这恐怕是我们更关注的问题。

今天，我们更应从文化价值、文化产业体系这种"道"的思路去生产这些综艺节目。综艺本身所蕴藏的东西，我们可以称为意识形态，甚至可以说是政策导向；但是综艺节目的传播，一定要符合国内的需求，具有出口的价值，否则我们的综艺节目就不可能走向世界，就永远只能基于一个技能上的讨论，去说模式重要还是体验重要，是该学欧美还是学韩国或者台湾。只有从技术层面上升为"道"，成为文化产业体系的重要一环，中国电视才能真正走出去。对于这个"道"，一个很重要的影响因素是政策，比如在十年周期内，会出现什么变化,这些变化对于中国综艺节目行业,从一个节目到成为一个商品,再成长为文化产品,政策究竟起鼓励的作用、推动的作用,还是跟随性的作用,或者无关痛痒的作用,这恐怕是我们要考虑的节目背后的政策问题。

从韩国的综艺模式现状看电视行业的发展趋势

■ 洪淳澈 [1]

我以前在 MBC 和 SBS 策划并制作节目,之后还去了韩国国家艺术研究院待了 12 年,在那里担任教授,之后又回到了 SBS 工作。我以前做过的节目有纪实类的节目,还有素人出演的脱口秀。回到 SBS 后,制作的节目是按照电视台的要求做的。因为 SBS 是商业电视台,所以要求节目能以低成本吸引更多观众。我主要策划的节目是这一类型的,这种节目在韩国被称为名品类节目。韩国人都知道一档 SBS 特别长寿的节目,名叫《想知道那个》。以前这个类型的节目是一个主持人在台上,单方面给观众讲述一些事情。当时我想,为什么观众要坐在电视机前,只是听主持人给他们讲故事呢?我觉得,有必要让观众投入节目当中,一起进行判断和推理。所以我策划这档节目时,就让观众也参与进来。还有一个节目《瞬间捕捉——世界上竟有这样的事》,是素人出演的节目,主题是世界上怎么会有这么多不可思议的事情呢。大概是在 12 年前,我又开始策划了另一档

---

[1] 洪淳澈,韩国 SBS 电视台常务理事。

节目叫《动物农场》，节目的主角是动物。其实我在学校教书的时候也预想过电视行业的发展、变化是很大的，等我在韩国国家艺术研究院待了12年、再回到SBS电视台之后，发现真正的变化超出了我的预期。所以，我今天要讲的话题，就是韩国电视产业的变化。

今天我在来这儿的飞机上看到一则报道，新闻播报类节目有可能从电视上消失，报道中说BBC的新闻频道要把电视播出的新闻类节目改到网上播出，BBC第三频道已经完全停止了电视播放，改到网络播放。这不仅是欧洲的一个趋势，目前在韩国看电视的人也越来越少，所以我先讲一下韩国电视收视的情况。三年前我回到SBS的时候，为了接受信息，很多人最常用的一个渠道是电视。2013年的数据是韩国人一天看节目的平均时间是3小时14分，智能手机的使用时间是1小时44分，电脑是1小时38分，基本上电视的收视时间是其他渠道的两倍。可是经过了两年之后，电视已经不是第一位了。

近期的一个数据就说，10个人当中只有4个人是通过电视去看节目，剩下6个人都是通过其他的媒体和渠道看，50岁以下的人群特别明显。所以韩国也出现了一个术语："看电视不通过电视"，也就是OTV。韩国电视台不能再依靠以前的商业模式了。一般来讲，在一个电视台搞定一个时间段，在那个时间段播出节目，争取达到高收视率，收视率跟广告挂钩，这是最传统的商业模式。第二次销售，就是把这个节目再卖给其他电视台，另外收费。一般电视台制作完一档节目后，销售给有线电视台、网络电视台，价钱是非常便宜的。由于那个阶段市场的因素，突然提高价钱是不可能的，电视台也一直在纠结卖不上价钱，所以电视台近期停止将自制节目销售给手机等平台。在韩国，智能手机的用户 2011 年是 42.5%，2013 年达到 79.5%，所以今天第一个问题是"看电视不通过电视"，第二个问题是电视机前的人都是上了年纪的人。即使电视机前面坐的是老年人加上年轻人还有家里的宠物，但是看电视的也只有老年人，这是《纽约时报》登出的一幅漫画的画面。

所以像以前电视可以单独吸引很多观众的时代已经过去了，很多样的收看渠道的时代已经到来，韩国也很困惑接下来该怎么办。所以他们想了一个办法，所有电视台联合起来做一些视频，试图对抗网络平台。还有就是韩国出现了传统电视媒体的细分化，也就是综合频道多样化。像以前在韩国有线电视台播的都是单一类型的节目，三年前国家许可韩国主流电视台也可以做综合性的节目，新闻、综艺都可以，两年前这种综合频道的收视群体多是上了年纪的人或者低收入的人。综合频道 2012 年的平均收视率在 0.7% 左右，可是经过三年的发展，近期的收视率可以上升到 6% 或者 7%。对于韩国的三家主流媒体，也就是韩国人所说的地面频道，如果是三年前收视率只到 5% 至 6%，这个节目是要停播的；三年前，主流频道的收视率都是 10% 以上，这是主流频道所说的两位数的收视率，这是一般的情况。问题是目前黄金时间段的主流频道收视率根本达不到两位数，所以虽然目前韩国主流频道还是占一定优势，但他们的一些主要节目和综合频道的节目相比，收视率可以说是持平的状态。所以目前的状况是，韩国的主流媒体不仅要和综合频道竞争，还要跟新媒体竞争。收视率是跟广告相关的，以前，主流频道的广告收益是 5000 亿韩元，今年滑落了，所以说韩国的电视产业也在摸索新的途径。

还有第三个趋势就是现在韩国越来越少的人为了看某个节目而在播出的那个时间点打开电视看了，韩国40%多的人是看重播的节目。近期一个数据显示，10人当中有7个人是通过重播的方式去看节目。换句话说，电视台的编排功能已经没有了，或者不是电视台在编排，是观众自己在编排。所以，编排已经从时间的意义上变为空间的意义，30岁以上的人可能还是坐在电视机前，但是30岁以下的人已经完全不局限于此。

刚才说的数据有一点老，一个是2002年电视整体的收视率平均在13%，2011年下降了5%，所以把刚才的内容用一句话来概括：大家是在看节目，但没有通过电视看。因此，韩国主流电视台的战略性趋势是很多样的。一个是内容方面的无限的竞争，不管是跟综合频道、有线电视台，还是UGC这样的平台竞争，以前的电视台跟观众的关系特别简单，电视台播出，观众来看，现在变成了跟消费者的竞争，跟IPTV也好，跟OTT智能手机也好，变成这种多样化平台的竞争。

我讲的这些内容，是从电视台的角度去看的。目前电视台最需要做的是怎么去编排好它的播出时间，然后制作最好的内容去吸引观众。收视率是很重要，可这个收视率不是简单地去吸引各个用户，而是通过吸引一个群体来实现。可是这些内容转移到智能手机用户，群体的概念就没有了，因为对于智能手机而言，用户是每个人，得单一地去考虑，不是观众或者收看者，而是用户。对电视台来讲，他们很难去收集各个用户的信息，即使把这些用户的资料收集起来，对电视台也没有什么意义。可是在网上用户的信息的资源量就不一样了，网上用户是一个一个的用户，而不是一个群体的用户。从消费者也就是从观众角度来看，以前看一档节目，知道这个节目是在哪家电视台播出才能去看，可是现在他们能看的节目太多、渠道太丰富了，即使看了一个节目，也未必知道这个节目是哪家电视台制作的。所以，对于网络平台而言，用户的信息是很宝贵的，通过这些数据就能看到用户想看的节目是什么，就知道该如何进行分类。

对于用户来讲，他们会经常考虑自己想看什么，再去看他们想看的节目，可是对于地面频道而言是很难收集这些数据的。对于网上用户来讲，他们看了一个节目，后台都是有数据的，所以能提供有针对性的广告：你是不是想买这个，如果你想买的话你周围有哪些商家。用容易理解的词描述，叫"水龙头理论"。谁需要水，就找个水龙头，一转水就出来了。刚才我们也聊过网络节目的一些内容，韩国当下的市场急需新的内容，目前可以看作一个过渡的阶段。韩国的一些主流电视台会规划很多战略，其中一个是怎么能把主流电视台的内容过渡到网上。为此SBS也设立了一些新的部门，在节目的内容方面，也需要一些新颖的东西。

刚才主要从观众和节目内容这一块讲了一些，接下来讲一下商业方面。主流电视台目前处在一个比较悲伤的阶段。韩国主流电视台是三家，今年全媒体广告的数据是九兆五千亿韩元，这个数据换算成人民币与中国的市场比是很小的数据，广告规模仅增长了1.1%，但主流电视台的广告下降了3.8%，智能手机的广告上升了32%，相信明年这个数据的差距会更大。所以，以前电视台通过广告生存的商业模式已经消失了。不同电视台的广告单价是不一样的，在韩国，主流电视台的单价是最贵的。像韩国的《丛林的法则》差不多是3亿或者2.8亿左右，而韩国综合频道CJ旗下的TVN，他们播出的《三食三餐》的广告单价几乎要跟《丛林的法则》持平，是 3 亿韩元左右。所以刚才也说过，电视台以广告为收益的时代已经过去了，怎么寻找一个新的商业模式，也是要考虑的内容，他们一直都在考虑一个战略，数码战略。SBS 今年建立了一个新的部门，直隶于生产网上内容的这个部门，其人数跟其他部门相比，是相当多的。

新闻类节目，虽然大部分人还是通过电视看，可是已经有很多人是通过智能手机和社交网站看新闻了。在韩国，通过 Facebook 看新闻的人是 45 万左右，通过 SBS 看新闻的人大概是一两万。通过社交网络看新闻的人数相当多，所以 KBS 作为韩国最主流的电视台，设立了一个部门专门做这件事情。

还有一个战略，国际化模式的生产。像近几年在中国，《奔跑吧，兄弟》和《爸爸去哪儿》成为话题，韩国也在考虑，什么节目模式可在亚洲获得欢迎，而且是一种持续的欢迎。模式销售这个领域，单纯卖模式的时代已经过去了，从以前单纯的销售模式变成共同制作的趋势。还有就是一档节目怎么能受到不仅是当地的，还有东南亚和整个亚洲的欢迎？那就要做好节目的本土化，好多欧洲的模式引入后都失败了。曾经欧洲的模式也进入韩国，进入韩国的目的就是想今后进入中国，先在韩国预热，但大部分都失败了，唯一一个算是成功的案例，就是"好声音"系列。后来虽然韩国的好多模式进入中国后取得了很大成功，可我不认为是因为内容新颖，最重要的是两国的收视群体有共感的内容。刚才吴闻博博士也讲过，我也认为是故事性。这个故事不是单一的类型，有纪实类的故事、游戏类的故事，还有相亲类的故事。欧洲的模式对故事不感兴趣，而是对整个架构更感兴趣；韩国的内容要是以欧美的形式制作就会被毁掉，因为需要给观众一个环境，让他们参与进来，让他们了解这些故事，并产生共感。

韩国版的《爸爸去哪儿》之所以在 MBC 先播，跟 MBC 的电视台文化是相关的。MBC 这个台从很久以前就对人物纪实类的内容感兴趣，致力于做这些事情。他们有一个特别出名的节目，叫《人间时代》，专门讲人物故事的节目，后来也有很多综艺是从这个《人间时代》纪实类节目中获取创意后再去做的节目。指导中国版《爸爸去哪儿》的导演，擅长做人物纪实和公益类节目，SBS 做的 Running Man 里面也有一些有趣的游戏规则，但还是以故事为背景。我预测韩国以后的一些节目也是以故事为基准，再变换成多样的其他形式。最近两三年，韩国最具话题性的一个平台是 CJ 旗下的 TVN 频道。这个话题的开始就是，韩国年纪较大的几位爷爷一起去旅游，还有几位艺人到偏僻的农村，什么都不做，就做饭吃，每天三餐。对于韩国观众来讲，因为他们白天的工作已经很繁忙，所以回家后看电视，就不想再看热闹的节目，喜欢看很舒服、让他们放松的节目。这个模式在韩国目前是最贵的节目模式，价钱在 3 亿韩元左右。所以我近期经常思考的不仅是单个的节目模式，而是跟这个节目联系起来的网络平台也好，其他平台也好的所谓项目性质的模式。还有一种模式就是，一些人不仅做创作，也是表演者，所谓的 MCN 个人创作的体系在韩国近期也经常被提到。目前这个市场的变化速度之快，我也没办法完全预测两三年之后具体的趋势。

所以简单讲，目前韩国电视产业市场比较混乱，说不定哪天特别大的节目一出来，就把整个行业的趋势改变了。在大的趋势面前，政府力量是特别渺小的。刚才也讲过，在中国是一系列现象出现之后，广电总局再制定一些政策；但在韩国，政府即使制定了政策，对电视行业的影响也是非常小的。所以我觉得今后两三年韩国电视产业虽然比较痛苦，但应该是比较热闹的。可是我想强调的是，内容的地位是不会变的，内容是最重要的，只是外部形态会发生一些变化。

TV 的英语全称是 television，以前把 television 看作一个整体，今后，T 和 V 是分开的概念。

从众筹看文艺生产方式新变化

■ 张慧瑜 [1]

近几年,借助互联网平台,出现了一种新的融资方式,这就是众筹模式。一个项目策划、一个文化创意,在专业的众筹网站上一经发布,就有可能吸引网友的筹资,从而获得启动资金。对于那些刚刚创业或者还处在"纸上谈兵"阶段的人们来说,众筹确实提供了一种把梦想、创意变成现实的机会。众筹网站最早起源于美国,这两三年国内也出现了一些知名的众筹平台。作为互联网行业的新生力量,众筹不仅仅是一种融资渠道,更代表着一种新的商业文化精神。

相比一般的商业模式,众筹最鲜明的特色就是一个"众"字,也就是大众性和公共性。

第一,众筹的初衷是给没有资金的个人或团队提供项目展示的平台。由于现代商业水平的发展,包括文化产业在内的经营模式更多地依靠公司和机构。如果说19世纪是个体发明家的黄金时代,那

---

[1] 张慧瑜,中国艺术研究院电影电视艺术研究所副研究员。研究领域为中国电影史、大众文化研究。

么20世纪、21世纪个人很难凭一己之力完成发明创造，众筹某种程度上给普通人提供了个人创业的可能性。

第二，众筹之"众"不仅体现在生产者一方，对于消费者来说，众筹也提供了一种普通人都可以参与的投资模式。由于众筹项目一般不设定金额数量，所以普通消费者只要根据是否对产品感兴趣就可以投资，消费者最终所收获的不只是产品，还包括一种"投资"的快乐和参与感。

第三，也是最具特色的，众筹不以利润回报作为投资目的。与合法集资、私募基金最大的不同在于，众筹是一种非营利性投资，这主要体现在投资人的回报形式不是分红和利润，而是一种产品分享或非物质性的特殊服务。众筹与其说是一种投资方式，不如说更像预支或预购行为。俗话说"顾客是上帝"，其实，众筹才真正把产品的生产权而非消费权交到消费者手中，因为项目的成败关键在于有没有更多的受众支持、首肯这个"提议"，这就使得人们更加在意产品的创意性和内在价值。这种非营利性投资和回报模式，体现了一种互联网时代的互助精神和共享意识，也改变了以追逐利润最大化为动力的现代商品经济。这也使得一些公益项目适合用众筹的方式来推广和融资，真正实现"取之于民，用之于民"的美好目标。当然，也正是这种非营利的融资模式，使得众筹项目的资金规模不可能太大。从一些众筹成功的项目来看，几十万元以下的项目更容易成功，这也使得众筹还不可能取代主流商业模式，但这并不意味着众筹没有未来前景。对于融资难、回报慢的文化产品来说，众筹不失为一种正常商业模式之外的补充形式。据说世界上第一家众筹网站的灵感就来自为音乐会正常演出而筹集资金。对于一部小说的出版、一部戏剧的演出以及一场电影的拍摄等一次性文化产品的生产来说，众筹有其自身的优势：

首先，这些文化消费品具有可展示性，只要有足够好的创意和策划，就会吸引消费者的关注，而文化产品的回报也比较容易实现，投资人可以成为享有"某种特权"的读者或观众，正如经常被作为众筹典型案例的原创动画片《大鱼·海棠》，凭借其出色的中国本土故事以及宣传片所展示的动画技艺，筹集资金158万，这也是目前中国众筹项目中筹款金额比较大的。

其次，文化产业的特点是投资风险大、时间长、回报率低，这就造成文化投资往往比较保守，籍籍无名的文化生产者纵使有好的创意也很难获得启动资金。比如电影行业的惯例是，一位导演能否获得投资的参照是其上一部电影的市场表现，这对于很多新导演来说能否获得第一部电影的拍摄机会是最难的，众筹恰好可以成为艺术产品的试金石，起码能够看出这个艺术创意是否带来"人气"，已经有"不缺钱"的电影项目也通过众筹来提前宣传和预购。

再者，目前中国文化产业市场的消费主体是青年人，不管是网络游戏，还是电影、小剧场话剧，都市白领阶层都是绝对的主体，而能够接受众筹这种比较新的商业模式的也是同一个群体。在这个意义上，文化艺术产品相对比较容易获得众筹成功。还有一个例子也是动漫产品。动画短片《十万个冷笑话》要拍摄成动画长片，最终募集资金超过100万元，提前50多天完成筹资目标。

最后，众筹也可以服务于公共艺术基金。据统计，从2011年韩国文化艺术领域的"众筹"项目达57项，募集资金达2.16亿韩元，众筹已经成为韩国政府吸引民间捐赠的重要模式，这对中国艺术基金的可持续发展也有参考价值。

  国内许多众筹网站纷纷打出"梦想成真""实现梦想"的口号，这确实契合当下人人都要有梦想、都要坚持梦想的中国梦精神。也许人们对于众筹的认知度还不高，真正成功的案例并不多，但我们有理由相信，众筹作为一种刚刚兴起的互联网金融形式，已经预示着一种新的商业理念，这就是平民投资的产业模式和平民共享的时代精神。

综艺模式的嬗变前夜——广电和互联网的双重变奏

■ 孙佳山

应该是2013年，我们当时讨论综艺节目也是因为那时候的《中国好声音》比较火。当时那个节点的综艺节目的形态，经过这几年的发展，又出现了很大的变化。在2013年那个时候，我们已经觉得综艺节目正在发生很大的变化，但这两年发生了更大的变化，其复杂性远远超过我们预期，即便那时我们已经做出了有一定前瞻性的展望，但也还是想不到仅仅两年后，中国的综艺节目会走到今天这一步。

简单地说，为什么会走到今天这一步，为什么会出现今天这个形态，我还是以一个非常核心的观点来继续展开。我们大家也都体会到了，确实综艺节目已经走到"资本为王"这个阶段，那么我就想从讨论这个问题入手，为什么会出现"资本为王"的现象，"资本为王"会有什么后果。为了便于大家直观理解，我举几个例子。说到现在综艺节目的成本费用非常高，那么大家猜一猜最近参加《极限挑战》的黄渤，他这一季的薪水有多少？据不完全掌握，好像是四千多万元，仅仅一季啊，就是这个数。四五千万元对于中国电影来说是什么概念？中小成本影片的门槛是两三千万元，也就是黄渤他一个人的"真人秀"薪酬都够拍一两部中小成本电影了！这是通过人的角度。我们再通过物的角度来感受一下综艺节目的成本有多高。比如"跑男"、《爸爸去哪儿》这些节目中，他们的一台摄像机值多少钱？这是 2016 年年末，我在电影资料馆的学生给我扫的盲。北京台当时拍一个叫《上菜》的节目，一个镜头四台摄像机在那儿拍，每台摄像机大概都在四五十万元人民币。再形象点，随便一台摄像机都够换一台奥迪 A6 的；而一期大牌综艺节目动辄要用二三十台这样的摄像机，甚至更多才能出效果。所以大家一般还都不太理解"资本为王"到底是什么意思。是的，就是这么让人震惊，确实也已经到了这个阶段。2013 年，综艺节目进入到了"大片阶段"，我当时没太理解，过了半年之后才缓过劲儿，我的天啊，真的已经到了这个阶段。

回到我们的话题，为什么会走到今天这一步呢？还是便于大家理解，我就从三个现象入手，都是一个月之内发生的事儿。第一个现象是，最近光线传媒的电视事业部宣告重组，要知道光线传媒就是靠电视起家的，我相信在座的 80% 的朋友都看过《中国娱乐报道》，它就是光线当年弄出来的拳头产品。在眼前这个节点，一般人都知道，中国电影、电视领域分分钟不差钱，但就是在此时此刻光线传媒解散了自己的电视事业部，而且一部分人员转到了跟 360 合办的视频网站。第二个现象是，爱奇艺 6 月 3 号提出了一个"纯网综艺"的概念。第三个现象是有一个总局要出"限综令"的传闻。有朋友猜，无外乎就是限制明星数量，限制播出的季数，不能夸大事实，不能变相引进模式要自己原创等等。但是广电总局做事也得考虑后果，万一再出问题怎么办？所以先出一个"限主持令"试水，就是每个综艺节目的嘉宾主持的数量要受到限制，但很多节目也有应对办法，就是强调自己没有嘉宾主持，那些人不过是节目中的角色。

为什么从这三个现象入手？这三个现象背后分别指的是什么？比如第一个现象，光线传媒的电视事业部为什么要解散？要知道在2015年，综艺节目的广告市场份额达到了百亿规模，而且只用了三年时间，而中国电影票房则用了十多年的时间才达到百亿这个门槛。所以不太好理解，既然这个行业这么不差钱，有这么多机会，他们怎么偏偏在这个节点不玩了？第二个现象，爱奇艺提出了"纯网概念"，那么什么叫"纯网"？按照我们一般人的理解，看综艺就是看电视，我们小的时候《综艺大观》《正大综艺》都是从电视里面看到的，那么现在冒出来的"纯网"是什么意思？这其中有什么变化？还有就是广电总局的"限综令"，大家都知道广电总局的"限×令"打击面特别大。比如当年《超级女声》那个年代，最多的时候有100多档类似节目，但限令一出来，能活下来的就那么两三档。再比如前两年《中国好声音》《我是歌手》特别火热那个阶段，也是总局的"限娱令"和加强版"限娱令"，双重限令一出来，就迅速降温，市场指向特别明显。

所以，假如这个行业还有巨大的发展空间，光线传媒就不会解散其电视事业部，因为这太不符合常理。而且，假如电视领域的综艺节目，在"资本为王"的时代还有很大的机会，那为什么还要搞"纯网综艺"？这两个都是民营企业，放着钱不赚干什么？我就是想通过这一系列的例证来梳理政策演变的脉络，并试图找到综艺节目在广电领域的基本发展逻辑，特别是 1999 年之后的基本逻辑。

事实上，从刚才提到的光线传媒解散电视事业部、爱奇艺提出"纯网综艺"的角度来看，问题很明显，互联网要跟电视"掐架"。这两年互联网比较火，包括国家层面也都在提"互联网＋"和"创客"等战略。互联网要跟电视"掐架"好像是最近几年才发生的事情，实际上在 1999 年这个问题就已经出现。广电总局这两年的一些政策确实是令人"叹为观止"，有很大的争议，甚至大家对其"吐槽"都已经成为一个习惯。但是确实有一些东西是其政策逻辑长期演变的结果，而现有的一些政策也并不是根据当下的现状提出来的，它们有一个源头，这个源头在 1999 年。我们在 2013 年的论坛上也专门讲了这个脉络。1999 年，国家明确提出了广电领域要进行市场化改革，一个标准就是到了 1999 年中国所有的省级卫视全部完成了"上星"。与"上星"同时提出的，是我们众所周知的"制播分离"，这是典型的改革开放的逻辑，市场化的逻辑，让制作领域充分自由竞争，认为自由的市场竞争能够带来广电事业的大繁荣、大发展。

另一个当时并没太引起人们注意的改革方向是"台网分离"，这个"网"跟现在的互联网还不太是一回事，是有线网、有线台和电视台相分离。从那时起走到今天这一步，"台网分离"后发生了什么？我们先看一组数据。到了 2014 年，我们国家的网络视频用户是4.33 亿，手机视频用户也达到了 3.13 亿，已经到了四五个人中就至少有一个人拿手机看视频的阶段。但我现在说的这个"网"不是广电的有线网，而是互联网，虽然广电的有线网也进入互联网。真正属于广电有线网的 IPTV 用户有多少？3400 万，这还是这两年广电总局不断大力政策扶持后的数字，差距是不是太大了？那个年代为什么提"台网分离"，正因为在当时广电体系的有线网和工信部主导的互联网有一定的区别，广电网络的有线网当时话语权还比较强，尤其是在电视的问题可以通过"上星"来解决之后，当时还想着自己能不能在中国的互联网格局中占有一席之地。历史伏笔的确在那个时代就已经埋下来了，所以确实也不能对于广电总局过于苛责，并不是说要给他们开脱，而是说在那个年代所不曾料想的因素，后来产生了蝴蝶效应般的影响，到了现在已经形成了一个错综复杂的利益格局。

这个格局有多复杂？光线传媒为什么要解散自己的电视事业部？爱奇艺为什么会提出"纯网综艺"？因为历史发展到今天，是当年绝不曾料想的局面。据广电总局自己公布的数字，2015年第一季度，全天的电视开机率只有12个点，较比去年同期下降了4个点；第二季度，综艺节目的广告收入在之前的野蛮生长之后，也开始下跌，不光综艺节目的广告收入在跌，电视广告的总体品牌持有量也已经跌到了五年前的水准。我记得在我上中小学那个时代，谁买断央视新闻联播之后的第一个广告，是每年的一个重要新闻；而现在的一系列数字告诉我们，电视的整个收视率、收视规模在2015年之前就已经开始大幅缩水。我这么说并不是说电视明天就完了，但确实新的时代已经开始到来，一系列的数字表明这个趋势已经确立起来，并不是一个周期性的波动，而是长期的趋势，整体性的格局已经稳定下来了，这在1999年是绝不会料想的。

为什么会这样？为什么电视突然不行了？电视剧、综艺节目，新世纪以来我们日常生活中最重要的两个娱乐文化形态，打开电视就能看到的这两个娱乐文化形态,为什么到 21 世纪的第二个十年,走到 2014 年、2015 年会遇到这种景象?

回到 1999 年以来所开启的广电领域的体制改革,我一开始提到在这个阶段广电总局试图通过充分的市场自由竞争来带动广电事业的发展,而且实事求是地讲,我觉得我们还是要承认,至少在五六年、七八年时间里,这种政策还是具有有效性的,确实在一定程度上,无论是对电视剧还是综艺节目,都带来了积极作用。

我们去年年末在海南举办的第三届全国青年文艺论坛,就专门分析了电视剧。比如刚才提到的 920 档节目,把这个问题放大,920 档节目是怎么冒出来的?之前没有这个概念。其实它恰恰是 2015 年 1 月 1 号开始实行的、广电总局提出的"一剧两星,一晚两集"政策的产物。以前虽然有"限娱令",但每个卫视频道一天晚上放三集电视剧还是没问题的;而从今年开始一天晚上就只能放两集,而且一个电视剧也只能在两个卫视频道播放。所以"一晚两集"就把原有的 9 点 20 分到 10 点的时段空出来了,才导致这么一个结构性的问题。"一剧两星"政策不仅没有有效消化现在海量积压的电视剧剧集,还导致了电视收视率的下跌。这几天上半年的电视剧收视统计数据出来了,其实"一剧两星"的这种马太效应是不可避免的。从去年电视剧出现"剧荒",到今年综艺节目呈现出的下滑走势,综艺节目的演进路径,不过是中国电视剧在过去十几年里走势的一个翻版,只不过中国的综艺节目在这三四年的走势是过去中国电视剧的 2 倍或 4 倍的快进版。中国的综艺节目和电视剧一样,都共同深处于当前的广电格局生态下,不可能超出这个生态。

以电视剧为例。电视剧在广电总局的自由竞争政策的引领下,

2007年拿到了三个世界第一：观众数量、生产数量和播出数量的世界第一。并从2007年到2012年摸到天花板，达到目前为止的巅峰，而且在可预期的十年之内，都不会超过2012年的峰值。广电总局"一剧两星"的政策，无外乎是觉得可以通过这种加减乘除的方式，处理一下海量的电视剧库存量，但是这种方式在我的文章里也提到了，实际上是杯水车薪，根本没用。中国电视剧产能过剩现象背后的实质，是中国广电领域的文化生产，已经进入整体性通货紧缩的周期。一方面到处都是钱，另一方面则是"剧荒"。为什么会"剧荒"，因为干什么都贵，请一个演员就得几十万，甚至拍一个镜头，不砸个十几万、几十万都出不来。所以，回到综艺节目，为什么在中国电视综艺节目看似最美好的时代，光线传媒要解散自己的电视事业部；为什么在中国电视综艺节目看似最美好的时代，爱奇艺要提出"纯网综艺"的概念。在这背后是一个巨大的时空斗转。

就以光线传媒刚解散的电视事业部为例。他们在解散之前，刚刚跟央视办了一个叫《中国正在听》的综艺节目，也是一个音乐选秀类的节目。导致光线传媒心灰意冷的原因，是他们发现再想通过电视赚钱已经非常难了，投入太大，而且关键是还有很多"镣铐"和"枷锁"。因为光线是想在互联网和电视上同时播出，但广电总局明令电视台得先播，互联网上后播；而且广电总局在2007年的一个禁令到现在也没解除呢，就是针对《超级女声》那个时代的禁令，所有的选秀类节目，不能用手机短信、电话和网络投票，必须在场内投票。通俗地说，就是在现场喊算数，在外面喊就不算数，而这一下就把光线的盈利点给扼杀了。光线传媒这些公司自己很清楚，他们的观众不仅是电视观众，也包括互联网观众，让他们通过手机上的 APP 投票,只有让这些人参与他们才能赚到钱。这样问题就显而易见,1999 年开始的这一波广电领域的改革,已经不适宜在当下的市场环境中继续推进,确实也和这个时代的消费习惯脱节太多。

加上我刚提到的那些现象,现在的电视综艺节目的市场环境在急剧恶化,收视率、广告收入都在大幅下降,成本却急剧上升;电视台过去还能起到中介作用,起到买空卖空的作用,现在则干脆成了广告位展台,爱来不来,就这个价;而且又有很多限制,诸如政策性门槛的限制,诸如刚才的投票方式限令,把更多的观众拒于新的娱乐生态之外。所以,电视综艺节目看似还火热异常,但市场其实正在进行着残酷的行业洗牌,因为前车之鉴太明显,多少人赔得血本无归。现在的一个结果,就是很多电视综艺节目没有广告冠名、没有参股投资,华少在《中国好声音》中那种经典的类似口技式的念众多广告商名称的场面已经很难再现了。

为什么要做纯网综艺?我在电影资料馆的好多学生都说自己看过爱奇艺的《奇葩说》,那个节目的观众基本上都是 90 后、00 后,但人家第一季在网络播映就实现了盈利,因为成本很低,请的都是素人。我们迟迟走不到素人的阶段,还是因为以广电领域为代表的文化工业水平太低。我们论坛通过这么多期不同话题的讨论,都不同层面地触及了这个共同的问题,无论是娱乐文化领域,还是文化产业领域,其中的各个环节是高度不对称的,有些方面过于肥大,有的则过于畸形,用木桶理论形容最合适。但是一般的综艺节目在这种市场环境下,为了活过来,就只能请大明星。打个比方,只要邓超向范冰冰抛几个媚眼收视率就立即会上来,根本不需要讲故事;

而换成素人的话,就必须要讲故事。怎么给素人讲故事,怎么给小人物讲故事,这需要看文化工业的平均水平,得有真功夫,所以素人这条路确实依然比较漫长。

也是这段时间,新华社找我写一篇文章,我一直没时间弄,也是借这个机会理一下思路。有一个素人"真人秀",叫《我们15个》,是腾讯视频自己拍出来的,先在网上全天播,每周末在东方卫视上播精华版;虽然没有取得"好声音"、《超级女声》那样的成功,但还是非常有特点,并有着很好的数据表现。长期来看,素人"真人秀",是一个不可避免的选择,虽然现在还有大量资金涌入,但很难想象这种畸形的情况还能维持多久。这个行业现在到底有多畸形呢?据说中国的电视台已经把韩国能买的综艺模式都买光了,可见我们文化工业的基础是多么薄弱。

还是通过数字、数据来例证,为什么在网上能赚到钱。一档电视综艺节目的收视率如果不超过1.5、不超过1,就别想回本。问题是现在一档综艺节目敢在大卫视播,成本就肯定上亿,这压力未免太大了。而在互联网领域,去年《宫锁珠帘》《爱情公寓》的点击率有二三十亿,而今年《何以笙箫默》《花千骨》的点击率都到了50亿,又翻了一番,高点有70亿的观看人次。电视和互联网的差距之大,已经超过了我们的想象,差得太大了。

经过1999年到现在,小20年的发展,广电领域所谓的政策结构、顶层设计都面临着很大幅度的整体性调整,今天面临的问题确确实实也不是1999年那个时候就能预计到的。比如2013年的时候,我虽然对这个行业有所了解、有所预期,但也很难想象到了2015年会搞成这样。

从具体细节上讲,"纯网综艺"是什么概念?比如前两天看到一篇文章,说电影的镜头数越来越多,"纯网综艺"也是如此。爱奇艺70分钟的综艺节目,有6000多个镜头,每秒钟都不止一个镜头,所以互联网不是简单的渠道意义,而是代表了全新的生态格局。在这个意义上,国家提出"互联网+"战略确实有很大的前瞻性,当然各个领域情况不一样。如果我们在电视上看的话,一秒1.6、1.7个镜头,我们盯半分钟就会吐、就会晕;但互联网播放就不一样了,我们可以暂定缓一缓再看,看不清还可以拉回重放。无论电影、电视、综艺,观看的空间感、节奏感这些基本的消费习惯、审美习惯已经发生了非常大的变化。毫无疑问,70分钟6000个镜头就是好看,价格堪比奥迪A6的摄像机拍出来的镜头就是漂亮,这确实很酷,所以就不难理解为什么会有70亿的点击率。那么"纯网综艺"的问题、困局在哪儿?比如电视剧是有标杆性的作品的,网剧也是有标杆性的作品,"纯网综艺"可能最快一两年内也会有一个标杆性的作品出现,但目前这个标杆性的作品还没出来。

确确实实2015年是一个转折点,从1999年到2015年,历史进入转折的时刻,我们传统广电领域的相关政策,从电视剧到综艺,整个广电体制都要面临很大的调整,不是简单出一两个政策就能够解决的。只有在国务院那个层面,对各部委的职能进行重新调整、重新划拨,撤并一些机构,成立一些适应市场环境的新机构,通过这种机构关系的理顺,才有可能赢来这个领域的大变局。今年中韩自贸区的相关协议已经开始陆续生效了,随着相关政策的稳定,我国与亚太地区的自贸区还会一个一个地建立。在自贸区时代的背景下,以综艺节目为代表的文化领域能不能跟得上历史的节奏,这个问题其实非常残酷。去年年末去哈尔滨开会的时候，我曾提出一个观点，就是别以为中国资本借着自贸区的东风走出去了，就一定会带动文化领域的发展；大门的敞开是相互的，以广电领域的困境为代表的中国文化领域，会不会面临更悲惨的资本"围猎"？我们拭目以待吧。

四

动漫游戏产业

中国网络游戏产业发展的现状与反思
——访中国传媒大学动画与数字艺术学院游戏设计系主任费广正

按：新世纪以来，中国网络游戏产业发展迅速，成为文化产业中的新兴力量。网络游戏不仅是一种深受青少年喜爱的娱乐文化，而且还是一种具有跨界性和理论前沿性的新型数字艺术形态。2013年6月5日，中国艺术研究院电影电视艺术研究所副研究员张慧瑜代表《影视文化》杂志，就中国网络游戏产业发展的现状与问题采访了中国传媒大学动画与数字艺术学院游戏设计系主任费广正。

张慧瑜：近些年，中国网络游戏产业实现爆炸式增长。网络游戏作为新兴艺术，有其自身的特点和产业属性，想请您谈一下中国网络游戏产业的发展现状。

费广正：中国网络游戏产业这十年来是高速发展期，每年的增长率都远远超过GDP增长率。相比日、韩，由于中国网游产业人口基数大，再加上政策扶持，发展非常迅速。从世界范围看，网游的发展也是从20世纪90年代末随着数字技术和网络技术的高速发展而迅速发展起来的。可以说,网游几乎与互联网产业在 2000 年进入快速增长期同步发展,之前是单机游戏时代。在那个时代,中国没有多少规模能达到一定量级的产业,就几家规模不是很大的游戏公司;但是这十来年,中国的网游产业规模比较大,出现了一些体量较大的网游公司,例如完美、盛大、搜狐畅游等。尤其值得一提的是腾讯公司,它的主业本来不是做网游的,但是凭借着网络营销渠道的优势,已经成为中国最大的网游公司,网游也成为腾讯重要的盈利点。腾讯的网游产值占到中国网游总产值的三分之一以上,差不多排名前十位的网游公司的总产值才能跟腾讯网游的产值相当。

张慧瑜:网络游戏产业有哪些特点呢?

费广正:相比其他文化产业,网游有三个特点比较突出:第一,网游产业具有爆发性,相比于传统行业,网游公司往往可以在较短时间内取得成功。比如盛大、完美做网络游戏都比腾讯要早,但是腾讯凭借它的渠道优势迅速取得领先地位;第二,网游产业有丰富的盈利模式。网游的收费方式多元化,常见的付费方式就有付费下载、点卡付费、道具付费、交易付费、广告付费等。相比而言,其姊妹产业动漫产业却遇到了盈利模式单一的困局;第三,网游产业具有跨界性。现在许多行业都在借鉴网游的运营模式,比如电商借鉴网游的运营模式,把网游的机制应用于网络购物中,还有许多网游的概念或设计被成功应用到主题公园、主题休闲区中,动漫、影视、广告等也可以成为网游的衍生产业。

张慧瑜:相比单机游戏,网络游戏有哪些特点?网络游戏在产业规模上是不是远远超过单机时代的游戏规模和对社会的影响力？

费广正：是的，网游的影响力大大超过原来单机游戏时代。单机游戏的玩法基本上都是人机对战，游戏的剧情、玩法等相对简单，而且单机游戏的盈利模式比较单一，大多数靠正版这种直接的、一次性付费的方式盈利。网游则完全不同。网游具有更加丰富的互动性、趣味性，网游的吸引力大大超过单机游戏，不过也因此更容易使人沉迷。更重要的是，网游开创更加多元的盈利空间，不仅是使用版权，购买道具、游戏币等都可以发生交易。由于网游引入包括人人对战模式在内的更多玩法，往往更加耐玩；同一款网游产品，一个玩家通常会玩很长时间，配合前面提到的收费模式，就带来了更多盈利空间。此外，网游与现实生活的联系更加密切。现实世界中的一切，似乎在网游中都可以实现，例如在网游中有虚拟经济系统，它的运行规律与现实世界中的经济系统很相似。假如将虚拟经济与现实经济挂钩，如果管理和监督不到位，就会对现实经济产生重大影响。现在很多网游设计中都有一个懂经济的人参与策划，就像虚拟世界的银行家一样，确定网游中货币使用的规则和边界。尽管目前网游的产业规模还不大，但网游的威力不容忽视。

张慧瑜：网游一开始是由很多专门做网络游戏的公司去做，后来很多互联网公司也开始介入网游产业，网游与互联网行业有什么关系？比如就像您提到的腾讯公司，很快就成为中国最大的网游公司了。

费广正：这两个行业网游和互联网有点纠缠不清，应该说是既相互依存，又相互竞争。一开始，网游公司依赖于这些网络门户来推广和做广告，像早期新浪、搜狐都会打很多网游广告。网游最初依附于这些互联网公司，那时网游的体量很小，互联网公司也没有发现网游的市场潜力，后来网游公司表现出较大的盈利能力，此时恰逢互联网公司在寻找更多元、更清晰的盈利模式，网游就成为一个不错的选择，互联网公司反而借助它们的平台优势，进入网游产业，像腾讯、搜狐等都开始做网游，网游反而成为这些互联网公司最重要的盈利模式之一，这对于原来的网游公司来说就存在巨大的竞争压力。因为这些门户网站有强大的营销渠道，甚至这种优势过于强大，如腾讯公司，对网游公司产生非常大的压力。这几年，腾讯公司的网游产业发展很快，很多前几名的网游公司迅速被腾讯赶超，已经成为网游产业的龙头企业。

张慧瑜：网游大概有哪几种，经历了什么样的演变过程？

费广正：第一个阶段是网吧时代，此时网游都是端游，由于家庭网络带宽和流量非常受限，需要在网吧中下载或预装客户端，因此大多数人选择在网吧打游戏。一些游戏公司也与网吧合作，他们会给预装他们游戏的网吧部分提成。通常一家网吧就能玩某几款游戏。在网吧玩游戏，一方面是网速有保障，另一方面是很多人一起玩有氛围。第二个阶段是页面游戏时代，玩家不需要安装客户端，打开浏览器就可以玩，在办公室、家里或咖啡厅都可以玩。现在页面游戏在网游中所占比例仍然相对较少，但由于它受时间、地点的影响较小，用户群比较多，因此发展势头很快。第三个阶段就是手机游戏时代，随着智能手机的普及和移动互联网技术的进步，越来越多的游戏借助手机终端来运行，当前手机游戏正处于高速发展的阶段。近些年，因为开发成本和利润率等原因，端游的发展势头比较平缓，而网页游戏和手机游戏的发展势头更加迅猛。此外，主机联网游戏和正在萌芽的电视联网游戏也代表着一定的发展方向。总之，端游、页游、手机游戏、主机游戏、电视游戏是目前最主要的几种网络游戏类型。

张慧瑜：您刚才提到网游的一个特点就是跨界性，现在很多成功的电影，比如《画皮》也做网络游戏，还有比较成功的动漫也拍摄成电影，如《洛克王国》《摩尔庄园》《赛尔号》等，国外比较有名的就是《古墓丽影》。想请您再谈谈网游的跨界整合性？

费广正：网游的跨界还处于初级阶段，很多企业并非一开始就想到要跨界，往往是本来并没有这方面的规划，随着产品的开发或运营的推进而临时产生这样的想法。比如发现做动漫不赚钱，就转而考虑要开发网络游戏，或者反过来。其实，对于成熟的产业链来说，应该从产品设计之初就想到后期开发的衍生品。即使从头开始进行设计，也要分清主次，不能电影、动漫、网游等多管齐下、齐头并进，这样做往往哪一个都做不好；开始应集中力量将一种形式的产品做精、做透，然后才可以借助该产品的辐射力做跨界衍生品。我们看到，中国动漫产业处于整体不盈利状态，有很多动漫企业是依靠政府的补贴，相反网游企业获得的政府补贴很少，自身的盈利能力却很强。同时，网游企业与动漫企业具有天生的资源相通性，因此整合动漫行业与网游行业存在现实必要性，既有利于消化动漫行业过剩的生产力，又有利于促进网游做大做强。

张慧瑜：这些年国家大量扶持动漫产业，动漫产业与网游也是关联度比较高的行业，这样两个行业有没有可能强强联合、彼此互补？

费广正：这两个行业确实具有很高的关联性。动漫产业在国家和地方政府的扶持下，投了很多钱，建了很多动漫的文化产业园。动漫产业在规模、人数上远远大于网游公司，如果不考虑政府补贴，整个动漫产业虽然规模很大，却处于负盈利和亏损的状态。当然，这与动漫产业盈利渠道单一以及品牌培育比较慢有关。如果能够把动漫产业的资源往网游方向发展，给网游更多的政策扶持，倒是一种整合优势资源的方式。否则动漫产品有产量、没产值的状态很难解决。我们提出"大动漫""大游戏"的概念，就是要实现各个行业的优势资源互补，把产业链做大，可以达到事半功倍的效应。

张慧瑜：网游很容易让青少年上瘾，尤其是学生家长对网游有很多苛责，在这方面采取什么措施可以推动网游健康发展？

费广正：人人都有玩的天性，青少年的玩心最重且自制力不足。在网游中每个玩家都有一个化身角色，通过这个角色，玩家可以感受到比其他活动更强烈的参与感和沉浸感。同时，网游公司是逐利的，他们有时会利用人性弱点，用低级趣味吸引眼球赚取利润。青少年一旦玩网游上瘾确实会给学习、工作、生活等带来不良影响，因此我们需要加强对青少年玩网游的疏导工作。网游产业作为文化产业的重要一员，不仅要有经济价值，还要有社会价值，包括要提升人的整体文化素养，网游公司在这方面目前做得还不够，经常用一些色情、暴力的噱头来吸引青少年。我觉得要从以下三个方面来推动网游的健康发展。第一要继续加强内容监管，网游主管部门要加大对网游开发和运营环节的监控和管理，坚决杜绝网游中过于暴力和色情的情节，严惩那些低俗的内容。第二要依赖行业自律，充分发挥行业协会的管理职能，提升网游公司的社会责任感，积极推动绿色网游的发展，开发更符合青少年身心健康的游戏，如果全社会都对网游有负面评价，对整个行业发展是非常不利的，所以网游公司不能只顾短期的利润，更要有长远的眼光，维系网游产业的整体形象，这对大家都是有利的。第三建议吸引更多有识之士，尤其是青少年教育专家，参与到青少年网游的开发之中来，对不同类型的游戏提出指导性意见，在保持游戏娱乐性的同时，开发出符合青少年身心发展特点的健康游戏。

张慧瑜：我们知道看电影、读文学需要欣赏者具有一定的鉴赏力，玩网游是不是也需要玩家具备一定的素质？

费广正：对，是这样的。前段时间腾讯公司向一些学者征询对网游发展的意见，我提交的建议是加强网游玩家媒介素养的养成，这个问题尚未引起全社会的足够重视。玩网游是一个长期的过程，游戏机制通过虚构的内容潜移默化地"培养"玩家的世界观和价值观。调查显示，青少年一周中玩网游的时间已超过看电视的时间，因此网游在信息传播中已扮演越来越重要的角色，这不仅直接挑战了专业媒体的权威性，对玩家的媒介素养也提出了更高的要求。试想，如果一个玩家长期浸泡在充斥着语言暴力的虚拟世界里，怎么能保证他在现实世界里的行为举止不受到丝毫影响？反过来，假如在游戏中持续将一些积极向上的东西传递给游戏者，我们有理由相信这种正能量也将映射到现实生活中。显然，玩家媒介素养的养成有益于促进玩家的身心健康，变被动为主动，使他们成为社会正能量的积极参与者和传播者，并进而有利于社会的和谐发展。目前，这方面的工作刚刚开始，还有很长的路要走。当然，这项工作还需要政府和业界的大力支持。

张慧瑜：对于网游来说，核心创意很重要。中国的网游产品是引进国外的游戏产品比较多，还是国内原创的游戏多？有没有一些本土网游品牌？

费广正：其实这几年国产网游在市场上已经开始占主流了，反而引进的国外游戏市场份额要小多了。早年网游刚刚兴起时，国内的网游公司主要以代理国外游戏为主，以盛大公司为代表，就是依靠代理国外网游发展起来的。随着网游市场的扩大，更多游戏企业加入进来，在国家的大力鼓励和扶持下，国产原创网游的份额所占比例越来越大。中国有着悠久的历史文化，可挖掘的游戏文化元素很多，这些年具有中国特色的武侠文化等很多原创游戏层出不穷。植根于本土文化的网游能够大大降低玩家的代入成本，中国本土玩家对于仙侠文化毫不陌生，因此不少玩家更喜欢玩带有中国本土特色的仙侠游戏。可以说，原创游戏这几年发展相当稳健，甚至开始出口到东南亚等华人区域，出口规模也在稳步提升。

网游公司的品牌意识也在加强，但总体来说还处于摸索阶段，这需要更多地借鉴国外网游公司或其他文化娱乐公司的成功经验，学习他们如何将本土文化打造成具有国际影响力的文化品牌。中国网游公司不能只看到国内市场，与其在国内进行恶性竞争，不如考虑走出国门，去竞争海外市场。此外，如果中国网游能走向国际市场,对于加强中国文化软实力也有很大的帮助,因为网游具有很强的互动性、参与性,网游在文化输出方面的效果甚至比其他文化产品更为明显。其实网游是一种很好的文化传播、文化输入的方式,可以更深入地让玩家理解一个国家的文化,有一种身临其境的感觉。因此促进网游的海外推广也是文化输出的一种体现。目前中国网游公司的品牌运营意识还不够,缺少一些成熟的营销方法,再加上中国做原创游戏的时间相对比较短。当然,我们还需要下很大的功夫去研究不同的海外市场,比如欧美市场、日韩市场的具体特点,针对这些市场推出相应的产品。就像好莱坞通过研究中国文化,把带有中国本土特色的形象《花木兰》《功夫熊猫》等推向全球。在这一点上,迪士尼的经验确实值得我们去借鉴,看看好莱坞是如何培育品牌、把品牌利润最大化的。

张慧瑜:为何中国的网游产业可以很快占领本土市场,而对于动漫、电影产业来说,必须依靠国家力量来避免国外相关产品的冲击?

费广正:网游产业一开始也依靠国家的产业保护,但后来网游公司发现做本土游戏也能赚大钱,这可能还是和本土游戏更切合本土玩家的文化习惯有关。再加上动漫、电影产业的盈利模式相对单一,只有依靠电视或院线的一次性消费来盈利,不可能长期占据院线,而网游的盈利渠道要多元和持久得多。在这方面,网游对其他文化产业也有启示意义,这也是很多动漫、影视公司也开始开发网游衍生品的原因。其实,很多电影、动漫只是网游的广告,真正盈利的还是网游产品。

张慧瑜：能否请您介绍一下国内现在网络游戏教育的情况？

费广正：一些高校已设立与游戏相关的本科和研究生专业方向，但总体来说还处于起步阶段。现在有关网游的社会培训教育比较多，培养的游戏人才不少也能被游戏企业接受，说明网游人才还是比较缺乏的。在正规教育方面，游戏教育还有很大的发展潜力，现在不少公司缺乏专业的网游人才。与动漫、艺术设计等专业相比，网游需要更加复合型人才，既要懂技术，又要懂艺术，通常还需要掌握社会学、管理学、经济学、心理学等知识。因此，网络游戏正规教育机构的门槛也很高，大多数高校难以建立较为完善的师资团队。加强与业界合作办学的同时，跨学科甚至跨校联合培养不失为一条值得探索的高校网游教育之路。

张慧瑜：网游除了做游戏，还有其他方面的应用吗？

费广正：网游在其传统娱乐领域之外的应用是很广泛的，比如安全培训、心理辅导等。这类游戏有个称呼，叫严肃游戏。严肃游戏实际上是大游戏概念，是把游戏机制、游戏理念以及游戏运营的思想运用到其他领域。例如我们之前为钢铁企业协会设计过一款用于钢铁企业经营培训的游戏，里面就涉及对企业经营管理方面的游戏化培训。我们认为，严肃游戏可以在知识传播、技能培训和情志养成等三个方面发挥重要的作用。游戏在知识传播和技能培训方面的价值比较容易理解，而情志养成对游戏提出了更高的要求，可以包括对情感、情商和志趣等方面的培养。在这方面我们和另外一所高校联合创作过一款称为"情商加油站"的严肃游戏，这款游戏旨在对大学生进行情感疏导、同学关系培养等。因为有专业的心理专家作为特殊玩家参与到游戏中来,使得这款游戏可以在虚拟世界中发现参与者的心理问题并及时疏导,同时促进健康心理和情感的养成。类似的应用还有白领的职场攻略以及农民工的进城指南等,都可以借助游戏化的方式来实现。我们应该看到,游戏具备很多的社会功能和很大的发展潜力,而不仅仅是一个娱乐产品。

张慧瑜:谢谢费老师。

网络游戏公司的社会责任承担与法律监管的制度构成

■ 沈策[1]

一、引　言

随着互联网络的快速发展，作为信息产业重要组成部分的网络游戏已经深入人们的日常生活，对我们的生活方式以及生活观念产生了这样或者那样的深刻影响。在这种情况下，我们对网络游戏的关注，就不能仅停留在对其作为一种休闲文化的探讨，或者是对网络游戏开发商、运营商、渠道商盈利模式的质疑上。网络游戏为我们呈现出的"虚拟社会"，不得不让我们对"现实世界"的管理延伸其中，网络游戏的种种特殊性，又迫使我们思考，如何以一种更高的变换手段，来治理这个所谓的"虚拟社会"。

那么，今天，网络游戏的发展已经进入到了一个什么阶段？我

---

[1] 沈策，先后就读于北京第二外国语学院法政学院、德国哥廷根大学公法学院，分获法学学士和硕士学位。现为中国艺术研究院助理研究员，供职于联合国教科文组织亚太地区非物质文化遗产国际培训中心，主要从事非物质文化遗产政策、公共文化政策与文化产业等理论的研究。

们应该以什么样的态度来对待它？我想，网络游戏作为一个新兴的产业，正是一个未熟却在不断扩大的市场，各种优劣杂糅其中，我们需要警醒头脑，为其构建一套合理且合法的制度化框架，在正确的轨道上，引导其内部的繁荣。于是，网络游戏公司社会责任意识的觉醒与法律层面监管体制的建立，对于这个庞大产业具有至关重要的作用。

本文想从企业对自身的社会责任承担、以文化部《办法》为代表的政府政策法规监管以及行业组织的监管体制三个方面来进行探讨。

二、网络游戏公司的社会责任承担

网络游戏作为一种消费品，和普通商品一样，和生产者、经营者、消费者三者密切联系。但是网络游戏有其独特的属性，要知道，普通商品在生产者提供给消费者之后，厂家便不会对消费者的消费行为产生直接影响，其法律关系的建立只有通过协议或者某种法定情形的出现才能得以恢复；但是网络游戏却不同，网络游戏的互动性、创造性、参与性使得网络游戏用户自接受网络游戏公司的服务时起，其消费行为就一直受制于网络游戏公司。

也就是说，在这个虚拟社会中，网络游戏公司对消费者，即玩家的影响作用是最大的。如何通过网络游戏公司开发的网络游戏产品来传递正确的价值观和人生态度应该是对网络游戏法律层面监管的第一要务。根据新浪游戏发布的 2011 中国网络游戏排行榜（CGWR），可以把网络游戏类型划分为角色扮演、动作、射击、竞速、策略、休闲类，网络游戏题材被划分为奇幻、魔幻、玄幻、武侠、动漫、科幻、历史、战争、反恐、穿越、其他类，画面风格有写实、卡通、古典、水墨、幻想、其他类。根据对游戏类型的分析，可以看出，MMOACT（Massively Multiplayer Online Action Games），即大型多人在线角色扮演类网络游戏占到绝大多数。根据对游戏题材的描述，可以看出，对于玄幻类网络游戏，即多以炼道修仙为题材等东方色彩浓厚的网络游戏也占到一定比例。在画面风格方面，建立在以中国元素为主要表现形式上的古典和以水墨画风格为主的水墨也在一定程度上为中国传统文化的新媒体传播搭建了一个有效平台。如何在此基础上正确引导玩家的价值观、人生观并通过网络游戏正面传递中国传统文化的深邃内涵，对于网络游戏公司从源头上积极地对其引导和监督，显得至关重要。

在企业自身的监管中，企业的社会责任意识尤显重要。企业的社会责任作为一种关系责任，体现在很多方面。比如，网络游戏公司制定的网站包装合同是否包含有霸王条款的格式合同，由于参与网络游戏的玩家多是无民事行为能力或者是限制民事行为能力的青少年，消费者的年龄偏低更是加重了这一格式制定的风险承担。再比如，用于网络游戏支付的"虚拟货币"，如 Q 币，是否会发展成为一种真实货币并构成对现实金融体系的冲击，已经为越来越多的人所探讨。还有在网络游戏市场中愈演愈烈的"私服"和"外挂"行为以及相伴而生的开发、买卖生意严重影响了网络游戏的虚拟生态环境。

面对这样的网络游戏发展局面，企业应该从第一时间承担其本身应有的社会责任，切实履行各项部门规章和行业纪律，同时向消费者有效地传达一种健康的人生观、价值观，并积极传递一种文化价值理念，切实配合政府，寓教于乐，形成一道良性互动的网游产业链。

三、网络游戏公司法律监管中的政府和行业组织的制度构成

企业自身在承担社会责任时具有主体性和主动性，但是企业履行社会责任承担的原动力则主要来自政府、公民社会（一般通过社会中间组织来实现）和市场。因此，在探讨网络游戏公司的社会责任承担这个问题时，就必须厘清政府、行业组织在其中所起的作用，即制度要求。

伴随着网络游戏在中国市场的迅猛发展，文化部、新闻出版总署、国家版权局、原信息产业部都对网络游戏进行过单独的或联合的监督和管理，对网络游戏版权、市场准入、审查程序和侵权行为及处罚等具体问题都进行了规定。就以文化部出台的《网络游戏管理暂行办法》（以下简称《办法》）为例，网游监管制度已经基本形成。

《办法》首次系统地对网络游戏的娱乐内容、市场主体、经营活动、运营行为、管理监督和法律责任做出相关规定，共计六章三十九条。首先，《办法》明确了网络游戏是指由软件程序和信息数据构成，通过互联网、移动通信网等信息网络提供的游戏产品和服务，其表现形式主要包括以客户端、网页浏览器及其他终端形式运行的各种网络游戏。

网络游戏市场的变化波诡云谲，根据文化部 2011 中国网络游戏市场年度报告：2011 年互联网游戏用户总数已经突破 1.6 亿人，同

比增长33%；其中，网页游戏用户持续增长，规模为1.45亿人，增长率达24%。移动网下载单机游戏用户超过5100万人，增长率达46%；移动网在线游戏用户数量达1130万人，增长率达352%。相对于互联网游戏用户数量增长速度的放缓，移动网游戏用户数量出现了高速的增长，这表明移动网面临着极好的机遇。同时，2011年移动网游戏获得投资方的青睐度持续升温，针对正在崛起的移动游戏市场的特点，作为网络游戏主管部门，文化部出台的政策管理法规，已经从概念上深化了网络游戏的内涵，添加了移动通信网作为互联网络游戏的运行平台，这不得不说是一种了解市场、深入市场的法规调整，体现了政府在网络游戏监管层面的作为。

其次，《办法》对适用范围予以明确，即从事网络游戏研发生产、网络游戏上网运营、网络游戏虚拟货币发行、网络游戏虚拟货币交易服务等形式的经营活动，适用于本《办法》。

在主体资格准入方面，《办法》规定了从事网络游戏上网运营、网络游戏虚拟货币发行和网络游戏虚拟货币交易服务等网络游戏经营活动的经营单位，注册资金应不低于1000万元，并且应当在企业网站、产品客户端、用户服务中心等显著位置标示《网络文化经营许可证》等信息。也就是说，《办法》对从事网络游戏研发生产的企业没有进行准入规定。

值得注意的是，《办法》规定负责网络游戏内容审查的是国务院文化行政部门，但在实际操作中，他们将聘请有关专家承担网络游戏的内容审查、备案与鉴定的有关咨询和事务性工作。进口网络游戏的内容审查由国务院文化行政部门执行。申报进口网络游戏内容审查的，应当为依法获得独占性授权的网络游戏运营企业。同时，网络游戏运营企业应当建立自审制度，明确专门部门，配备专业人员负责网络游戏内容和经营行为的自查与管理，保障网络游戏内容和经营行为的合法性。本着简政放权、加强文化部宏观管理职能的原则，《网络文化经营许可证》的审批权限由国务院文化行政部门下放至省级文化行政部门。同时，《办法》规定，"经有关部门前置审批的网络游戏出版物，国务院文化行政部门不再进行重复审查，允许其上网运营"。以此，避免了网络游戏管理中曾经出现的多头管理、重复审批的现象，明确了网络游戏行业管理与出版管理的职责分工。根据文化部 2011 中国网络游戏市场年度

报告：2011 年，文化部认真履行网络游戏内容管理职责，共审批或备案 646 款网络游戏。其中：国产网络游戏 604 款，相比 2010 年增加 428 款；进口网络游戏 42 款，相比 2010 年增加 14 款。可见，审查备案制度的形成，使得网络游戏市场得以进一步规范，局面得以明朗。目前的审查制度，以各项评价指标的建立为主要内容，已知的评价指标有知识性评价指标、智力性评价指标、情意性评价指标、游戏性评价指标和成瘾性评价指标。应该说，评价指标的建立，能够全方位呈现一款游戏的总体样貌，比较立体地为消费者的选择提供参考。

《办法》中的另一个亮点也值得注意。为防止网络游戏虚拟货币对现实金融秩序可能产生的冲击，网络游戏运营企业发行网络游戏虚拟货币的，应当遵守以下规定：网络游戏虚拟货币的使用范围仅限于兑换自身提供的网络游戏产品和服务，不得用于支付、购买实物或者兑换其他单位的产品和服务；发行网络游戏虚拟货币不得以恶意占用户预付资金为目的；保存网络游戏用户的购买记录，保

存期限自用户最后一次接受服务之日起,不得少于180日;将网络游戏虚拟货币发行种类、价格、总量等情况按规定报送注册地省级文化行政部门备案。

在维护网络游戏市场秩序方面,因技术安全措施不到位导致的用户账号丢失和被盗现象,网络游戏市场推广中存在的虚假宣传行为,刻意设置欺诈陷阱、诱使用户投入过多的资金和精力,因终止运营引发的纠纷等问题,严重扰乱了市场秩序,影响市场健康发展。为此,《办法》从技术和制度角度入手,做出制度规范:一是推广和宣传网络游戏不得含有法律法规规定的禁止内容;二是不得设置未经网络游戏用户同意的强制对战,不得以随机抽取等偶然方式,诱导网络游戏用户采取投入法定货币或者网络游戏虚拟货币方式获取网络游戏产品和服务;三是不得授权无网络游戏运营资质的单位运营网络游戏;四是要求网络游戏用户使用有效身份证件进行实名注册;五是终止运营网络游戏,或者网络游戏运营权发生转移的,应当提前60日予以公告,并妥善处理用户尚未使用的网络游戏虚拟货币及尚未失效的游戏服务;六是按照国家规定采取技术和管理措施保证网络信息安全,依法保护国家秘密、商业秘密和用户个人信息。可见,政府的市场监管是网游行业健康发展的重要保障。

相较于政府在网络游戏市场中的间接监管作用,社会中间组织的作用可能更趋于直接,网络游戏自律协会、游戏内容的监管协会、中国版权保护中心等压力型的社会中间组织以及消费者协会、社会责任的评价机构以及作为分级评定协会的中国青少年网络协会等非压力型社会中间组织的相继建立,是网络游戏问题充分暴露的一个出口,也是疏通民意的一个缓冲地带。未成年网络游戏者的父母、老师等利益相关人，基于自身的利益诉求，通过社会中间组织，既可以向政府相关监管部门施加压力、迫使其制定法规政策，规范网络游戏市场，同时，社会中间组织可以结合自身的专业性和代表性，直接作用于网络游戏的生产商和运营商，在第一时间代表民意，表达意见。

综上所述，政府和社会中间组织在网络游戏市场监管中的作用相辅相成、缺一不可。网络游戏公司的社会责任承担的真正实现，还是要依靠政府和社会中间组织监督和管理作用。只有三方良性互动，才能使网络游戏市场继续朝着健康的方向发展。

网络游戏在媒体营销环节的他律与自律

■ 林苗苗[1]

网络游戏虽然如今方兴未艾，但从时间上来看，还是个不折不扣的"新生事物"。在红彤彤的 GDP 面前，许多的伴生问题还有待于思考、研究并加以解决。其在媒体营销环节的他律及自律就是其中之一。

与传统的商品相比，网络游戏"虚拟化"的特征十分明显。购买者与生产经营者不必见面，甚至买到的产品也不是看得见摸得着的实物。但用一般的商业理论来分析，网络游戏与传统的"物理性"商品在本质上又是完全一致的。有生产，有交换，有市场规律，形而上地说，消费者购买一款网游产品和去超市买一棵白菜在商业行为上并无不同。

所以，对于经营网络游戏的企业来说，尽管不像传统的工农业那样担心深巷掩了酒香，但营销，依然是一个关键环节。而推广，

---

[1] 林苗苗，毕业于中国矿业大学，哲学硕士，先后在《理论前沿》《理论探讨》《紫光阁》等核心期刊发表十余篇论文，并多次荣获中央及文化部奖项。现任中国艺术研究院团委书记。

又是营销当中的关键环节。在一款游戏产品从创意、设计、制作到最终的销售过程中，企业借助媒体进行推广营销，是必需的，也是极其重要的一步。

网络游戏与媒体的关系

《征途》游戏是"巨人"史玉柱东山再起的精彩之作。一句京腔京韵的广告语"征途——"借助中央电视台的优质传播平台，迅速吸引了众多玩家。这段时间，打开湖南卫视等卫星台，又可以看到另一则热门网络游戏的广告。一个造型可爱的卡通人物伸出一根手指，收回来又伸出两根手指，同期声说："我会变魔术哦。这是一，看好了，变二喽。梦幻西游——二！"这是《梦幻西游2》上线的广告。

两则网络游戏硬广告出现的时间跨度长达七年，足以证明中国网络游戏蓬勃发展的时间，一直有传统媒体的伴随。

网络游戏是一种数字化的商品，不具有物理分割性，同一款商品理论上可以属于无限数次的消费者。这也正是网络游戏高附加值的"秘密"所在。基于这一点，所有网络游戏的经营者都希望自己的产品能够拥有最大数量的支持者。从传播学的角度讲，就是网络游戏营销的基础，首先要取得最大的传播效果。

目前，网络游戏在营销环节与传统媒体的合作体现在以下几个方面。

一是直接投放硬广告。在2011年7月底的CGBC（中国游戏商务大会）媒体营销论坛上，北京畅游时代数码技术有限公司品牌总监唐亮说,当今的媒体受众对硬广告越来越排斥。这一说法的心理基础或许存在,但在技术革命还未完全普及之前,硬广告对于网游依然是一个强势的存在。比如《征途》,比如《梦幻西游》,就连《魔兽》,也通过可口可乐的广告跻身媒体。

二是在影视剧或其他媒体中作为节目内容的一小块出现,即植入软广告。

三是以整个节目内容的形式出现,对游戏做深入的专题介绍,即业内俗称的"买时段"或"买版面"。

中华网游戏集团市场总监渠毅在2011年的媒体营销论坛上说,网络游戏在媒体上的出现分两大类:曝光类和效果类。按这个观点,硬广告和上述第二点属于"曝光类",而第三点则属于"效果类"。2010年,九城公司与天津卫视合作推广《三国群英传2online》,直接借助的,是该电视台即将播出的高希希导演的《新三国演义》,而合作的内容,则包括游戏内容的植入、广告的投放、专题节目的推广及论坛营销等。

四是与媒体深度合作,以节目合作开发者的身份出现。这方面最具代表性的,是久游网的《劲舞团》与东方卫视《舞林大会》的合作。

对于网络游戏为何对传统媒体如此情有独钟,渠毅和珠海多玩信息技术有限公司总经理曹律的两句话很中肯綮。曹律说,媒体可以让我们精确地掌握用户的情况。渠毅说,网络游戏的营销,要做到整个媒体的无缝连接。

此外,网络游戏与媒体的另一重关系,是许多网络游戏自身已经具有了"传播者——传播平台——传播内容——受众"这样一个完整的传播链条,理论上完全具备了媒体的特性。

按运营平台的不同划分，网络游戏可以分为 PC 网游、掌上网游、交互电视网游三大类。三者看似外形各异，但在技术层面上并无不同，都是利用 TCP/IP 协议，以 INTERNET 为依托，可多人同时参与，都与传统的单机游戏相区别。只是交互电视直接借助传统媒体的传播平台，另两类则是彻底前无古人的新生事物。

在实际操作上，三种网络游戏都有一个专门的网站作为"大本营"。在那里，用户除了可以购买、下载之外，还可以浏览资讯、交流心得。而后者，和读者订阅一份报纸，并给其投稿没有什么不同。

在和传统媒体的密切合作中，网络游戏作为内容的提供者，必须无条件地服从与新闻出版有关的各项法律法规。如 1994 年颁布执行的《中华人民共和国广告法》，以及《中华人民共和国著作权法》《广播电视管理条例》《报纸出版管理规定》《期刊出版管理规定》，等等。

这种情况下的服从与遵守，我们可以称之为"他律"。在这一环节中，网络游戏的经营者尽管极力想取得最大的传播效果，以便将自己的产品推广给理论上最多的受众，从而取得营销的佳绩。但是，一旦他们所提供的传播内容与上述法律法规发生龃龉，矛盾调和的必然结果还是网游经营方进行削足适履式的改动。即使因此影响营销效果，也别无选择。

可以看出，网络游戏在媒体营销坏节的他律是一个完全被动的过程。报纸杂志这两种传统媒体在中国已经走过了一百多年的历程，广播电视也已经有了半个多世纪的发展，各项法律法规早已趋于健全；网络游戏作为新生的"足"，既然要借助这双"履"前行，就只有依照"履"的大小做好"削"的准备。

网络游戏在营销环节自律的必要性和几条建议

作为一种新兴媒体，一种现有法律法规尚不能完全监督监管的"自媒体"，网络游戏在媒体营销环节的自律是一个影响深远且亟待解决的大问题。

第一，自媒体也要承担必要的社会责任。

关于这一论题，学界此前或因忽视传播技术的革命而失语，或因未意识到变革的力量而敷衍了事。相较于日新月异的新媒体，相关理论明显滞后。

媒体的社会责任是由其政治、社会属性决定的。具体而言，媒体的社会责任包括政治责任和道德责任两方面。对于以新闻为主要内容的传统媒体而言，前者重于后者；对于传播内容个性化特征明显的自媒体来说，后者更重于前者。对于包括网络游戏在内的文化产品的自媒体平台，清华大学新闻与传播学院常务副院长尹鸿认为，它们还承担有文化责任。

美国著名报人普利策曾说过，一个愤世嫉俗、唯利是图、蛊惑民心的媒体，最终会制造出像自己一样卑劣的民众。作为企业，网游公司通过营销手段取得最大化的经济收益无可厚非。但由于其在营销环节不可避免地存在媒体行为，以上所述的社会责任就应该是统御公司一切行动的总纲领。

作为文化与社会精神的一种载体，自媒体绝非只属于自己，而是属于国家和人民的公器。当今的中国，文化多样，价值观也日渐丰富，自媒体应该为这百花齐放的大好局面增色添彩，而不能因为经济利益放松自律，使公众陷入如英国作家柯勒律治所说的"到处是水却没有一滴水可以喝"的茫然之中。

第二，媒体对于消费者的作用是由表及里的。

中国古代哲学家韩非子讲过一个"买椟还珠"的寓言。有一个楚国人，到郑国去售卖一颗宝珠。为了盛放宝珠，他用上好的木兰木做了一个盒子，熏之以香，饰之以羽，镶嵌以珠玉。结果买主完全被这个华丽的外表所吸引，以至于买下之后竟把那颗相形见绌的宝珠还给了他。

与之相类，网络游戏产品若是"宝珠"，那么围绕它所做的媒体包装营销就像是那个"盒子"。传播过程中，媒体与受众是一对多的关系，受众拥有绝对的选择权，他们首先会被"盒子"所吸引，进而才会对"宝珠"有所关注。因此，各媒体都会在外观的视觉效果上大下功夫。但这样的包装应该适度，应该建立在不扭曲或伤害"宝珠"价值的基础之上。

网络游戏的本质还是商品，消费者的最终目的还是"宝珠"。在媒体营销环节，商家即使依靠过度包装抓住了消费者的眼球，而一旦消费者在使用产品后，发现他们买到的"珠"与看到的"椟"并不匹配，那他们还回来的，就不仅仅是"椟"，还有对这一品牌的信任。甚而言之，还有对整个行业的信任。

第三，网络游戏是一种作用于精神的娱乐产品。

体验过网络游戏的人都知道，一款游戏的物理呈现只是显示器（手机屏幕）、键盘和鼠标，具体的游戏内容都是虚拟化的。玩家操纵游戏依靠手指，参与游戏却依靠大脑。在这个"消费"过程中，意识是高于物质的。而玩家在付出时间和金钱之后，得到的回报除了身体上的放松，还有精神上的愉悦。在这一点上，网络游戏与包装精美却使消费者在精神上欲罢不能的烟草有共通之处。

与"物质的"商品带给我们身体上的享受相比，"非物质的"商品对人的作用更持久、更深入。而且，这种精神上的作用过程有着极强的二分性，其优点可以迅速地体现出来，弊端却极具隐蔽性。所谓"润物细无声"，等一些问题在玩家身上显现时，已是衣衫尽湿了。

近年来，随着信息技术的飞速发展和电子终端的迅速普及，"网瘾""游戏瘾"让许多家长和专家大伤脑筋。而细究这一问题的源头，有社会根源，有教育的缺失，这些都非一日之功，唯一可以迅速见效的，就是在网络游戏的媒体营销环节加以控制，使其诱惑力稍稍减弱，警示性适度增强。

第四，网络游戏具有双层交互性。

与传统的单机游戏不同，网络游戏除了人机的交互之外，还由于玩家同时登陆参与，又具有人人交互的特点。正如人人网上海分公司总经理郑伟达所说，网络游戏是一种社交化的娱乐。

按游戏内容划分，目前流行的网络游戏可以分为七大类：角色扮演类、动作类、休闲类、策略类、棋牌类、模拟类、运动类。其中除了棋牌类和运动类有移植于现实的规则之外，其他五类的规则都比较模糊。换言之，玩家在游戏的虚拟世界里几乎可以为所欲为。只要能达到"胜利"的目的，一切手段可以无所不用其极。而因为网络游戏双层交互的特点，这样"斗智斗勇"的双方或多方就是真实存在的自然人。这就产生了一个矛盾：在游戏中，人就可以忽略他的社会属性，不必遵循法律与道德的规范约束吗？

把这个冷冰冰的问题置于如火如荼的网游行业之中，似乎有些煞风景。但近几年层出不穷的与网游相关的刑事案件提醒我们，冷静地思考现实与虚拟的关系刻不容缓，网游企业在媒体营销时对此必须加以处理。

第五，网络游戏的消费者平均年龄偏低。

一项调查表明，网络游戏的消费者九成以上都不足三十岁。考虑到网游所需要的大量时间，这一平均年龄还要再下降。青少年的行动能力已经完全具备，而心智却未必完全成熟。在这个混沌将明的阶段，正确的方向引导尤其重要。

而一个不争的事实却是，当前的许多网游，都以性和暴力作为两大卖点。由于网络的虚拟性和数字技术极强的表现力，网络游戏中的性和暴力还经常以一种极致夸大的形式出现。在宣传营销环节，这样的情况尤为突出。2013年知名度较高的网络游戏作品中，《问剑》《热血战纪》《天地伏魔》《嗜血传说》《灭世传奇》等几款的主页面夸张地突出了刀剑、牙齿等杀戮工具；《游仙》《冒险契约》《新蓬莱》《神话2》《桃花源记》等几款的主页面则丰胸翘臀，寸缕半遮，极具性的挑逗。

青少年是国家的未来，他们的路还很长，正确的人生观不仅决定着他们个人的路将走向何方，还关系到国家今后几十年的文化道德取向。网络游戏既然是青少年所喜欢的娱乐形式，相关的企业和部门就有义务从民族文化的高度出发，在宣传营销环节严格自律，减少不良信息对青少年的诱惑，从正面对青少年进行引导。

基于以上分析，对网络游戏在媒体营销环节的自律提出如下几点建议。

一是加强基于互联网技术的自媒体内容管理的立法。

二是对网络游戏从业人员进行职业道德方面的培训。

三是制定合理的游戏分级,以之作为宣传营销的尺度参考。

四是利用网络游戏技术含量高的特点,设置多重进入系统,使玩家对游戏的接受由远及近。

五是参考国家对于烟草广告的限制,以立法的形式强制网游企业在媒体营销环节添加类似"过度沉迷网游无益健康"等警示语。

在这一方面,国际上一些通用的方法值得我们学习借鉴,尤其是与我们文化相通的近邻日本和韩国。在韩国,文化管理部门制定了《预防和消除网络游戏沉迷政策》,设计了"疲劳度系统"和"深夜时间关闭"等技术关卡,玩家实行身份认证制度,游戏实行分级制度,企业对外宣传需接受政府相关部门的检查和监督,等等。

当然,相对于媒体营销环节的"椟",作为游戏核心内容的"珠"也存在他律及自律的问题,对此学界已多有论述,本文就不赘言了。

网络游戏与"第九艺术"的源流和形态

■ 孙佳山

起:"第九艺术"的缘起

2011年5月,美国艺术基金会宣称,所有为互联网和移动技术而创造的媒体内容,包括以网络游戏为代表的多种新兴艺术样态被正式认定为独立的艺术形式,即继文学、音乐、舞蹈、雕塑、绘画、建筑、戏剧、电影之后,人类历史上的"第九艺术"。

与此同时,面对近年来以互联网和移动技术为载体的新兴艺术样态,并不是只有美国艺术基金会这一次"命名"。2009年10月,在文化部举办的"首届中国动漫艺术大展"高峰论坛上,我国就首次提出了基于蓝海战略的"大动漫"产业观,这对传统动漫观念是极大的颠覆和创新。"大动漫"以动漫形象和品牌为核心,横跨出版、影视、演出、新媒体、玩具、服装、游戏、主题公园等相关衍生产品,串联出整体架构的产业链,打破了原有众多管理部门和不同行业的分割,向培育健康、完善的文化产业生态迈出了一大步。[1]

2010年,由于近年来中国影视产业的跨越式发展和动漫、微电影、网络自制剧、手机等新媒体艺术的快速发展,中国艺术研究院电影电视艺术研究所在中国艺术研究院院级课题《热播影视剧跟踪研究》中一针见血地指出,电影、电视等传统媒介已经远远无法满足描述当下复杂影像经验现状的巨大需求,旗帜鲜明地提出了"大电影"概念,并在2011年和2012年先后推出的《大电影时代:异彩纷呈的热播影视》《大电影制造:热门影视的光影世界》《大电影概论》等系列课题成果中,将这些横跨不同新兴媒介的影像艺术统称为"大电影",从类型、产业、文化、创作等不同角度解读了新世纪以来异彩纷呈的影视文化现状。在这样一个多元共生的"大电影"时代,中国艺术研究院电影电视艺术研究所这种及时、系统、深度的影视批评和研究具有开创性的学术价值,系统地从"大电影"的基本概念及意义、视觉文化转向、数字化的电影转型、媒介融合、中国电影理论发展、中国当代电影发展和华语电影等不同的角度探究了"大电影"概念的复杂面向。

由此可见,无论是"大动漫"大电影";无论是行业的管理部门、专业研究领域,还是相关产业,都将互联网和移动技术这种全新的艺术传播途径、渠道,放置在前所未有的重要位置予以重新审视。或者说,正是这种全新的艺术传播途径、渠道,在塑造甚至定义艺术形态中正发挥着前所未有的主导作用。在21世纪第二个十年前后,全世界范围内的产、学、研等各个领域,都在从各自角度回

---

[1] 宋奇慧:《大动漫观与中国动漫的未来》,载《中国文化报》,2011年11月23日第5版。

应着 21 世纪前十年以来，依托于互联网和移动技术以星火燎原之势蓬勃发展的新兴艺术样态。

当然，现实的各项数据更有说服力。2012 年，我国网络游戏市场收入规模达 601.2 亿元，同比增长 28.3%。其中，移动网游戏市场规模为 65.1 亿元，同比增长 68.2%；传统互联网游戏市场规模为 536.1 亿元，同比增长 24.7%。我国网络游戏行业正处于从传统互联网市场向移动互联网市场的平稳转型过程中，市场整体规模继续保持良好的发展势头。网络游戏行业在整体稳步增长的同时，将继续保持结构化调整的趋势。客户端网络游戏逐渐转型、网页游戏精品化、移动游戏走出去将成为当下网络游戏市场的突出特点。据不完全统计，2012 年我国新增出口游戏 66 款，自 2010 年起累计出口国产网络游戏产品数量突破 260 款，参与出口的网络游戏企业近 100 家，2012 年自主研发网络游戏海外收入达 5.87 亿元。未来几年仍将是中国网络游戏发展的机遇期。预计到 2015 年末，中国网络游戏市场规模将超过 1000 亿元，年均复合增长率超过 20%。[1]

新世纪以来的现实已经证明，网络游戏以文化创意为源头，与前沿信息技术联系紧密，是具备高附加值、低能耗的知识密集型产业，处于技术研发、创新等产业价值链的高端。因此，这也是为什么网络游戏的市场收入规模大幅领先于动漫产业和电影票房。2012 年我国动漫产业规模仅为 320 亿元，中国电影总票房更是只有 170.73 亿。如果再加上由网络游戏衍生出的，为电信业、IT 等领域带来的间接收入，网络游戏的市场规模甚至远超过电影票房、电视

---

[1] 文化部：《2012 中国网络游戏市场年度报告》，2013 年 4 月 24 日。

娱乐节目和音像制品发行这三大传统娱乐领域的总和。如今，网络游戏已经发展成为中国文化产业的核心组成部分，既是中国文化走出去的重要载体，也是传播我国文化软实力的重要途径。十二五期间，中国网络游戏产业将迎来跨越式发展的战略机遇期，特别是在阶段增速放缓的情况下，能否抓住这转瞬即逝的历史契机，将考验着我国网络游戏整个行业。

承：我国网络游戏的发展历程

全球游戏产业诞生于 20 世纪 70 年代，而网络游戏产业则是 20 世纪末的产物。

在我国，1995 年，当时中国最具研发实力的金山西山居游戏工作室成立，西山居的成名之作是其 1997 年 4 月推出的《剑侠情缘》。这款角色扮演类的单机游戏虽然有着诸多的不足，但却被认为是中国游戏产业起步的重要标志之一。在成功推出《剑侠情缘》并创立这个品牌后，2000 年，西山居推出了日后扬名的《剑侠情缘 2》，这款游戏一改传统武侠角色扮演的惯例，采用了即时战斗模式，而国内独有的超大地图，在艺术表现力的技术水平上，也已经大大超过内地和台湾的同行业水准，所以产品上市后在市场上取得了超过 20 万套的销售成绩，在当时被誉为国产游戏的巅峰之作。也正是这一期间，也就是从 1994 年到 2000 年，是中国网络游戏行业的准备阶段：单机游戏数量 397 款，营收规模达 2.8 亿，玩家数量攀升至百万级，游戏公司超过 60 家，这都为此后我国网络游戏行业的野蛮增长奠定了坚实的基础。随着单机游戏市场规模的膨胀，这个行业也面临着越来越大的挑战。即便在2001年中国单机游戏的最高峰时，300余款游戏却也仅有区区几款全年销量在10万套以上，疯狂的盗版将各大单机游戏公司逼上了绝境，因此资金链迅速断裂，大量游戏公司裁员、倒闭。

2000年7月，《万王之王》作为我国第一款真正意义上的中文网络图形多用户对话游戏，开启了中国网络游戏市场的大门。以《万王之王》《笑傲江湖》为代表的多用户对话游戏所具有的多人同时在线、即时战斗演算等特性，彻底改变了游戏玩家的单机时代的游戏习惯。2000年12月，华义国际代理的《石器时代》开始在中国大陆测试，《石器时代》是网络游戏历史上一款重量级的作品。如果说《剑侠情缘》系列是单机游戏时代的代表作，那么《石器时代》则是网络游戏时代的第一个标杆。《石器时代》的2D画面模式和回合制模式直到今天还在直接影响着网络游戏发展的走向。2001年，盛大引进了韩国网络游戏《传奇》，升级打怪模式、国战模式等全新元素迅速占领市场，在此后几年，中国网络游戏在线人数从几千人跃升到近百万的规模，也正是从那时起，中国游戏进入了大家熟悉的狂暴增长的十年征程。

我国网络游戏时代的第二个标杆是《魔兽世界》。《魔兽世界》是暴雪娱乐制作的一款大型多人在线角色扮演游戏，2004年在北美公测，2005年6月6日在国内正式商业化运营，最初由第九城市代理，2009年6月7日起中国地区运营商变更为网易。2008年4月以来，《魔兽世界》在大型多人在线角色扮演游戏市场的占有率一直稳定在6成左右，《魔兽世界》在全球的付费用户数也始终保持在1000万上下。《魔兽世界》在国内的收费模式并不需要玩家购买软件注册序列号,所以在这些数据中并没有包含2012年10月2日之后的中国大陆玩家。这款堪称网络游戏历史上最经典的作品,不断地在刷新在线个人电脑游戏史上的各项纪录。因此,这款游戏几乎在进入我国的第一时间就显现了其王者气质;基于《魔兽争霸》在单机游戏时代积累的人气和口碑,《魔兽世界》更是以其前所未有的3D视角、海量副本玩法以及出色的平衡性,迅速赢得了全球性的广泛称颂。在那之后的7年间,《魔兽世界》都是中国屹立不倒的"游戏之王";也是从《魔兽世界》开始,3D游戏如雨后春笋般地出现在我国网络游戏市场上,并占据了我国网络游戏市场的大部分份额。

然而在中国网络游戏井喷式发展的同时,这个产业中的结构性危机也开始显现。2010年,全年有超过400款新游戏上线,但开服人数超过5万的却仅有不到10款。在各种网络游戏公司以雨后春笋之势爆发之际,数量、产量的大幅暴涨却没有带来游戏品质的相应提升,缺乏文化内涵、缺乏文化精品成为了国产网络游戏发展中的最大掣肘。所以从2010年开始,受到市场环境以及网络游戏行业内部问题等诸多因素的影响,中国网络游戏用户增长率开始在低位徘徊。

到了2012年,这个随着新世纪诞生的全新行业,又呈现出了新的发展格局。受到网络视频等娱乐方式的冲击,和网页游戏、移动网游戏对用户的分流,客户端游戏增速也有所放缓,82.8%的市场占有率较2011年下滑了近6个百分点,比重首次低于90%,整体市场特别是一线城市市场趋于饱和,更多的客户端游戏企业正在将精力转移至二三线城市的市场开拓上。与此同时,移动网络游戏比重继续上升，达 10.8%，较 2011 年增长近 2.5 个百分点。网页游戏市场份额进一步增长，达 17.2%。移动网游戏市场中，下载单机游戏占据了 79.0% 的市场份额，移动网络在线游戏所占市场份额较 2011 年上升了 2.4 个百分点，达 21.0%。[1]

新世纪以来，中国网络游戏产业经历了从萌芽、成长到成熟，从代理运营到自主研发和代理运营并行再到海外运营，从单机游戏到联网对战再到 3D 网络游戏的发展道路。在技术、产品、运营、渠道拓展领域不断提高的同时，中国网络游戏更是进入到了资本市场运作的全新发展阶段。在空前全球化的今天，伴随着高新技术更新周期的进一步缩短，传统意义上辨识明晰的游戏玩家、影视观众、文学读者、动漫爱好者的界限正日趋模糊。以网络游戏为代表的"第九艺术"在 21 世纪最初 10 年来的深刻变迁，将不仅仅改变产业生态模式，更将强烈冲击互联网时代的艺术门类格局。

转："第九艺术"原理初探

然而，就在以网络游戏为核心的"第九艺术"如火如荼地爆炸式发展之际，关于如何定义"第九艺术"却有着颇多的争议，并始终没有定论。

法国较早地提出了"第九艺术"这个概念。大约从 1960 年代起，漫画在法国便不再被当作专属于儿童、青少年的读物，国际著名的昂古莱姆漫画节迄今已举办了整整四十届；安纳西国际动画电

---

[1] 文化部:《2012 中国网络游戏市场年度报告》，2013 年 4 月 24 日。

影节，也在动画领域享有很高的声誉。加之美国迪士尼、梦工厂等动画公司的优秀作品在全世界范围内的广泛影响，以及在20世纪70年代，日本真正将动画和漫画有机结合，开创了我们今天熟知的动漫产业时代，因此，长期以来将动漫定义为"第九艺术"的呼声就不绝于耳。

而将网络游戏定义为"第九艺术"的思潮，则大致兴起于20世纪末，在当时的有关媒体上，第一次出现了这样的说法。随着新世纪以来，国内网络游戏产业的飞速发展，相关的呼声进一步高涨。

然而，无论是动漫还是网络游戏，抑或基于互联网和移动技术的媒体内容，不管将哪一方定义为"第九艺术"，现有的各种争论中，其实都分享着共同的逻辑，即它们都是文化产业或者文化创意产业的重要组成部分，拥有着不小的市场规模和可预期的增长空间，特别是处于强势地位的网络游戏行业，尤其强调其巨大的经济、社会、文化价值。但所有各方的种种说法都没有在艺术原理上予以清晰地界定，缺乏艺术原理层面的理论支撑。

网络游戏作为新兴科技文化的产物，具有极为全面的综合表现能力，网络游戏产品在传播知识、技能和文化价值观方面具有强大的力量。网络游戏在艺术上，更深刻地将作者的艺术创作思维与网络游戏用户的艺术欣赏思维连接起来，极大地延伸和拓展了人类意识，直接影响并参与塑造了当代社会的情感结构，定义了全新的认识世界的渠道和方式，也是当今各国文化软实力的重要载体。十七届六中全会以来，完善文化产品评价体系成为实现社会主义文化大繁荣、大发展的内在要求和基础性工作。网络游戏作为一种新兴的文化艺术产品，也应遵照文化艺术的标准进行评价。只有在艺术学科的视野下,对网络游戏进行重新审视和界定,才能在真正意义上梳理和描摹"第九艺术"的源流和形态,进而完成"第九艺术"原理的奠基性工作,以网络游戏为代表的新兴艺术样态,才有可能真正意义上实现自身的学科化构造。

毋庸置疑,作为最为新兴的艺术样态,对以网络游戏为代表的"第九艺术"的讨论,自然也要放置在现代性、现代主义以来的理论框架中予以讨论,以网络游戏为代表的"第九艺术"也最为极致地体现了现代性、现代主义艺术的困境和最新走向。

波德莱尔对现代性的阐述是:"现代性,意味着过渡、短暂和偶然;它是艺术的一半,另一半则是永恒和不变。"而尼采关于"创造性破坏"和"破坏性创造"的理论意象,为连接波德莱尔论断的两个方面提供了新的途径。尼采认为,人性当中永恒不变的本质在狄奥尼索斯的神话形象中得到了最好的体现:"在一个时间里,同时具有'破坏性的创造'(即形成个性化和变易的世俗世界,这是一个破坏整体的过程)和'创造性的破坏'(意即将个性化的幻想世界吞没,这是一个体现整体反应力的过程)。"[1]对自身加以肯定的唯一途径就是在这种有着"破坏性创造"和"创造性破坏"的循环漩涡中采取行动,展示个人意愿,即使其结局注定是悲剧性的。因此,现代主义从一开始就致力于寻求永恒真理的某种特殊再现模式和语言的革命。评判艺术家和艺术作品的成就、水平就取决于再现模式和语言的革新程度。自然,与传统艺术相比较,现代主义艺术的内容和形式,呈现出了逐渐加速的剧烈"蒸腾"的格局。

---

[1] [英]大卫·哈维:《后现代状况》,阎嘉译,商务印书馆,2003年版,第26页、27页。

以第七艺术戏剧为例。众所周知，现代戏剧分为三大表演体系，包括斯坦尼斯拉夫斯基体系、布莱希特体系以及以梅兰芳为代表的京剧表演体系。尽管三种表演体系各有侧重，但是他们都前所未有地将观众摆在了十分重要的位置，这也就突破了传统时间艺术、空间艺术的局限。而第八艺术电影则更进一步。作为现代性的产物，电影从诞生之日伊始就充满了现代主义色彩，在融合了造型艺术、表演艺术、语言艺术所使用的各种材料和手段的同时，还利用现代科学技术，在银幕上充分地实现了人类长期以来完整还原现实环境的艺术愿望，所以在时、空维度中，电影比戏剧有更大的艺术自由。而元电影的出现，更是在艺术史上第一次实现了多重的观影结构，艺术受众的位置被进一步提升。以网络游戏为代表的"第九艺术"，与前八种艺术关联最大的是电影，但是以网络游戏为代表的"第九艺术"与前八种艺术的最大区别也在于，前八种艺术，即便是最先锋的实验话剧，观众的参与也是有限度的，即便是最后现代的文学理论，读者的参与也不可能完全僭越文本。如果说电影的出现，彻底地改变了原有艺术形式的时空感，那么无疑，网络游戏则更进一步，现代主义格局中艺术作品的内容和形式之间的动态格局在以网络游戏为代表的"第九艺术"中呈现出了"蒸腾"式的样貌。因为没有任何一种艺术形式，比网络游戏更接近"半成品"，没有游戏玩家的参与，任何一款网络游戏都不能被称为"已完成"的艺术作品。没有观众和欣赏者的前八种艺术，可以被认定是不成功的作品，但绝不能定义为"未完成"的艺术作品，因为尽管艺术内容和艺术形式间在激烈博弈，但它们还保持着大致的平衡，远没有以网络游戏为代表的"第九艺术"这般剧烈的"蒸腾"样貌。以网络游戏为代表的"第九艺术",更深刻地将作者的艺术创作思维与网络游戏玩家的艺术欣赏思维连接起来,在宏观上延伸、拓展了人类意识,因此在艺术的形式上,它始终处于一种高度"蒸腾"的变动状态。

  造成这种独特艺术样貌的缘由,还有着更为直接的现实因素。2001年,在我国"十五"发展纲要中,第一次明确提出了"三网融合"的发展理念和目标,提出大力"促进电信、电视、互联网三网融合"。直到2010年,国务院常务会议上明确了我国"三网融合"的时间表,决定加快推进电信网、广播电视网和互联网的"三网融合"。"三网融合"不仅继承了原有的话音、数据和视频业务,而且通过网络的整合,衍生出了更加丰富的增值业务类型,极大地拓展了业务提供的范围。信息服务也由传统的单一业务转向文字、话音、数据、图像、视频等多媒体综合业务。这也是近年来,以腾讯微信为代表的新兴事物所依托的时代背景。与此同时,"三网融合"还推动了用户终端的融合,融合了手机屏幕、平板屏幕、电脑屏幕、电视屏幕的"四屏合一"时代已经初露端倪。这意味着在这个信息爆炸的时代,更多的信息将由这"四屏"喷涌到使用者的日常生活之中。这也是目前,我国网络游戏发展呈现出客户端游戏、网页游戏、移动网络游戏三国并起发展格局的技术基础。在可预期的未来,以网络游戏为代表的"第九艺术"将在"三网融合"的"四屏合一"时代迅速渗透到全社会的每一个角落。以网络游戏为代表的"第九艺术"在这一波发展浪潮中,还会进一步整合前八种艺术形态。即便在现代主义艺术时期以来的发展格局中,这也是具有颠覆性的一大步——在过去,前八种艺术形态,它们所依附的艺术物质基础和艺术传播方式是完全不同的两个领域,艺术物质基础是辨识不同艺术形态的重要参照,而艺术传播方式则基本不在考察范围。以网络游戏为代表的"第九艺术",它所依托的艺术物质基础和艺术传播方式几近重合,这与"第九艺术"蒸腾的艺术形态又互为表里。无论是"大动漫""大电影",都触碰到了这一全新艺术格局的不同面向。在这一发展格局中,"第九艺术"对前八种艺术形态的冲击,很有可能要远甚于以淘宝为代表的电子商务对实体商场的巨幅冲击。这种改变,即将以更为激烈的形态出现。

合:"第九艺术"的未来与青年文化建设问题

截至2012年底,中国网络游戏用户规模达到3.36亿,青年群体无疑在其中占据了多数。沿着这样的思路,也就很好理解,以网络游戏为代表的"第九艺术",在青年文化领域也有着前所未有的重要作用和影响。过去,青年文化相对于主流文化,往往呈现出亚文化形态,而这种亚文化形态的青年文化又正是一个社会中各种新鲜思想和价值观激烈碰撞的领域,这与以网络游戏为代表的"第九艺术",有着很多内在的关联和相似性,但二者目前又都面临着相近的结构性危机。与中国电影、中国动漫产业一样,截至2012年底,中国网络游戏用户规模达到3.36亿,网民渗透率从2011年的63.2%降至59.5%。用户绝对规模增长1142万,增长率仅为3.5%,再创新低。[1]在用户数量增长接近停滞、文化产品质量短期内不会有大幅提高的阶段背景下,网络游戏乃至整个文化产业都将触碰到"增

---

[1] 中国互联网络信息中心:《中国互联网络发展状况统计报告》,2013年1月15日。

长的极限"。因此,单纯的市场规模等量化考察指标就不再具有那样的行业考评参照价值。重要的是如何让更多的以网络游戏用户为代表的不同社会群体,特别是青年群体,充分享受到均等的社会文化消费权利,是今天文化产业管理者、生产者、参与者需要共同面对的严峻挑战。正是在艺术原理上对以网络游戏为代表的"第九艺术"缺乏有效界定和判断,所以直接导致了官、产、学、研等全社会各个领域对当下几亿网络游戏参与者群体在认识上的不足和局限。中国网络游戏用户并不是一个无差别的整体,通常以亚文化形态呈现的青年文化,在其内部也有着众多的分野。特别是在今年,全国普通高校毕业生规模将达到699万,被称为"史上最难就业季";如何让这"失业的一代"不成为"失落的一代",以网络游戏为代表的"第九艺术"在即将来临的这个"三网融合"的"四屏合一"时代,对于建构我国新世纪的青年文化具有极为重要的意义。如上文举例中提到的网络游戏历史上最为经典的代表性作品暴雪娱乐的《魔兽世界》。与电影行业中的好莱坞一样,以暴雪娱乐为代表的美国网络游戏公司,他们的文化产品也深刻地体现着美国的价值观念。如同好莱坞电影,由于技术的完善,魔兽题材的故事讲述具备强大的吸纳能力,在文化吸引力、文化价值观吸引力及塑造文化规则和决定文化议题的能力上等文化软实力的诸多领域,有着非常独到的建树,能够将美国经验之外的异域文化纳入自身的文化价值体系中,通过信仰与价值观的情感感召、理性说服等方式创造出全新的文化价值,并在世界范围内被广为接受和传播,这也是美国网络游戏乃至美国文化软实力的最突出体现,这恰恰也是我国网络游戏乃至我国文化软实力的最大问题——我们在构建青年文化领域中,仅仅停留在调用各种青年文化元素的最初级阶段，无法在青年文化价值观层面具备更大的吸引力，所以自然就勿论塑造青年文化规则和决定青年文化议题。因此，在我国网络游戏用户增长区间接近封顶的背景下，以网络游戏为代表的"第九艺术"如何在建构我国新世纪青年文化中发挥更大作用，就将是我们必须面对的迫在眉睫的现实困境。

在文化部文化市场司的指导和引领下，依托于中国网络游戏评论联盟，通过全社会的广泛参与、学术界的知识引导、媒体的舆论监督，我国的网络游戏行业正逐步开始实现自身的文化自觉。2012年，《快乐消费的文化底色》的正式出版，迈出了网络游戏学科建设的第一步。为了让更多的以网络游戏用户为代表的不同社会群体充分享受到均等的社会文化消费权利，充分发挥以网络游戏为代表的"第九艺术"在建构新世纪青年文化中的核心作用，将完善文化产品评价体系的学科建设落到实处，以网络游戏为起点和切入，梳理"第九艺术"的源流，描摹"第九艺术"的形态，对于全面、科学地定义"第九艺术"具有特别重要的理论价值。在空前激烈的全球文化竞争中，构建具有中国特色的网络游戏文化评论理论体系，形成具有中国特色的网络游戏学科，既是摆在我们面前的一项任重而道远的长期工作，也是在真正意义上实现十八大建设社会主义文化强国的发展目标的历史选择。

世界视野下的中国动画民族化

■ 赵贵胜[1]

全球化的时代背景下,我谈动画民族化有两个原因:第一,新世纪中国动画在学习、模仿外国动画的实践中并没有改变中国动画落后的现状。而上世纪以特伟为代表的老一辈动画艺术家将动画中国化后不仅受到本土观众的欢迎,同时也赢得外国同行的认可。因此,我们有必要回顾上世纪我们老一辈动画艺术家的民族化传统。第二,全球化时代背景下,中国动画的方向在哪里?是全盘西化,是回归,还是进行民族化的现代转型?

一、20 世纪中国动画民族化传统

众所周知,中国动画学派[2]是中国动画史上最为华美的篇章,

---

[1] 赵贵胜,博士,上海师范大学谢晋艺术学院教师。

[2] 20 世纪 50 年代中期到 90 年代初,以特伟为代表的老一辈动画艺术家创造了一批具有鲜明中国特色的动画作品,被誉为中国动画学派。

《大闹天宫》《小蝌蚪找妈妈》《哪吒闹海》等一批优秀的作品享誉国际。这些作品的成功取决于老一辈动画艺术家的文化自觉，主动选择了一条民族化的发展道路。中国动画学派艺术家的民族化实践是一个循序渐进的过程，并最终形成中国动画学派的创作传统。综合分析，它主要包括以下内容：

第一，创造具有鲜明中国特色的动画电影。中国学派动画电影之所以在国际动画影坛上有一定的地位，公认的一点也是其鲜明的特色。正如前世界动画家协会副主席大卫·艾力克（David Ehrlich）所描述的一样：上海美术电影制片厂生产的动画电影之所以吸引我，首要的一点是聪明的中国动画人没有抄袭很多俄国、德国和美国动画，而是把传统和民间的艺术形式与动画相结合，去探索什么是中国特色的动画。[1] 需要特别指出的是，民族特色不是仅仅源于民族传统，只是中国学派动画电影在这方面比较突出，但也有一些影片侧重表达民族性深层次的民族心理。也就是说"民族化所追求的实质内容是从作品内容到形式的'民族特色'。它包括艺术的民族心理、民族精神、民族性格、民族作风、民族的审美特点和欣赏习惯，以及民族所特有的艺术表现形式和艺术处理方法。一句话，也就是它的民族属性、民族特征，或简称之为民族性"。[2] 第二，土洋结合，洋为中用。把外国的东西化成我们本民族的东西。也就是王朝闻先生所说的："民族化，就是把他民族的艺术成果，作为丰富以及改造本民族的外在条件来加以利用，并成为本民族的

---

[1] 笔者于2011年12月12日在中国传媒大学对前世界动画协会副主席大卫·艾力克(David Ehrlich)的采访。

[2] 李少白：《电影民族化再认识》，载《电影艺术》，1989年第3期。

艺术手段。其目的在于壮大和发展本民族的艺术。"[1] 动画成为中国艺术的新品种后，中国动画先辈们也积极吸收其他国度的营养，保持着中国动画的鲜活生命，漫画片[2]能清晰地体现这一点。20世纪80年代，以阿达为代表的一部分艺术家，借鉴萨格拉布动画理念创造了《超级肥皂》《新装的门铃》一批漫画片。这些动画电影不像《大闹天宫》《哪吒闹海》那般具有浓郁的民族形式，但无论表演、背景还是音乐都是中国的，是中国的美学观。这种去繁就简的动画样式给当时沉闷的中国动画界吹进了一股新鲜空气。实际上，没有对外国先进电影经验的吸收、借鉴，也不可能有真正好的电影民族化。中国动画就是在这种不断学习和借鉴外国民族艺术的先进经验基础上，发展自己。第三，强烈的创新意识。民族性是一个动态过程和动态概念，在其漫长的历史行程中，无论是内容还是形式都是历史地开放的，历史地变化和发展的。纵向看，它随着自己民族的生活条件和时代审美意识的变化而变化，不断地保持、发扬、超越和更新自身，即鲁迅所说的"择取中国的遗产，融合新机"。因此，尽管在形式和内容上魏晋文艺、汉唐文艺、宋元文艺、明清文艺、"五四"新文艺和当今的中国文艺多么面目不同、风采各异，但它们都同属于中华民族的文艺，都弥漫着中华民族的民族精神或民族性。横向看，包括中国在内的世界各民族的文艺，除最早的某些时代以外，都不是孤立地、互不交叉地、平行地向前演进，而是在相互联系、相互碰撞、相互影响和相互渗透的网络中变化和发展。拿

---

[1] 王朝闻：《旧话重提：民族性与民族化》，载《光明日报》，1983年3月3日。

[2] 陈剑雨把采用漫画手法创作的影片称为漫画片，他在《中国动画艺术家马克宣》一文中率先使用该词，参见《新美术》1994年第3期，第71页。

西方文化发展的主流来说，它经历了漫长和复杂的历史演变，是多种文化的融合，不仅以古希腊和古罗马文化为源头，也受着希伯来文化和哥特文化特别显著的影响。各国文艺的民族性总是吸收借鉴其他民族文艺的精华，把它们融汇整合于自身之中，变成自己的血和肉，同时又实现自身的民族特点，即鲁迅所说的"采用别国的良规，加以发挥"。从20世纪三四十年代万氏兄弟动画民族化开始，到60年代动画民族化的基本成熟，再到80年代中国动画进入发展的第二个高峰，中国动画电影的民族性随着时代的发展变化而在不断更新自己。阿达、特伟、王树忱等中国动画学派成员都遵循这样一个理念：既不重复别人，也不重复自己。因为有着这种强烈的创新意识，中国动画电影给观众不断带来了新鲜感。这也是它享誉世界的另一个重要原因。[1] 以四部水墨动画为例。四部动画除了主题不同，在技术难度上也不断地在拔高（从动植物逐渐过渡到人物），在美学趣味上做不断的尝试：《小蝌蚪找妈妈》有着齐白石水墨画的洁净透明，《牧笛》中透出的李可染、方济众国画的生趣和诗意，《鹿铃》通贯程十发绘画的抒情、浪漫，《山水情》充满吴山明人物的意趣、卓鹤君山水的氤氲之美。再比如，20世纪80年代末，经历过十年动乱的新中国社会秩序恢复正常后，国际交流增多，以阿达为代表的一部分人迅速地将目光瞄准世界，及时更新创作观念，漫画片《超级肥皂》《新装的门铃》就是中国动画民族化探索的一种新的样式。民族形式是可以发展的，是当代人的，它包括人的精神、物质生活的方方面面。用动画的形式表达当代人的各种观念，

---

[1] 段孝萱在2011年12月26日"中国学派意蕴之美"座谈会上的发言。

这就是中国的，是民族的。所以《超级肥皂》几乎没有使用任何传统符号，由于表现了现代人心理，抓住了时代的脉搏，同样获得世界的认可。

20世纪中国动画学派在民族化方向的指引下，圆满地完成了自己的时代使命。一方面为中国亿万观众提供了精神食粮，另一方面为中国动画赢得了国际上的声誉。

二、全球化背景下的民族化现代转型

进入新世纪后，中国动画外部环境发生了巨大变化：一是国家取消了统购统销政策，动画创作必须面向市场；二是随着国家对外开放程度的提高，外国动画大量涌入国内。面对这些挑战，毫无市场经验的中国动画人尝试通过模仿外国动画为新世纪中国动画找到出路，但结局以失败告终。而简单套用上世纪中国动画学派的创作模式，无论动画的生产效率还是审美习惯都已不符合当下实际。此种境遇下，中国动画又该如何走出低谷，迎来中国动画的复兴。

2011年好莱坞著名编剧罗伯特·麦基（Robert McKee）来到北京开办讲座。站在台上，麦基一开口就先表明了自己的立场："我今天来这里，不是教你们拍好莱坞电影。如果你们想模仿好莱坞，永远也不可能做到。"他建议台下的中国电影人，应该去做原创性的工作，不要模仿任何人，因为世界观众希望看到的是中国文化的精髓。他还反复强调，要是一味模仿好莱坞，观众会看不到诚意，中国电影将是陈词滥调，会走不出去。"一句话，必须遵循中国的文化价值观。"[1]麦基强调重视民族文化个性的观点值得当下中国动画创作者反思。2014年中西合作的三维动画《神笔马良》，作品制作精良却并没有赢得观众的认可，影片强行用西方电影一贯的爱情、打斗、无厘头文化取代了我们所熟知的东方风情，很难引起大家共鸣。这和中国第一部三维动画电影《莫比斯环》的失败如出一辙。中国动画作为一种文化消费品存在，首先要保持自身的文化底色。一方面，全球化的加剧，并不会迅速导致世界文化的一体化，相反，"文化的多元性"会更加彰显其魅力。创作中，我们在形式上可以借鉴各种各样的西方手段，但是在内容上一定要把握中国的核心。拿我们比较熟悉的日本动画作为例子，我们看宫崎骏作品洋溢着浓重的日本民俗文化情调，同时传递出对执着和隐忍的武士精神的颂扬。同样车田正美的《圣斗士星矢》取材于希腊神话，但是影片里面包裹的却是日本武士道精神，将国际化的希腊神话跟日本传统的武士道精神结合起来，变成一个日本的文化品牌。而美国动画更是海纳百川，从各个国家寻找题材，传播自己包容、幽默、实用主义、个人英雄主义的文化精神。另一方面，中国拥有13亿多人口又有着五千多年的文明历史，具有观众和文化资源双方面的优势。我们的动画作品只有植根于本土文化亲近中国观众，才能在没有政策保护的情况下，抵御外国动画的强势入袭，守住自己的阵地。

但是在全球化的时代背景下，我们的动画作品又必须要跟上世界的步伐，在坚守民族性的基础上融入外国动画先进的表达方式，

---

[1] 周南焱：《好莱坞编剧名师：讲好中国故事，别学好莱坞》，载《北京日报》，2011年12月5日。

做到既吸引本土观众同时又符合世界观众的胃口，从而走向国际。《冰雪奇缘》继承了迪士尼以往优秀的创作观念，同时又从以往的爱情故事转向姐妹情这一现代话题上。《超能陆战队》故事背景虽然设置在旧金山和东京，但导演能超越国家和民族，讲述一个复仇和宽恕的故事，对所有大人来说这是一次灵魂的洗礼，而儿童更能被主角小白的单纯和无私所感染。宫崎骏创作的一贯做法是糅合各个国家优秀的东西到自己民族的作品中去。一次与厄休拉·勒古恩见面时，宫崎骏声称从《风之谷》开始[1]所有的作品都受到《地海》[2]系列的影响。[3]但他最高明之处在于强烈的日本风土人情背后暗含着现代人类共通的情感，这种情感就是受现实压迫的心灵得到抚慰，萎靡的意志受到激励，紊乱的情感被化解。使观者拥有平缓轻快的心情，以及受到净化后的澄明心境。[4]纵观成功的动画影片也无不体现出民族性和现代性并存的特征。

综上所述，新的时代背景下，中国动画既不能"全盘他化"，也不能"复旧"，应该继续沿着20世纪的民族化深入探索，也就是冯友兰先生所讲的"接着讲"，接着老一辈动画艺术家的民族化

---

[1]《风之谷》开启了宫崎骏动画事业的新篇章，之前宫崎骏只导演过一部内容相对写实的《鲁邦三世卡里奥斯特罗之城》，票房不尽如人意，并导致他后面的三年在业界无工作可接；而从《风之谷》开始，他的每一部动画电影都获得了良好的票房回响。

[2]《地海》是勒占恩所创作的一个虚构国度，最早见于1964年的短篇小说《解开的话》(The Word of Unbinding)，而后因1968年出版的《地海巫师》和后续多部以此为背景的奇幻小说而广为人知，此系列小说也合称为《地海传说》(Earthsea Cycle)。

[3]［日］铃木敏夫：《乐在工作：与宫崎骏、高畑勋在吉卜力的现场》，杜蕾译，时代文艺出版社，2013年版，第177页。

[4]［日］宫崎骏：《出发点》，转引自赵贵胜：《宫崎骏动画的艺术特质及其文化溯源》，载《当代电影》，2015年第3期，第155页。

传统进行民族化的现代转型,将动画的民族文化精神和现代性相融合,将外国文化中的优秀元素为我们所用,从而逐步实现中国动画的复兴。

浅谈日本的媒介融合经验对中国动画产业的借鉴意义

■ 林品 [1]

近年来,在中国宏观经济高速增长并且大力发展文化创意产业的时代背景之下,中国的动画产业在产值上确实连创新高,在数据统计的意义上展现出一派欣欣向荣的景象;但与此同时,国产动画在观众当中的口碑却普遍不佳,在国内市场的实际占有率也是相当有限。与之形成鲜明对比的则是日本动画,后者不仅能够在其本土占据商业和文化双重层面的主流,而且能够在东亚的区域性市场上与好莱坞形成分庭抗礼的局面,进而借助以网络媒介为主的电子媒介传播到世界各地,在全球范围培育了大量的粉丝。

尤其是在中国,从20世纪八九十年代开始,日本动画先是以电视台播放和录像带光盘的形式,后来是以网络在线播放和网络下载的形式,通过种种正规或者非正规的渠道广为流传,对中国新生代

---

[1] 林品,2006年考入北京大学,2010年获文学学士学位,2013年获文学硕士学位,现为北京大学中文系比较文学专业文化研究方向的博士生。曾在《文艺研究》《文化研究》《中国图书评论》等书刊发表学术论文与文化评论20余篇,著有《我的哈利波特:哈7大猜想》。

文化消费者的接受习惯和审美趣味产生了相当深广的影响，在"80后""90后""00后"的群体当中培育了数目颇为可观的"动漫迷"。可以说，无论是从市场开发的角度，还是从文化传播的角度，日本动画都取得了值得瞩目的成就。对于工业规模与实际成果不成比例的中国动画产业来说，日本动画的成功经验或许具有不容低估的借鉴意义与参考价值。

在全球化的大背景之下，如今的日本动画产业会充分利用国际分工来降低动画制作的成本，将动画制作流程中许多非核心的工艺环节外包给别国的公司或工作室；而在这个过程之中，正有越来越多的中国企业成为日本企业所倚重的外包服务提供者，承接其分包的种种加工制作业务。这一事实既体现出日本企业在动画行业的国际分工体系中所处的优势地位，又从一个侧面反映出中国动画产业迅猛发展的势头，显示出中国动画在工业和技术的层面上已经形成了较为深厚的产业基础。如果说，中国的动画产业相对于日本来说仍然存在着比较明显的欠缺，那么，这种欠缺主要是集中在内容层面，尤其体现在缺少优质的创意和故事。而在这个问题上，日本动画所积累的"媒介融合"（MediaMix）经验，或许可以为中国动画产业提供重要的启示与宝贵的参考。

在数十年的发展历程中，日本形成了一套高度成熟的MediaMix产业模式。所谓"MediaMix"，指的是跨越多种媒介平台、以多种媒介载体推出的文化创意产品群。这种产品群的形成方式大致可分为两大类：第一类为单载体的MediaMix展开。也就是说，在一部以某种媒介载体推出的作品成功地经受了市场的考验、积累了一定的人气、凝聚了可观的粉丝群体之后，日本的文化创意产业会迅速地对其进行跨平台、跨媒体的改编，围绕着它的知识产权（Intellectual Property）开发出多种媒介载体的产品群，打造出一条通畅的产业价值链；第二类为"MediaMix 企划"。也就是说，先在前期企划阶段构架出一个总体的世界观或故事背景，然后在这个框架内分别推出漫画、动画、游戏、小说、音乐、广播剧、舞台剧、真人电影、电视剧等各种媒介载体的产品。

这套产业模式的成功运行使得日本的动画生产能够拥有非常丰富的内容来源，不仅有很多动画行业内部的人才在从事着优质的原创企划，而且还有多种渠道的改编在为其提供着源源不断的优质内容。出于对知识产权的尊重与保护，在日本动画片头字幕的起始处，通常都会有关于"原作"或者"原案"的介绍。如果某部动画的世界观设定、角色设计、故事剧情是原创的，片头字幕便会标明"原案"的信息，也就是动画制作构想的提案者；而如果动画的基本设定和剧情是改编而来的，便会标明"原作"信息，也就是动画原本构思的版权资讯，通常包含着原作版权的持有人或者原作版权的持有机构，以及原作作品的名称。动画从业者提出的"原案"与漫画、游戏、小说等其他媒介载体的"原作"，共同构成了日本动画产业丰富多样的内容来源。

在日本，动画与漫画、游戏之间存在着特别密切的产业互动，因而，会流行"MAG"这样的合称缩写词，即 Manga（特指日本多格叙事性连环漫画的专有名词）、Anime（特指日本动画的专有名词）与 Game（电子游戏）的合称缩写；而华语世界也在日本流行文化的影响之下，形成了"动漫"和"ACG"这样的合称缩写词，用来统称动画（Animation）、漫画（Comics）与电子游戏（Game）。

日本有着根基深厚的叙事性漫画传统、规模庞大的漫画产业和高度细分的漫画市场，这种高度成熟的漫画市场会对产量极高的漫画产业形成有效筛选机制，其中成功经受市场检验的漫画作品将会获得动画企业、游戏企业的投资，从而被改编为动画片和电子游戏产品，实现 MediaMix 的展开。日本的电子游戏产业也非常发达，尤其是文字冒险类游戏（Text Adventure Game）颇为兴盛，这种游戏从某种意义上可视作"多媒体交互式小说"（Multimedia Interactive Fiction），兼具很强的娱乐性和叙事性，为动画产业提供了丰富的脚本来源。

除了改编自漫画与游戏之外，还有很多日本动画是改编自文学作品。这些成为"原作"的文学作品，既包括科幻、推理、恐怖、言情等各式各样在图书市场的商业运作与受众分化中形成的类型文学，也包括不少为正统学院建制、文学史制度所认可和推崇的经典文学。例如，2009 年出品的《青之文学》系列，就是日本著名出版商集英社以文学家太宰治诞辰一百周年为契机，推出的将文学名家的短篇名作改编为漫画与动画的一套企划，它所改编的文学名作有太宰治的《人间失格》《跑吧，美乐斯》，夏目漱石的《心》，芥川龙之介的《地狱变》《蜘蛛之丝》，以及坂口安吾的《盛开的樱花林下》。此外，日本还有一种名为"轻小说"（Light Novel）的文学体裁，大多内容通俗、文风晓畅，叙事风格深受漫画、动画的影响，同时书页中也包含大量漫画风格的插图。"轻小说"的图书生产系统与动画产业之间保持着高度密切的媒体协作关系，它同样为日本的动画生产提供了丰富的脚本来源。

如果说，中国动画产业内部的内容生产力目前还相对欠缺的话，那么，日本的 MediaMix 产业模式应当可以视作一份值得参考和借鉴的经验。中国的动画产业可以通过与其他产业的互动合作，来获得远比现状丰富得多的内容来源。尤其是，围绕着市场化运营的文学杂志与文学网站，在今日的中国已经形成了一个规模庞大的通俗文学创作队伍与作品群，在这海量更新的网络文学与五花八门的类型文学当中，有很多都适合改编为动画产品，而其中的很多创作者，也期待着他们的知识产权与文化品牌能够通过跨媒介的再创作，延伸出一条经济效益更高、社会效应更大的产业链条。同时，这种产业链的延伸与整合，也能为中国的动画产业开辟更多更好的内容来源渠道，以弥补和扩充中国动画产业的内容生产力。

然而，产业链的打通与内容来源渠道的开辟绝非一劳永逸之事，它还将至少面临双重的困难。其一，改编不可避免地涉及媒介的转化，优秀的故事脚本要转化为优质的动画产品，需要主创团队丰沛的视觉想象力与表现技巧。日本动画行业因为与高度注重分镜技巧的漫画行业长期保持着产业互动与人才流通，并且对于电影艺术的诸种摄影、剪辑技巧也始终保持着虚怀若谷、兼收并蓄的姿态，因而拥有很多高水准的动画导演或称"动画监督"。此外，日本动画行业还与音乐、广播行业有着密切的互动，不仅高度重视 OP（Opening Song，片头曲）、ED（Ending Song，片尾曲）、BGM（Background Music，背景音乐）等音乐元素与动画产品之间的媒体协作，而且高度重视 CV（Character Voice，角色声音）的表现力与"声优"（配音演员）的技艺。而中国的动画行业虽然已经形成了规模可观的原画师、动画师、上色师、场景绘画师等专业技术人才的队伍，但在导演、分镜师这样的核心职位上仍然缺少足够充足的人才。另外，胜任配乐和配音工作的人才队伍也仍需进一步壮大。

其二，内容来源渠道的拓宽不可避免地会面临某些既有成见和既存建制的阻碍。日本的动画行业拥有一套与多样化内容相匹配的多样化的发行放映机制，其电视动画会分为黄金档和深夜档，后者更多地是面向成年受众，尺度因而也会相对更大一些；同时，日本不仅有通过电视台放送的"TV动画"、在电影院放映的"剧场动画"，还有很多只以光盘形式发行的OVA（原始视频动画，Original Video Animation），后者主要面向小众群体，亚文化的风格特质会更为突出。而中国的动画产业面对着特定的审查机制，受制于"动画受众为儿童"这样的传统观念，并未形成如日本那般细分受众的内容生产和丰富多样的类型脉络；时至今日，产品定位的主导倾向依然为"低幼向"。相比于作品曾多次入围戛纳电影节、柏林电影节、威尼斯电影节等国际A级电影节的日本动画行业，中国的动画行业缺少那种更具有深度的"全年龄向"作品。

诚然，中国动画已经形成了具有相当规模的工业基础，也有越来越多的资金正在涌入这个潜力巨大、前景可观的行业。但是，在当前的国际分工体系中，中国的动画产业仍然更多是处在一个加工制造者的位置，或者说，是一个复制再生产的位置，而未能占据潮流引领者的位置；相比于日本动画或者美国好莱坞电影，中国动画在决定产品质量的核心环节仍然有所欠缺。为了改变这一局面，一方面，需要产业链的打通与内容来源渠道的拓宽，为中国动画带来更丰富更多元的创意，同时需要更多不仅熟悉动画制作技术、而且拥有影视编导才华的综合性人才投身到动画行业之中，为创意赋予与之契合的视听表现形式。另一方面，也需要有关的审查管理部门、发行放映机构，能给予优秀的"全年龄向"动画更多的生存和发展空间。只有这样，中国动画才能够将既有的产业资源转化为足够优质的产品，进而真正在整体质量上实现对日本、美国等领先国家的追赶与超越。

新中国动画的本土化历程及其启示

■ 祝帅 [1]

新中国的动画设计艺术可说是 1949 年以来中国大陆地区在艺术方面成就最高的艺术和设计门类之一。无论是一种"同情之理解"也好，还是认真思忖动画设计的创作实绩，笔者都无法不对我们国家 1985—1986 年以前的大量动画片表示由衷地钦佩。在各个门类的艺术创作中，也只有动画界的前辈明确提出了"中国动画学派"，并在这样一个大的精神下展开多元化的创作实践，大胆实验水墨、汉字、壁画、剪纸、木偶、戏剧等几乎所有的"传统艺术"资源在动画设计中的运用。相比较而言，1986 年之后中国的动画界就的确有些令人失望，其中固然有"文革"这样的政治因素对于"中国动画学派"精神的切断，但与从业者的自身素质与历史知识的欠缺有很大关系；而其中对于文化传统认同的失落和对于国外流行风格的追随并存，更是时常令一些熟悉此前动画的观众扼腕太息。无论作为一个普通的观众还是艺术批评者，笔者都无法对 1987 年以后创

---

[1] 祝帅，北京大学新闻与传播学院副教授，主要从事二十世纪中国书法、美术、设计史研究。

作的哪怕是投资巨大、商业意识空前的《宝莲灯》这样的作品感到满意。

在这样的现实中，重新回顾1949—1986中国动画片的成功因素，应该是研究现代动画（乃至其他视觉艺术）创作实践对传统的创造性转换的过程中无法回避的一个重要课题。即便新中国动画"美术思维"胜过"电影语言"[1]，但这在某种意义上也不妨将其作为一种独特的风格与取向来客观看待。本文以艺术现象和问题意识为主线，探讨中国现当代动画对于各类传统文化资源的借鉴以及在艺术实践领域中的转换。

一、"民族风格"的自觉追求

根据笔者的观察，中国现当代的各门类艺术（尤其是20世纪以来新诞生的艺术类型）似乎还没有哪一门艺术像动画设计一样，明确打出"中国动画学派"的民族化呼召，并且在题材内容、创作手法、观念意识等方面对"传统文化资源"完成了一系列成功的创造性转换。关于传统如何在现代的艺术创作中得到合理的应用，从19世纪末梁启超提出的"诗界革命"开始，就一直有各种各样的讨论，其中不乏非常具体的实践构想。但仔细回溯历史，不得不承认20世纪中国的动画设计在这一方面取得了非常高的创作成果，其中也不乏对今天的艺术和设计创作有启发之处。对它们的反思自然也应该成为艺术和设计研究的一个重要方面，然而无论是学术界还是各门

---

[1] 尹岩：《"中国学派"的发展》，载1989年《中国电影年鉴》；转引自张慧林：《二十世纪中国动画艺术史》，陕西人民美术出版社，2002年版，第211页。

艺术创作界（包括动画创作自身）却往往忽视作为一门"儿童艺术"的动画的价值。以著名导演阿达执导的《三十六个字》为例，其利用设计意识在对传统文化资源进行创作实践中的转换方面所取得的成就，竟然被许多领域（包括动画本身）的艺术家所忽视。2004年艺术家徐冰参加《深圳水墨双年展·水墨空间》展览的题为《山水》的作品，其创意观念与20年前的这部动画片完全雷同（笔者相信是徐冰没有对这部动画片的记忆，而不是有意的抄袭）；在动画设计领域，1999年由北京电视台新拍摄的同是与"汉字教育"有关的动画片《学问猫教汉字》，仍然"在动画形式的运用上较《三十六个字》显得粗率"。[1]

1986年以前中国动画在"传统的转换"方面所取得的成功，固然与多种因素有关，但对于"民族风格"的自觉追求和发扬，却是一个不容忽视的重要前提。在中国动画的第一时期，由万氏兄弟导演的第一部动画长篇《铁扇公主》，本身就是在迪士尼公司制作的《白雪公主》的巨大成功之下"催化"出来的一部优秀作品。与今天平面设计界同样"落后于西方"的现状有些类似，但万氏兄弟没有采取"追随"的态度，而是"突发奇想"地迈出了中国动画从登场伊始便走上民族化道路的重要步伐。按照万籁鸣的说法：

"那时我思想上的考虑是，既然美国人可以搞表现他们西方民族特色的《白雪公主》，我们当然也可以搞具有我国民族特色的《铁扇公主》。我突发奇想，如果《铁扇公主》能够绘制成功，就可以有机会让全国人民也包括广大海外侨胞和一部分外国人一睹两位'公主'

---

[1] 张慧临：《二十世纪中国动画艺术史》，第149页。

的芳颜,从思想内容到艺术形式作一个全面的比较。难道中国"卡通"就注定不如美国"卡通?"[1]

仅就所选取的题材而言,这部动画片已经为后来的"走民族风格之路"埋下了伏笔。而尤其难能可贵的是,这样的论述中还包含着一种"文化输出"的战略心态。事实上《铁扇公主》以及后来的许多中国动画片都实现了这一理想,但近20年以来的实绩却并不能够让人如此乐观。应该看到,从实际工作情况来看,人们在向国内介绍国外同行的作品和文化方面可谓卓有成效;然而在"中国文化的主动输出"这方面,却远远无法与前者相提并论。这种当年林语堂所做的工作,即便不可避免地要对"中国文化"进行某些"简化",也还是有价值和意义而不可忽视的。比较而言,这种工作的难度也的确要比"引西入中"大得多。

一个流传已久的说法是:1955年,中国的一部颇费心力制作的动画片《乌鸦为什么是黑的》(钱家骏、李克弱导演)在意大利"第八届威尼斯国际儿童电影展览会"上获奖。然而,中国的动画电影艺术家和设计师们却并没有为此感到放松,这是因为一些评委们误认这部动画片为苏联作品。但坏事未尝不能转化为好事,以此为契机,中国动画明确了"走民族风格之路"的"学派"性追求。著名导演特伟,还把"追求民族风格"的纸条贴在了墙上。[2] 但是,根据对段孝萱的访谈,这个说法很可能是以讹传讹:"实际上这个根本就是颠倒的。《骄傲的将军》是在《乌鸦为什么是黑的》之前就已经开

---

[1] 万籁鸣:《我与孙悟空》,北岳文艺出版社,1986年版,第88页。转引自《二十世纪中国动画艺术史》,第43页

[2] 参见《中国银幕》,1999年第6期,第38页。

始筹备的。外国评委这种说法不一定准确，而且到底怎么说的也不知道，这些都是传来的。其实《乌鸦为什么是黑的》本身也是民族的。说它是洋的，他们摄制组的主创人员是很生气的，等于一下子就把他们的工作否定了。实际上《乌鸦为什么是黑的》当时也是追求民族风格的，有傣族的舞蹈、孔雀在跳舞等，都是具有民族特色的，是继承民族传统的，怎么能说是洋的呢？"[1]

但无论如何，"民族传统"在这段时间内可以说是以特伟、钱家骏等为代表的中国动画人的共识。在"民族"和"传统"面前，人们可能高山仰止裹足不前，也有可能积极发掘创作资源并与现实紧密结合，完成创造性的转换。如特伟所说："既然提出了民族化，就要确确实实搞出点东西来。这些东西是属于中国的，在世界动画片中没有见过的。"[2] 只有这样，"中国动画学派"才能从理论到实践真正地形成。如果说《骄傲的将军》（导演特伟）还只是在情节和气势方面渲染"民族特色"的话，那么同时期的《过猴山》（导演王树忱）则更是在共同的民族心理方面展开了创作中的实验。此后，动画界更是广泛展开了在动画设计创作中有意识地运用各种传统文化、艺术资源的尝试。1961年水墨动画片《小蝌蚪找妈妈》在技术上的实现，对于现代设计史来说，应该真正成为一座伟大的丰碑。继齐白石后，国画家李可染、程十发等人的画也先后在现代设计意识和技术条件下"动"了起来，而水墨动画的技术至今也仍然成为不被国外同行所了解的国家机密。

---

[1] 转引自周剑峰、何非：《中国动画教育的先行者——严定宪、林文肖、段孝萱眼中的钱家骏》，载《美术观察》，2012年第8期。

[2] 转引自《二十世纪中国动画艺术史》，第62页。

此后，不仅仅是国画，壁画、民间美术等等多种文化符号都陆续成为现代动画创作中的"民族资源"。这一时期动画工作者们的设计意识也获得了极大的发挥，在传统的现代转换方面取得了大量至今仍对今天的艺术和设计实践不无启迪的成果。比如源自敦煌壁画的《九色鹿》，得益于民间皮影的《金色的海螺》，具有少数民族艺术特色的木偶片《阿凡提的故事》，剪纸片《除夕的故事》以及以汉字书法作为创作灵感的《三十六个字》，都堪称设计思维在动画舞台中的淋漓尽致的发挥。这些作品既是"民族"的，也完全可以放在现代艺术史上讨论。可以说他们既保守住了传统，又在现代意识下重新解释、利用并转换、发展了作为一种必要的创作背景的"传统"。

二、"民族心理"的深度拓展

同样不应该忽视的是，在"民族风格"的形式、语言和题材之外，动画人在更为深刻的内容层面也展开了积极的"民族化"实验。如果说《九色鹿》（1981年）等神话传说题材的影片在内容方面基本上还停留在对于敦煌壁画所记载印度佛本生故事的中国版（其价值主要体现在对静态壁画形式的转换以及整体美术设计等方面）的话，那么以《牧笛》（导演特伟、钱家骏，1963年）为代表的另一类动画片则可谓展开了更加纯粹的艺术实验。后者不但兼有前一类作品的优点，并且大胆地突破了"讲故事"的低幼文艺层次，在艺术作品的情调和意境等方面对于"民族化"问题进行了更深度的拓展。没有一句对白的《牧笛》，甚至情节本身似乎也有欠完整，但却在艺术探索方面显得更加自觉。根据笔者的推测，成年人在观看这部动画片时应该比少年儿童有更加深刻的理解。无论如何,《牧笛》之出现在以"载道"为主旋律的新中国动画领域(这一问题我在下面一节中还会进一步分析),所带给人们的清新的气息和诗情,让人们看到了新中国动画的另外一面。或者可以做一个不恰当的比方,这部影片在动画史上的价值,有似沈从文的《边城》之于20世纪30年代的左翼文坛。其中所充满的一种田园诗般的气氛,更是延续了中国传统文化中道家的精神气脉,观看这样的影片,能让人想起陶令的诗句来。在某种意义上,这样的作品从形式和内容之外,也从民族心理层面更多地表现了在儒家之外另一种传统的生活状态和"静穆"的美学意蕴。

然而任何事物的发展总具有两面性。我们回顾整个水墨动画的短暂历史,一方面,必须对于那个时期的民族风格抱以一种"同情之理解";另一方面,倘若我们能够从当时的时代背景抽身而出,也必须指出以特伟为代表的中国动画人在追求"民族风格"这一点上,未免也有些过于画地为牢和保守,甚至反衬出一种意识形态影响下的狭隘的民族心理。从水墨动画自身发展来看,继《牧笛》之后,我国还制作了《鹿铃》(1982年)、《山水情》(1988年)等几部在表现形式和意境方面都比较严格地遵循前者所开辟的"范式"的动画作品,这几部水墨动画几乎都凭借独特的中国民族情调在国际上获了奖(此后中国的水墨动画却似乎停止了探索,随着老一辈的逐渐退出,水墨动画的前景令人堪忧)。必须承认其在艺术表达和设计意识方面并没有太多的新探索和创意诞生,生命力要比人们设想的短暂得多。关于这一点,当时在阿达等后学心目中其实已经有所意识,只是作为下级的钱家骏以及作为晚辈的阿达等人不可能对特伟进行颠覆和否定，他们的探索和创新也必须在"民族风格"的大旗下展开。为此他们选择的路径是扩展"民族风格"的外延。

因此与水墨动画的创作几乎同时，天才而英年早逝的著名导演阿达（徐景达）在特伟等人的"道家意境"之外，从内容（人性、国民性）和形式（自觉的设计意识）等多个方面广泛地实验了动画设计的另外一种可能，创作了《三个和尚》（1980年）、《三十六个字》（1984年）、《超级肥皂》（1986年，与马克宣合作）、《新装的门铃》（1986年，与马克宣合作）等几部经典的作品，并且同样在国际上取得了巨大的成功。而更难能可贵的是，这些作品在现代国际舞台上获得巨大认同的同时，仍然保守住了独特的民族性和"中国意识"。

阿达说："它（三个和尚）确实是'中国的'，而且又具有国际性。有一位美国同行看了影片之后就这样说。这使我对电影的'民族化'问题有了更深一层的认识。"[1] 这种观点颇有些像当年鲁迅在观看完陶元庆的绘画展览之后所表达的感觉——"和世界的时代思潮合流，而又未梏亡中国的民族性。"天才的阿达在长期的创作实践中也达到了和鲁迅近似的认识，并且他成熟期的几部作品也可以说的确达到了这样"民族化而国际性"的追求。这几部动画片可谓各具代表性，必须一一加以分析和论述。其中，《三十六个字》的出现显得尤为特殊，创作手法也极其符合设计的思维和方法，笔者将另拟专文进行分析。另外三部动画片则有几个共同的特点，不妨把它们放在一起来讨论。

---

[1] 阿达：《谈谈"三个和尚"》，载《美术电影创作研究》，中国电影出版社，1981年。转引自《二十世纪中国动画艺术史》，第129页

《三个和尚》《超级肥皂》《新装的门铃》三部动画片都是短片，前者最长，片长 18 分钟，后两部则均在 4 至 6 分钟之间。三者都没有任何对白与旁白，而是靠纯粹的视觉形式表达了阿达对于人性（国民性）的一种深入的揭示和批判。与一般的幽默不同，阿达的作品使人们在对三个和尚、"人云亦云"地盲目购物的人群和急于炫耀、乐于自我陶醉的"王先生"忍俊不禁之后，对于中国民族心理中这些极有代表性的典型人物产生一种深入的反思。从这样的角度去说，阿达的作品（除了《三十六个字》）的主要"拟想读者"并不是低幼的儿童，而是与特伟的作品同步地对作为独立的艺术类型的动画艺术设计进行的尝试。就其"民族性"而言，其布景设色（包括韩羽的造型设计本身）之简洁单纯，与道家的朴素玄远的精神意境颇为相符；并且无论"三个和尚没水吃"这样的典故还是乐于充当"看客"（鲁迅语）的民族心理，事实上都反映出中国社会长期以来的特殊问题和"集体无意识"。与此同时，这样不过分依赖特定的知识背景和中文对白的形式，使国际观众很乐意接受。而作品中对于永恒的人性的着重刻画，一方面符合中国传统艺术对于"形而上"的主题的追求，另一方面更使得中外观众的交流和平等对话成为可能。

还可以进一步指出，阿达对于"中国文化"的自觉继承和接受，并不仅仅限于中国古代的艺术成就，还包括"五四"以来的中国现代文艺家、思想家"国民性"批判的新传统。尽管阿达对于国民性的"批判"，不能说有直接的功利性目的，但对中国社会这些典型心理的准确把握，的确与其深入独到的敏感有关。比如《新装的门铃》所反映出的虽然是改革开放之初中国社会的一个典型的片断，但其对于人性某些弱点的揭示，可以说具有永恒的终极价值。在这一点上可以说，阿达的作品与鲁迅笔下的一些形象（比如阿Q）则真的是有"异曲同工之妙"了。不妨再次引用鲁迅对于陶元庆绘画作品的评价来印证笔者对于阿达作品的观感：

"他并非'之乎者也'，因为用的是新的形和新的色；而又不是'Yes'、'No'，因为他究竟是中国人。"[1]

无论如何，同是在"中国动画学派"的共同追求下探索，以特伟为代表的水墨动画探索和有些特立独行的阿达的实践走的是稍有区别的两条道路。这正是"民族化"之中"多元化"的体现，这两种选择都值得提倡和鼓励，而不应该贸然做出价值上的判断。但我要说的是，无论如何，阿达在1980年代的中国的成功，的确显得有些突兀、特别，其并不完善的高等教育背景似乎也在提示着我们注意到这一点。也许就是在这个意义上，研究者们几乎一致地把英年早逝的阿达加上"天才"的修饰语，或者必须承认，阿达在我们这个时代，注定属于踽踽独行的"零余者"（郁达夫语）。

三、在"言志"和"载道"之间

行文至此，笔者也无法回避新中国大量动画作品的一个重大的缺陷：过分地强调"说教"的功能，而为纯粹的艺术表现增添了许多难以承受的重担。这还不仅仅是说"大跃进""文革"等特殊时期诞生的一批纯粹充当政治宣传之附庸的低水准作品，而是指向相当一部分在艺术探索方面不无可取之处的许多优秀动画设计的共同问

---

[1] 鲁迅：《当陶元庆君的绘画展览时——我所要说的几句话》，收于《而已集》。

题——可以大胆地设想如果不被附加"寓教于乐"的功能性重担，其艺术方面的探索还会更加深入、自如。

新中国的动画片几乎在叙事方面陷入了几种固定的模式：或是在故事结尾像总结"中心思想"一样地强化其教化内容（如《九色鹿》《水鹿》）；或是以"正义最终战胜邪恶"等狭隘的民族、阶级心理收场（如《渔盆》《人参娃娃》）。在欣赏《九色鹿》美轮美奂的造型和布景的同时，人们难免会对充斥其中"正义"的说教感到遗憾；而《渔盆》中与大量政治宣传画千篇一律"怒目圆睁"的爱国者形象及其对"外国传教士"的刻意丑化，实在无法不在很大程度上降低了动画设计本身的艺术表现力。以上所举还是一些比较成功的优秀作品，无须一一举例，在这一时期的其他作品中，类似的现象的确还大量存在。

然而在我看来，在"寓教于乐"这个被许多动画创作者公认并接受的"潜在预设"中，无论是其中的"乐"还是"教"，其实都是存在着很多疑问的。认同于"乐"的创作者，几乎都是把动画设计等同于一种低幼艺术、儿童艺术，从而在艺术类型上为它做出了"不是纯艺术"这样的价值判断。然而"动画"本身并不意味着类型上的低于其他艺术，更不见得具刻意夸大并渲染其"儿童艺术"的特殊使命。诚然，儿童更容易对"乐"产生共鸣，但儿童文艺却不应该仅仅满足、迎合这种"快乐"，否则将无法与"笑话"和大量以"逗乐"为最终目的的非艺术性小品拉开距离。在笔者看来，期待快乐的儿童，同样应该具备在快乐之外的另外的几种情感。可以说，不能体会《雪孩子》的那种真情和悲壮，无法欣赏《牧笛》所营造的情调与意境世界，而只是满足于《过猴山》这种闹剧的话，对于儿童的性格养成和心理结构的完善，终究不会是一件好事。或许熟悉儿童文学理论与创作的周作人的分析，对动画创作不无借鉴之处：

"在我的意思中，这'愉快'的范围是很广的：当我们读一篇描写'光明'描写'快乐'的文字之后，自然能得'愉快'的感觉；读过描写'黑暗'描写'凄惨'的作品后，所生的感情也同样可以解作'愉快'——这'愉快'是有些爽快的意思在内。……当然这'愉快'不是指哈哈一笑而言。"[1]

笔者认为，作为与儿童生活关系更为密切的动画设计艺术而言，实在有必要用更高的艺术标准来自我要求，从人格和人文精神的塑造方面对儿童（甚至成年人乃至整个社会）进行引导和一种审美的教育。

就"教"这一要求而言，前面一节中笔者已经提到，《小蝌蚪找妈妈》《牧笛》等几部优秀的水墨动画，其共同特点是"教"的意味并不突出，因而创作者得以以较为充沛的精力直接观照艺术表现本身，从而催近了"水墨动画"作为一种独特的艺术类型的成熟。可以说，正是有这样几部摇摆于"言志"与"载道"之间的动画片的出现（当然也许还应该包括《毕加索与公牛》这样在我看来艺术上并不太成功的纯粹的"形式实验"），才为新中国动画设计增添了更多艺术上的魅力。

在中国文艺发展历程中，"言志"与"载道"的缠绵，的确有些"剪不断，理还乱"。一般认为，作为不同的艺术门类和分工，"文"（包括古文和骈文）更多地承担了"载道"的职能；而被认为

---

[1]《儿童文学小论·中国新文学的源流》，河北教育出版社，2002年版，第5—6页。

是更加纯粹的艺术形式的"诗",则更多被赋予了"言志"这一艺术要求。仍旧按周作人的说法:

> 言志之外又生出载道派的原因,是因为文学刚从宗教脱出之后,原来的势力尚有一部分保存在文学之内,有些人以为单是言志未免太无聊,于是便主张以文学为工具。再借这工具将另外的更重要的东西——"道",表现出来。这两种潮流的起伏,便造成了中国的文学史。[1]

且不说周作人用"言志""载道"两派的消长来概括整部中国文学史是否妥当,实际上这样经典的艺术类型划分近代以来也无法不受到挑战。至少新出现的"动画"这种艺术类型更是很难具体归入"诗"或"文"。如果我们从思想源流上稍作简化,还可以把"言志"派理解为道家传统;而"载道"派则是恪守儒家的要求。"儒道互补"本已是中国文化史的独特景观,新中国动画史中无论是"载道"还是"言志"一派都自有其可爱与可学处。这里笔者无意于简单地重"言志"而疏"载道",但坚持认为在过分片面强调"载道"的新中国动画传统中,有必要有意识地强化另外一方面互补性的因素。更何况在现代西方艺术观念涌入、中国社会发生巨大变化和转型之后,包括古文、书法等等过去肩负着实用功能的领域逐渐演化为"纯艺术",其取向也难免不发生从"载道"到"言志"的转换。在这样的历史背景中,像《牧笛》《三十六个字》这样姑且搁置爱国主义、助人为乐这样的"宏大叙事"和教化功能,从而将精力集中于艺术创作本身,开辟新的表现形式,鼓励大胆的创意设计,对于动画研究与创作乃

---

[1]《儿童文学小论·中国新文学的源流》,第17—18页。

至艺术教育来说，或许并不是一件可有可无的工作。

结　语

　　本文所讨论的"新中国动画"，其时间基本上到 1986 年为止，而此后的中国动画则基本上没有进入笔者的讨论范围。这并不是说我们国家 1986 年以后在动画艺术设计和产业方面的投入不够大，也不是说此后中国的动画一蹶不振"愧对前人"；相反，这一阶段的动画创作不论是投资还是规模，乃至物质技术条件等方面的优势，都足以令此前的动画创作难以望其项背。客观地看，在动画语言与表现等方面，1986 年之后的中国动画有过一些比较成功的探索，《宝莲灯》等一系列按照现代国际动画流程和模式创作的动画片也受到了年轻观众的喜爱。但总的来说，始终并未形成一个团体的"中国动画学派"在学统意义上的中断，也是一个无法回避的事实。无论如何，现今动画创作所表现出的民族风格追求的失落和对欧美日韩"动漫"风格的刻意追随与模仿，都不能不令人感到一种由衷的惋惜。

　　然而我们相信，在政府与业界对于"创意产业"日益重视不断研究的背景下，中国的动画创作必将从自身历史的梳理与借鉴中获得创意的资源，在全球化的国际动漫舞台上为中国文化输出做出独到的贡献。

　　（本文写作于 2005 年，原载《中国动画》2007 年第 5 期，现根据最新史料有所改动。）